Irma Nelles

Der Herausgeber

aufbau

IRMA NELLES

Der Herausgeber

ERINNERUNGEN
AN RUDOLF AUGSTEIN

aufbau

ISBN 978-3-351-03630-0

Aufbau ist eine Marke der Aufbau Verlag GmbH & Co. KG

1. Auflage 2015

Einbandgestaltung ZERO Werbeagentur, München
Satz LVD GmbH, Berlin
Druck und Binden CPI books GmbH, Leck, Germany
Printed in Germany

www.aufbau-verlag.de

Es gibt etwas jenseits von Liebe und Freundschaft.

Die amerikanische Regisseurin Sofia Coppola 2003
in einem Interview zu ihrem Film *Lost in Translation*

Der 31. Oktober 2002 war ein kühler Tag. Es regnete ein wenig.

Julian Augstein rief an und sagte, seinem Vater gehe es sehr schlecht. Nachmittags zwischen vier und sechs Uhr könne ich ihn aber besuchen. Im Israelitischen Krankenhaus. Julians Stimme, die am Telefon sonst immer der kräftigen Stimme seines Vaters ähnelte, klang dieses Mal anders. Heiser und wehmütig.

Vor dem Haupteingang des Krankenhauses stand Rudolf Augsteins Auto mit geöffnetem Kofferraum. Sein Fahrer packte Taschen und Tüten hinein. Unschlüssig ging ich einen schmalen Waldweg hinter dem Krankenhaus entlang bis zu einer Baustelle. Ich erinnerte mich, dass Rudolf von seinem behandelnden Arzt einmal um eine größere Geldspende für eine neue Abteilung dieses Krankenhauses gebeten worden war. Rudolf hatte ihm gesagt, da sei er leider die falsche Adresse, da müsse der Professor Salomon Heine fragen. Der Professor habe seinen Witz nicht begriffen, hatte Rudolf gelacht, als er mir davon erzählte. Vielleicht kannte er die Geschichte seines eigenen Krankenhauses nicht: Der reiche Bankier Salomon Heine, Heinrich Heines berühmter Hamburger Onkel und Mäzen, hatte es im neunzehnten Jahrhundert zum Andenken an seine Ehefrau Betty gestiftet.

Mir war kalt.

Entschlossen kehrte ich um, ging in das Klinikgebäude hinein und suchte die Station, auf der Rudolf lag.

Als ich klingelte, fragte eine Schwester über die Sprechanlage, ja bitte, wer ist da?

Ich sagte meinen Namen. Es dauerte ein wenig, und die Tür wurde aufgedrückt. Anna Augstein stand vor mir. In ihrem halblangen dunklen Haar fielen mir einige graue Strähnen auf. Sie war sehr blass, fast wie damals vor zwanzig Jahren, als ich sie zum ersten Mal gesehen hatte.

Was machst du hier?, fragte sie überrascht.

Kann ich bitte Rudolf noch einmal sehen?, sagte ich.

Plötzlich fühlte ich mich fehl am Platz. Wie eine störende Bittstellerin.

Woher weißt du, dass Rudolf hier ist?, fragte Anna misstrauisch.

Von Julian, antwortete ich etwas verunsichert. Er meinte, ich könne Rudolf um diese Zeit besuchen.

Na gut, komm rein, sagte Anna freundlich. Sie wolle nicht, dass jemand erfährt, wo er ist. Wegen der *Bild*-Zeitung. Ich solle meine Jacke ausziehen und mir die Hände waschen. Sie holte einen Kittel aus dem Regal: Ziehst du den bitte an?

Ihre Fürsorglichkeit rechnete ich Anna hoch an. Das war ihre Stärke, dachte ich. Mir kamen die Tränen, weil ich aus dem Nebenzimmer Rudolfs immer wieder stockenden Atem hörte.

Er ist sehr schwach, sagte Anna leise. Als sie merkte, dass ich mir über das Gesicht wischte, sagte sie: Weine aber nicht.

Eine hübsche Schwester mit kurzgeschnittenem Haar kam mir aus Rudolfs Zimmer entgegen. Es kam mir vor, als ginge sie auf Zehenspitzen. Aber vielleicht tat ich das selbst auch.

Rudolfs abgedunkeltes Krankenzimmer war wie eine warme Höhle.

Anna nahm Rudolfs Hand, beugte sich über ihn und sagte: Wir haben Besuch, mein Liebling. Dann sagte sie meinen Vornamen und winkte mich zu sich.

Ich ging dorthin, wo Anna gestanden hatte, und nahm vorsichtig Rudolfs Hand. Es schien, als wolle er sich aufrichten. Eigentlich sah er aus wie immer. Nur die Haut spannte sich fast durchsichtig über die Wangenknochen. Er lag auf der Seite. Seine Augen waren geschlossen.

Rudolfs Atem rasselte wieder, und ich hörte meinen Namen.

Wenn ihm früher jemand eine solche Situation geschildert hatte, dann sagte Rudolf sofort: Das bilden sich die Leute doch alles nur ein. Einer, der stirbt, der reagiert nicht mehr.

Damals war ich auch dieser Meinung gewesen, obwohl ich vom Sterben keine Ahnung hatte. Rudolfs Atem stockte hin und wieder. Ich strich ihm vorsichtig über den Kopf. Ich hörte wieder meinen Namen. Anna war hinausgegangen. Ich setzte mich auf einen Stuhl neben Rudolfs Bett. Irgendwann sagte ich: Es war doch alles so schön.

Rudolf hat wirklich recht, dachte ich. In so einer Situation bildet man sich wirklich manches ein. Wäre er gesünder gewesen, hätte ich ganz sicher nichts dergleichen gedacht. Rudolf versuchte zu husten. Diese Laute waren mir vertraut.

Ich war froh, dass Anna mich mit ihm allein ließ, und wischte meine nassen Hände an Rudolfs Bettdecke ab. Leise sagte ich immer wieder dasselbe: Dass alles in Ordnung sei und dass nichts Schlimmes passieren könne. Dabei dachte ich, was rede ich da eigentlich, wo Rudolf doch gerade das Schlimmste passiert.

Am liebsten hätte ich ihm jetzt erzählt, es sei alles wie immer: Überall ist es hektisch, und alle sind schlecht drauf. Weil es ihm ja immer gut gefiel, wenn alle Welt schlechte Laune und sich in der Wolle hatte. Stattdessen fiel mir nur ein: Alle sind zufrieden mit dir. Du hast alles gut gemacht.

Dieses Harmoniegesäusel macht ihn bestimmt ganz nervös, dachte ich. Und jetzt kann er dich deswegen noch nicht einmal anpfeifen. Er kann sich gegen nichts und niemanden mehr wehren. Also sagte ich nichts mehr und wischte mit dem Handrücken in meinem nassen Gesicht herum.

Anna kam zurück ins Zimmer. Ich bat sie um ein Taschentuch. Anna ging an den Nachttisch neben Rudolfs Bett und brachte mir ein weißes Taschentuch. Mir fiel auf, dass sie jetzt sehr müde und auch sehr traurig aussah. Ich war froh, dass ich meine nassen Finger trocknen konnte.

Anna ging jetzt ein bisschen im Zimmer hin und her. Sie will sicher, dass ich wieder gehe, dachte ich. Eigentlich habe ich bei Rudolf ja auch nichts mehr zu suchen. Ich stand auf und blieb unschlüssig an seinem Bett stehen. Rudolf fing wieder an zu husten. Ich nahm seine Hand. Sie war federleicht und warm.

Anna stand plötzlich neben mir.

Er ist ja gut versorgt, nicht wahr?, fragte ich, obwohl es die überflüssigste Frage überhaupt war.

Ich stand neben Rudolfs Krankenbett, als klebte ich am Boden fest.

Natürlich, antwortete Anna. Am Wochenende kommt er nach Hause. Er will es so.

Ich riss mich los.

Anna ging zurück zu Rudolfs Bett. Sie nahm seine schmal gewordene Hand und rückte den etwas locker sitzenden Ehering sorgfältig an seinen Platz.

Zögernd stand ich im Türrahmen und sagte, vielleicht komme ich noch einmal, wenn ich kann. Wahrscheinlich aber habe ich gar keine Zeit. Meine Mutter ist krank, murmelte ich verlegen.

Wie schön wäre es jetzt, dachte ich gleichzeitig, wenn Rudolf mich anblaffte: Wer ist schon wieder krank? Deine Mutter? Soll ich ihr meinen Arzt schicken?

Schnell ging ich hinaus. Ich warf den Kittel in den Wäschesack vor dem Krankenzimmer und steckte das nasse Taschentuch in die Jackentasche.

Auf dem Flur holte ich das Taschentuch wieder heraus und sah, dass es eines der feinen weißen Damasttücher war, die Rudolf immer aufgefaltet über sein Gesicht gelegt und dann hineingeschnäuzt hatte. Genau in die Mitte und genau einmal. Es hörte sich an, als trompete ein Elefant. Danach hatte er das Taschentuch zerknüllt und irgendwohin geschmissen. Und irgendwer hatte es weggeräumt.

Zum ersten Mal freute ich mich über eines seiner Taschentücher. Ich dachte, Rudolf hätte jetzt gesagt, du bist wirklich völlig verrückt geworden. Er hätte sich geschüttelt und gekichert und die Geschichte sofort seinem Fahrer und seiner Haushälterin erzählt. Was ich mir alles so einbildete, wenn einer stirbt. Und überhaupt: Wie ich mich wieder einmal benähme!

Ich irrte über den Krankenhausflur und suchte den Aufzug. Erleichtert, dass niemand mitfuhr.

Vor dem Krankenhaus rief ich ein Taxi. Es war ein kleiner Bus. Ich stieg auf den Sitz neben dem Fahrer. Als er langsam losfuhr, fing ich an zu schluchzen, weil das mit Rudolf und dem großen Uhrmacher, von dem er so oft gesprochen hatte, jetzt beschlossene Sache war.

Was Schlimmes passiert?, fragte der Taxifahrer verdutzt.

Nein, etwas Normales.

Ach so. Jemand krank.

Ich schluchzte wieder. Dieses Mal etwas lauter.

Schlimm krank, stellte der Taxifahrer fest.

Nein, sagte ich. Es ist nur so, dass ich jemanden nie mehr wiedersehe.

Ihr Freund?, fragte er.

Nein.

Obwohl, dachte ich, in seltenen, flüchtigen Augenblicken waren wir sogar befreundet.

Ich schluchzte noch einmal auf. Der Taxifahrer sah erschrocken zu mir hinüber. Er wollte nun doch genauer wissen, was los sei.

Er fing an zu raten: Schlimmer Unfall? Mit Kind oder so was?

Nein, nein. Wirklich etwas Normales. Etwas ganz Normales.

1954-1973

Meine Familie wohnte auf der nordfriesischen Insel Nordstrand in einem uralten, mit Reet gedeckten Pfarrhaus. Mein Vater war Pfarrer der kleinen alt-katholischen Kirchengemeinde St. Theresia. Manchmal erzählte er, die kleine rote Backsteinkirche sei 1616 für holländische Deicharbeiter gebaut und nach Teresa von Ávila benannt worden. Diese sei eine spanische Nonne und eine Kirchenlehrerin gewesen. Und nur wenige Jahre vor dem Bau dieser Kirche starb sie einsam in ihrem Kloster in Spanien. Sie habe uns allen aber ein wichtiges Werk, *Die Seelenburg*, hinterlassen. Darin, sagte mein Vater, beschreibt Teresa von Ávila die Seele als eine diamantene Burg, in der es viele verschiedene Wohnungen gibt. Diese Seele stellte ich mir geheimnisvoll und gleichzeitig sehr abenteuerlich vor.

Ich war im zweiten Schuljahr. Das war 1954. Im Winter wurde in unserer Wohnstube ein Kachelofen geheizt. Und auch während des Sommers brannte schon frühmorgens ein Herdfeuer in der Küche, auf dem meine Mutter für uns kochte. Fließendes Wasser gab es im ganzen Haus nicht. Meine Mutter seufzte manchmal, wir könnten froh sein, dass wir Strom hätten und nicht auch noch Petroleumlampen putzen müssten.

Zu uns fünf Kindern gesellte sich ein junges Mädchen, das meiner Mutter im Haushalt half. Mit dem geringen Monatslohn, den meine Eltern ihr mit Mühe zahlen konnten, unterstützte Christel ihre Familie, mit der sie – wie uns Kindern häufig erklärt wurde – am Ende des Zweiten Weltkriegs durch

Schnee und Eis vor den herannahenden Russen nach Norddeutschland geflüchtet war.

Da mein Vater sich fast immer zu Hause aufhielt, half er ganz selbstverständlich im Haushalt mit, kümmerte sich um den großen Garten, zwei Schweine, ein Dutzend Hühner und natürlich um uns Kinder. Zweimal im Monat fuhr er an den Wochenenden zu einigen Gemeindemitgliedern nach Hamburg.

Aus Hamburg, das er Diaspora nannte, brachte er stets einen *Spiegel* mit. Der steckte zusammengerollt in seiner Manteltasche, und es war nur der rote Rand zu sehen. Mir wäre es lieber gewesen, er hätte die *Hörzu* mitgebracht, denn darin gab es einen Fortsetzungsroman, *Suchkind 312*. Die Geschichte handelte von einem Mädchen, das im Krieg seine Familie verloren hatte, und diese Familie wurde vom Roten Kreuz gesucht. Mein Vater aber sagte, es sei nicht richtig, dass dieser Zeitungsmogul Springer mit solch einer Geschichte Geld verdiene. Das Schicksal dieser Kinder sei so entsetzlich, dass sich das nicht gehöre. Die *Hörzu* kam also nicht ins Haus, stattdessen *Der Spiegel*.

Die Texte im *Spiegel* fand ich kompliziert und schwer zu verstehen. Außerdem kamen darin fast nur Männer und selten Tänzerinnen oder Schauspielerinnen vor. Manchmal aber doch. Diese Geschichten versuchte ich dann zu lesen. Sie waren merkwürdig. Es stand nicht drin, welche Kleider die Frauen trugen, ob sie verliebt waren und wie sie ihre Wohnung einrichteten. Deshalb las ich meist nur die Bildunterschriften.

Einmal nahm Vater mich im Zug nach Hamburg mit, was von Nordstrand aus eine halbe Weltreise war. Ich sah die zerbombte Nikolaikirche und hochgetürmte Schuttberge. Wir gingen die Ost-West-Straße hinauf, weil er mir die Speicherstadt zeigen wollte. Er versuchte mir zu erklären, dass er als junger Pfarrer in Süddeutschland als *politisch unzuverlässig* gegolten habe. Der örtliche Gauleiter, ein überzeugter Nazi, habe ihn nach jeder Sonntagspredigt zu sich bestellt und gedroht, ihn nach *Dachau* zu schaffen, wenn er weiterhin die Staatsmacht angreife. Ich hörte meinem Vater aufmerksam zu. Viel verstand ich nicht.

Mein Vater sagte oft, im *Spiegel*, da stehe über die Hitlerzeit wenigstens alles richtig drin. Auch über die Römer. Mit den Römern meinte er den Papst, die Kurie und ihre Kardinäle. Manchmal sagte er, dieser Augstein ist der intelligenteste Kopf, den ich kenne. Der kriegt alles raus und lässt sich nichts gefallen.

Diesen Augstein merkte ich mir, weil er eine Art Meisterdetektiv Kalle Blomquist zu sein schien, der sich auch mal die Großen vorknöpft.

In der Schule langweilte ich mich. Die Lehrer des Mädchengymnasiums waren fast alle ziemlich alt und erzählten viel von früher, einige besonders viel von Ostpreußen, das nun für immer verloren sei. Auf der hintersten Bank am Fenster sitzend, duckte ich mich weg, bis der Unterricht vorüber war. Anschließend schlenderte ich in die Leihbibliothek, stöberte in den ausliegenden Büchern herum und las, bis der Postbus uns Schüler von Husum zurück nach Nordstrand brachte.

Einmal aber wurde es doch unvermutet spannend. Das war im Oktober 1962. Die Geschichtslehrerin sagte und wurde dabei, wie mir schien, noch blasser als sonst: Die Bundesrepublik befindet sich in einer Krise. Dann machte sie eine längere bedeutsame Pause. Schließlich sagte sie: Der *Spiegel*-Herausgeber Rudolf Augstein ist im Gefängnis.

Meine Mitschülerinnen regte das nicht sonderlich auf. Sie konnten mit diesem Namen wohl wenig anfangen. Ich dachte an einen meiner Lieblingsfilme mit Jean Marais, *Der Graf von Monte Christo*, und stellte mir vor, dass Rudolf Augstein in einer vermoderten Gefängniszelle sitzen und leiden musste. Die letzten zwei Stunden bekamen wir frei. Uns wurde aufgetragen, von nun an ununterbrochen Radio zu hören und den Verlauf der Krise zu verfolgen.

Wir gingen lieber in die italienische Eisdiele.

Beim Abendessen hielt mein Vater einen langen Vortrag über die Pressefreiheit. Er sagte, das Wichtigste sei die Freiheit der Gedanken und die Freiheit des Wortes. Wenn eines von uns Kindern dazwischenquasselte, sah meine Mutter uns milde mahnend an.

Der Spiegel wurde von jetzt an abonniert und vom Vater per Fahrrad beim Postamt abgeholt. Anfang November war Rudolf Augstein auf einem der Titelbilder zu sehen. Er sah modern und großstädtisch aus, trug einen Glencheck-Anzug, eine schmale Strickkrawatte und eine schwarzumrandete Brille.

Für meine Mutter wurden die Montage nun noch etwas anstrengender. Montags war Waschtag. Frühmorgens wurde unter einem großen Waschkessel ein Holzfeuer entfacht, und meine Mutter rührte mit einem unförmigen Holzlöffel stundenlang immer wieder schwere Wäschestücke in allmählich wie Suppe kochendem Wasser hin und her.

Hinter ihr im Dampf stand jetzt mein Vater und las ihr laut und mit eigenen Kommentaren versehene Artikel aus dem *Spiegel* vor. Manchmal sagte sie erschöpft, aber wie immer geduldig und mit dem ihr eigenen Witz: Du bist nicht der Bundeskanzler. Jetzt lass das mal mit der Politik, hier kannst du viel besser herumrühren. Sie übergab ihm den Holzlöffel, wischte die Hände an ihrer Schürze ab und verschwand unverzüglich in der Küche.

In der kleinen Inselkirche predigte mein Vater von nun an noch häufiger als sonst von verantwortungslosen Mächtigen, die um das Goldene Kalb tanzten, und zwar in Kirche und Staat, und wie fürchterlich der Hochmut von selbsternannten Staatsfürsten und Soutaneträgern sei. Denen sollten wir niemals die Hände küssen. Die Predigt endete mit einem Gleichnis aus der Bibel, und meine Mutter trat auf der von Holzwürmern zernagten Empore in die Pedale des asthmatischen alten Harmoniums. Besonders hingebungsvoll spielte sie das Kirchenlied *Jesu, geh voran auf der Lebensbahn*, und wir sangen alle Strophen.

Mit neunzehn verliebte ich mich mit allem Drum und Dran. Das war im Frühling 1965. Kurz nach meinem zweiundzwanzigsten Geburtstag heiratete ich den jungen Mann. Ich bekam schnell zwei Kinder, und er baute am Bonner Rheinufer für uns ein großes Haus.

Im Laufe der Zeit jedoch saß ich mit meinen beiden quirligen Buben immer häufiger auf einem Spielplatz vor der Bonner Universität herum und sah den Studenten zu. Im Sommer lagen sie auf der Hofgartenwiese, lasen und diskutierten heftig. Sie knutschten, lachten und hörten Musik der Rolling Stones. Die meisten waren in meinem Alter, so Mitte zwanzig.

Dort, im Bonner Hofgarten, wuchs in mir der Verdacht, dass ich in eine Art Courths-Mahler-Roman geraten sei, das wahre Leben aber finde bei den Studenten statt. Ich dachte darüber nach, warum die Studentenunruhen von 1968 spurlos an mir vorübergegangen waren. Ich erinnerte mich daran, dass mein Mann Rudi Dutschke einen gefährlichen Demagogen genannt und dann längere Zeit geschwiegen hatte, um schließlich zu sagen: Über kurz oder lang werden die mich sicher enteignen. Rudi Dutschke und die Achtundsechziger schienen über ihm – und damit auch über mir – zu schweben wie ein Damoklesschwert.

In einem Zeitungsartikel las ich das Wort Selbstentfremdung und fragte mich, wie fremd ich mir selbst inzwischen wohl geworden sei. Es störte mich, dass ich nichts Richtiges gelernt und kaum eine eigene Meinung hatte, während viele um mich herum so gebildet und aufgeklärt zu sein schienen.

Immer dringlicher wünschte ich mir, studieren zu können. Aber was? Nach wie vor interessierte ich mich für Film und Literatur, seit ich aber für meine zwei Kinder verantwortlich war, auch für Pädagogik und Psychologie. Aber weder hatte ich ein Abitur noch eigenes Geld. Und vom Leben jenseits meines verblassenden Familienidylls keine Ahnung.

Im Frühjahr 1973 stieß ich im Bonner *General-Anzeiger* auf diese Annonce: »Die Bonner Redaktionsvertretung des Hamburger Nachrichtenmagazins *Der Spiegel* sucht junge Nachwuchssekretärin.«

Der Spiegel! Ohne eine Sekunde nachzudenken, rief ich die angegebene Nummer an und bekam sofort einen Termin: 15 Uhr, Dahlmannstraße 20. Von diesem Termin erzählte ich niemandem etwas, vor allem nicht meinem Mann, der *Spiegel*-Redakteure, wie er manchmal sagte, für Salonsozialisten hielt.

Es widerstrebte mir, mich mit meinem Ehepartner über meine Pläne auseinanderzusetzen. Ich wusste nicht, dass es Gesetze gab, die Ehefrauen daran hinderten, ohne das Einverständnis ihres Ehemannes berufstätig zu sein und ein eigenes Konto zu führen.

Pünktlich kam ich auf meinem türkisfarbenen Klappfahrrad in der Dahlmannstraße an, mitten im Regierungsviertel. Das Bonner *Spiegel*-Bürohaus war ein moderner Bau, vier Stockwerke hoch, und sah eindrucksvoll aus. Auf dem Parkplatz standen teure Autos. Aufgeregt stellte ich mein Fahrrad ab und ging auf das Bürogebäude zu. Ich dachte, hoffentlich kommen jetzt nicht gerade irgendwelche Nachbarn oder Bekannte vorbei, die mich hier hineingehen sehen.

Die Tür stand offen, aber vor mir baute sich ein dynamisch aussehender Typ auf und sah mich neugierig von oben bis unten an. Um seinen Hals hingen zwei Fotoapparate.

Toll, dachte ich, so sieht sie also aus, die Arbeit bei der Presse.

Der Typ blieb breitbeinig in der Tür stehen und ließ mich nicht vorbei. Er fragte: Wo wollen Sie denn hin?

Ich bin mit Herrn Freudenhammer verabredet, antwortete ich ein bisschen verkrampft.

Ach so, nickte der Typ, schon weniger neugierig, mit Freddy. Erstes Stockwerk, hinten durch, da sitzt er in seiner Zelle.

Das Wort Zelle erstaunte mich ein wenig, und ich dachte, das hat vielleicht noch mit der *Spiegel*-Affäre von damals zu tun. Der Fotograf guckte mich noch einmal von oben bis unten an, traute sich dann aber offensichtlich nicht, mich zu fragen, was ich bei seinem Kollegen wolle.

Freddy Freudenhammer saß in einer engen Bürostube, bei dessen Anblick mir klar wurde, warum der Typ am Eingang von einer Zelle gesprochen hatte.

Der *Spiegel*-Redakteur begrüßte mich launig. Offensichtlich war er mit einer gewissen Autorität ausgestattet, obwohl er dem äußeren Anschein nach nur ein schlichter Redakteur war. Erleichtert, dass keine Chefatmosphäre aufkam, wurde ich etwas lockerer.

Freudenhammer setzte sich abwartend zurecht.

Mutig sagte ich, diese Sekretärinnenstelle, das sei ja nun überhaupt mein Traumjob, den wollte ich unbedingt machen, und fügte hinzu: Hier. Mit Ihnen.

Das war reichlich übertrieben, denn in Wahrheit erschien mir das Dasein als Sekretärin nicht unbedingt erstrebenswert.

Doch Freudenhammer fand es ganz offensichtlich völlig richtig, dass jemand so dringend mit ihm zusammen beim *Spiegel* arbeiten wollte.

Ich tischte ihm eine längere Geschichte auf, wie wichtig es für mich sei, mich weiterzubilden, und dass doch der *Spiegel* der beste Platz dafür sei.

Das leuchtete meinem Gegenüber durchaus ein. Dennoch fragte Freudenhammer lauernd: Verheiratet?

Ja.

Kinder?

Ja. Zwei.

Freudenhammer fragte, weiterhin lauernd, indem er den Kopf nur ganz wenig zu mir herüberdrehte: Und wie wollen Sie das machen mit zwei kleinen Kindern?

Mir wurde ein bisschen schlecht, und ich antwortete, mein Mann und ich beschäftigten eine Kinderfrau.

Wir hatten zwar eine freundliche spanische Putzhilfe. Die konnte aber kein Deutsch und eignete sich nicht als Kindermädchen.

Ruckartig drehte Freudenhammer seinen Bürostuhl in meine Richtung und fragte: Wo wohnen Sie denn?

Ich beschrieb unser modernes Glashaus mit Swimmingpool und fügte hinzu: Vom Wohnraum aus sehen wir auf den Langen Eugen, das Bonner Abgeordnetenhochhaus.

Freudenhammer fragte jetzt erst einmal nichts mehr.

Dann lauerte er wieder: Und warum wollen Sie arbeiten? Was sagt denn Ihr Mann dazu?

Jetzt wurde mir wieder ziemlich schlecht. Trotzdem sagte ich, vielleicht eine Spur zu hastig: Der ist mit allem einverstanden.

Freudenhammer verstummte, und ich hatte plötzlich Kreislaufprobleme.

In die entstandene Stille hinein fragte ich: Wer war denn der Herr mit den Fotoapparaten? Freudenhammer stand auf und gab mir die Hand, nun plötzlich doch wie ein richtiger Chef: Sie hören dann von uns. Und er fügte hinzu: Das war der berühmte *Spiegel*-Fotograf Jupp Darchinger.

Einige Zeit später lag im Briefkasten die Mitteilung, ich könne am 1. Juli als Sekretärin in der Bonner *Spiegel*-Redaktion anfangen. Der Arbeitsvertrag war beigefügt. Als Gehalt war die Summe von 1400 Mark brutto monatlich eingetragen. Ich unterschrieb entschlossen und dachte, wenn ich das jetzt meinem Mann beichte, dann gute Nacht.

Dennoch ging ich zum Briefkasten und warf den Brief ein. Ich langte noch einmal in den Schlitz, um mich zu vergewissern, dass er wirklich im Kasten gelandet war.

Jetzt bin ich wieder unabhängig, zumindest von einem Ehemann, dachte ich, war mir aber nicht ganz sicher, ob das auch stimmte.

Das war 1973, und ich war sechsundzwanzig. Zu Hause ging das erwartete Theater los. Dieses Mal enteignete ihn, soweit ich meinen Mann verstehen konnte, Alice Schwarzer. Die Journalistin forderte eine umfangreiche Gleichberechtigung der Frauen ein und galt als kämpferische Speerspitze eines vor allem in Zeitungen und Zeitschriften ausgetragenen Streits um Selbstbestimmung und Selbstverwirklichung der Frauen, die von vielen Lesern argwöhnisch verfolgt wurde. Frauen und Freiheit, das konnte nur das Schlimmste bedeuten und rief Ängste nicht nur bei Männern, sondern auch bei der älteren Frauengeneration hervor. Sie fürchtete, die wohlverdiente Anerkennung ihrer Arbeit als Hausfrau und Mutter zu verlieren. Ich folgte meinen eigenen Erkenntnissen, dass mir das Dasein als Nur-Hausfrau nicht guttat.

Mein Mann ging zu einem Anwalt, mit dessen Mutter sich seine Mutter wöchentlich zum Kaffeekränzchen traf. Dieser Anwalt, wie auch schon dessen Vater, hatte, wie von meiner Schwiegermutter häufig genug betont worden war, auch schon Konrad Adenauer beraten. Im Gegenzug ging ich zu einem Bekannten, von dem ich wusste, dass der bereits für Willy Brandt juristisch tätig gewesen war.

Die beiden Anwälte stritten sich ausdauernd darüber, ob in unserem Fall besser das alte oder das bis dahin nur in einem Gesetzentwurf vorliegende neue Scheidungsrecht angewendet werden sollte.

Im Bundestag gab es seit längerem hitzige Debatten, ob bei einer Scheidung an die Stelle des Verschuldungsprinzips das Zerrüttungsprinzip treten sollte. In den Zeitungen waren lange Artikel zu lesen, wie nach einer Scheidung die während einer Ehe erworbenen Pensions- und Rentenansprüche zu regeln seien. Zudem wurde ein neues Namensrecht diskutiert. So sollte der Name des Mannes nicht mehr automatisch gemeinsamer Familienname sein. Die Heiratswilligen konnten sowohl den Namen des Mannes als auch den Namen der Frau zum Familiennamen bestimmen. Auch könnte der Geburtsname dem Ehenamen vorangestellt werden.

Dieses neue Scheidungsrecht, so viel verstand ich, sollte das *Leitmodell der Hausfrauenehe* durch das *Prinzip der Partnerschaft* ersetzen.

Böswilliges Verlassen stand in verwirrenden Juristenbriefen, die ich nie zu Ende las.

Während mein Mann und ich uns schon fast wieder vertrugen, stritten sich die Anwälte um unsere Kinder und darum, wer in Zukunft das Sorgerecht habe. Ein gemeinsames Sorgerecht war ausgeschlossen. Das lag juristisch in nebliger Ferne.

Schließlich brachten die Anwälte zu diesem Problem eine gütliche Vereinbarung zustande – wie es in längeren Schriftsätzen hieß: für den Konfliktfall. Bei unserem Scheidungstermin betonten beide Anwälte einträchtig, dass ein Experiment wie unseres, die Kinder gemeinsam erziehen zu wollen – denn darin waren mein Mann und ich uns einig –, nach ihrem Gutdünken zum Scheitern verurteilt sei.

1973-1983

An einigen Tagen begann meine Arbeit im *Spiegel*-Sekretariat morgens um zehn Uhr. An anderen Tagen kümmerte ich mich morgens um den Haushalt, holte die Kinder mittags aus dem Kindergarten ab und ging erst um vier Uhr nachmittags in die Redaktion.

Die zehn Bonner *Spiegel*-Redakteure hockten, wenn sie denn in der Redaktion waren, in kleinen Arbeitszimmern, die auf das erste und zweite Stockwerk verteilt waren. Hin und wieder kamen Redakteure anderer Zeitungen oder Zeitschriften vorbei, manchmal Fernsehredakteure wie Ulrich Wickert, der für das TV-Magazin *Monitor* und als WDR-Korrespondent in Paris arbeitete, oder auch Ernst Dieter Lueg, stellvertretender ARD-Studioleiter in Bonn.

In einem geräumigen Eckzimmer im zweiten Stock residierte der Redakteur, der die Geschäfte führte. Vor diesem Chefzimmer und dem genau darunterliegenden Eckzimmer im ersten Stockwerk saßen sich in einem Vorzimmer je zwei junge Sekretärinnen gegenüber. Schaltzentrale der Sekretärinnen war eine moderne Telefonanlage, die häufig klingelte, und zwei Fernschreiber, deren Rattern von einer Glaswand nur wenig gedämpft wurde.

Manchmal lehnten sich die Redakteure aus den Bürofenstern und plauderten mit Pressesprechern oder sonstigen Informanten, die sie unten auf der Straße entdeckt hatten. In den umliegenden Büros öffneten sich dann sofort die Fenster, und die Korrespondenten anderer Redaktionen hörten aufmerksam zu.

Während einer solchen »Freiluftrecherche« wurde ein lauthals in sein Gespräch verwickelter Redakteur an den Beinen gepackt und kopfüber aus dem Fenster gehalten. Mir erschloss sich nicht ganz, ob dies eine Maßnahme zur diskreteren Gesprächsführung war oder im Zustand kurzfristiger Volltrunkenheit geschah. Denn das Lieblingsgetränk in der einen oder anderen Zelle schien Whisky zu sein.

Die Arbeit im *Spiegel*-Sekretariat fand ich ungeheuer spannend. Gesellschaftliche Veränderungen lagen in der Luft. Neue, freiheitlichere Lebensformen wurden ausprobiert. Die einen schwärmten von Wohngemeinschaften, die anderen vom Singledasein. Mehr oder weniger offen ging es um sexuelle Freiheiten. Spießig und nicht auf der Höhe der Zeit zu sein, wollte sich niemand mehr nachsagen lassen. Mir gefiel der schnoddrige Umgangston der Kollegen. Die Ironie, mit der sie wie auf einem Schulhof übereinander herzogen. Wozu ich als Jugendliche kaum den Mut aufgebracht hatte, machte mir plötzlich Spaß. Von Tag zu Tag traute ich mir immer mehr zu.

Mir imponierte, wie unbekümmert respektlos die Bonner *Spiegel*-Leute auch über Politiker, beispielsweise den neuen CDU-Vorsitzenden Helmut Kohl, redeten oder wie sie sich lachend erzählten, was sie wieder mit Franz Josef Strauß oder dem ehemaligen CDU-Vorsitzenden Rainer Barzel erlebt hatten. Aber auch SPD-Politiker wie Herbert Wehner oder Helmut Schmidt bekamen ihr Fett weg. Fast jede Woche diktierten mehrere Redakteure gleichzeitig eine lange Geschichte, an der sie gemeinsam arbeiteten, einer der Sekretärinnen direkt in die Schreibmaschine. Dazu versammelten sie sich im Eckzimmer des geschäftsführenden Redakteurs. Während eines solchen Diktats saß ich an dessen ausladendem Schreibtisch an der Maschine, und davor hampelten drei oder vier hochnervöse Redakteure herum. Dabei versuchten sie so zu tun, als ließe sie alles völlig kalt.

Nach einem sogenannten Brainstorming schrieb der die Geschäfte führende Redakteur die Gliederung der Geschichte mit Kreide auf eine große Schultafel, die an der Wand hing. Jede Geschichte begann mit einem *Aufgalopp*, dann folgte die *Erzähle*, und sie endete mit einem dramatisch oder ironisch zugespitzten Schluss, einer Art Schlussapotheose, genannt *Schlussapotheke*.

Bei der zu verfassenden Geschichte handelte es sich um einen Aufmacher oder gar um eine Titelgeschichte, in jedem Fall aber um eine *bahnbrechende Enthülle*. Ihre, wie sie behaupteten, unheimlich guten Infos hatten sie in kleine Schreibblöcke geschrieben. Wenn einer von ihnen daraus ganz besonders laut und deutlich vorlas, signalisierte er, dass es jetzt um die Ergebnisse einer exklusiven Recherche ging. Meistens signalisierten dies zwei oder drei Redakteure gleichzeitig. Bis sie sich schließlich auf eine Formulierung einigten, wurde heftig diskutiert, gestritten und laut gelacht. Vor allem dann, wenn ein besonders genialer Vorschlag für einen besonders genialen Satz ganz besonders genial missraten war. Manchmal hatte ich Mühe zu begreifen, welchen der vielen Sätze ich nun eigentlich tippen sollte.

An einer Titelgeschichte arbeiteten wir häufig bis tief in die Nacht hinein, so lange, bis die bahnbrechende *Enthülle*, und darauf legten die Redakteure den größten Wert, wirklich *wasserdicht* war. Im wasserdichten Zustand wurde sie dann von der Spätschicht-Sekretärin in den Fernschreiber getippt, in Hamburg von leitenden Redakteuren und anschließend vom Chefredakteur abgesegnet. Auf dieses Absegnen oder auf kritische Nachfragen mussten wir oft bis zwei Uhr nachts warten, vor allem dann, wenn die Enthülle vor der Veröffentlichung auch vom Herausgeber Rudolf Augstein gelesen wurde.

Im Spätsommer 1973 hieß es plötzlich: Der Herausgeber kommt. Ich war sehr gespannt: Rudolf Augstein persönlich!

Dass er ins Haus stand, fiel sofort auf. An solch einem Tag wirkten die Redakteure rasierter und frisierter als sonst und trugen ordentliche Anzüge, sogar mit Krawatte. Lediglich Paul Lersch, der sich wegen eines Artikels von ihm über den Krieg in Vietnam in der Tageszeitung *Die Welt* mit dem Springer-Verlag überworfen hatte und nun im Bonner *Spiegel*-Büro für die FDP zuständig war, trug weiterhin einen hellgelben, etwas fleckigen Pullover. Die Herren taten zwar alle so, als sei dieser Besuch für sie Routine, doch schon morgens um neun ging zwischen Bonn und Hamburg ein ausführliches Hin-und-Her-Telefonieren los.

Es war mir fast unheimlich, wie sehr sich die Atmosphäre im Büro plötzlich veränderte. Bisher hatte ich die *Spiegel*-Leute als ganz und gar nicht autoritätshörig erlebt. Aber jetzt schien der liebe Gott persönlich vor der Tür zu stehen. So etwas wie Angst machte sich breit.

Auf mein verwundertes Nachfragen bekam ich von den Redakteuren zu hören: In der Tat, Rudolf Augstein ist jemand ganz Besonderes. Seit Gründung des *Spiegels* habe Augstein eine Mannschaft geformt, die genau weiß, worauf es im Journalismus ankommt, wurde mir erklärt. Alle *Spiegel*- Schreiber inhalierten Augsteins *Denke* wie die Atemluft. Jeder Journalist, der neu ins Haus komme, müsse erst noch einmal eine Art Lehre durchlaufen, um zu begreifen, was und warum er genau so und nicht anders zu schreiben habe.

Trotz allem, Rudolf Augstein lässt uns große Freiheiten, lobten die Redakteure ihren Chef. Und sie können sich darauf verlassen, dass er im Zweifelsfall mit seiner Kompetenz und seiner Macht hinter ihnen steht. Das mache ungeheuer sicher. Man schreibe ohne Furcht vor Konsequenzen, es sei denn, man habe schlampig gearbeitet. Augstein hat eine natürliche Autorität, ein scharfes politisches Urteil. Und sein journalistisches Gespür ist phänomenal, schwärmten die Redakteure.

Paul Lersch, sonst nicht gerade geneigt, in idealisierende Lobhudeleien auszubrechen, hatte bislang fast andächtig geschwiegen, um dann begeistert auszuholen: Ungeheuer witzig sei Augstein bei allem auch noch. Im Journalismus gebe es niemanden, mit dem er zu vergleichen wäre. Er sei froh, dass er bei ihm arbeiten könne.

Der Herausgeber hatte wie immer einen Learjet gechartert und war nach einem Anruf des Hamburger Augstein-Sekretariats, das seinen Abflug aus Hamburg vermeldete, vom Bonner Bürofahrer auf dem Köln-Bonner Flughafen abgeholt worden.

Die Türen zu den Büros der Sekretärinnen standen stets offen, der schmale Redaktionsflur war daher unter ständiger Beobachtung.

Das Erste, was ich von Rudolf Augstein wahrnahm, war seine tiefe, sehr männliche Stimme. Als wollte er uns alle wecken, rief der Herausgeber laut durch den langen Flur: Gu – ten Tag!

Er wirkte schneidig und dynamisch, war braun gebrannt, trug einen hellen eleganten Sommeranzug und, der Siebziger-Jahre-Mode entsprechend, lange Koteletten. Im Schlepp hatte er seine Ehefrau Gisela.

Im Büro erzählte man sich, Gisela Stelly Augstein arbeite als Drehbuchautorin und Filmemacherin. Vor ihrer Ehe mit Rudolf Augstein war sie Journalistin bei der *Zeit*. Gisela Stelly Augstein sah aus wie ein Filmstar. Zu ihrem schulterlangen kupferfarbenen Haar trug sie eine Art Mantelkleid, das sie bei jedem Schritt umwehte. Sie war kaum geschminkt und hatte eine beneidenswert glatte, fast weiße Haut.

Der Herausgeber fegte unverzüglich ins Sekretariat und sagte kurz und cheffig: Geben Sie mir mal den Forschungsminister, Horst Ehmke.

Seine Frau Gisela stand hinter ihm im Türrahmen.

Ohne sich nach ihr umzudrehen, sagte der Herausgeber

ebenso cheffig wie zuvor ins Sekretariat hinein: Du kannst dich ja hier dazusetzen und dich mit den Damen unterhalten.

Im ersten Moment dachte ich, was meint er denn damit? Eine Art Kaffeeklatsch? Unser Sekretariat war eine ziemlich karge Bude und nicht gerade einladend.

Frau Augstein sah sich kurz um und bemerkte das in diesem Augenblick leerstehende Eckzimmer neben dem Sekretariat.

Wie gut, sagte sie, da ist ja ein Zimmer frei, dann setze ich mich dorthin.

Sie ging in das Eckzimmer und zog mit gelassener Geste die Tür hinter sich zu.

Rudolf Augstein hockte inzwischen in einer der freien Redakteurszellen und telefonierte hektisch. Es ging um das 1972 gescheiterte konstruktive Misstrauensvotum des CDU-Vorsitzenden Rainer Barzel gegen Bundeskanzler Willy Brandt – oder vielmehr darum, wer damals wohl aus den eigenen Reihen gegen Barzel gestimmt haben könnte, womöglich sogar Bestechungsgeld genommen hatte und von wem. Ein parlamentarischer Untersuchungsausschuss versuchte das aufzuklären.

Im Sekretariat klingelte das Telefon. Ich hob ab, und der Herausgeber rief kurz und knapp: Papier bitte!

Irritiert dachte ich, was für Papier denn? Schreibpapier lag überall auf den Tischen herum.

Unvermittelt fiel mir ein, wie die Redakteure, wenn sie auf dem Klosett hockten und kein Klopapier vorfanden, aus der Kabine herausbrüllten: Papier! Dann rannte eine der Sekretärinnen zur Männertoilette und schmiss wütend eine neue Rolle Toilettenpapier durch den von innen zehn Zentimeter weit aufgehaltenen Türspalt.

Ich nahm ein Paket Schreibpapier, DIN A4, zur Hand und brachte es hinein zum Herausgeber. Um ja nicht zu stören, legte ich das Paket mit den fünfhundert Blatt besonders rücksichtsvoll vor ihn auf den Schreibtisch.

Mein Gott, ich will doch kein Buch schreiben, zischte Rudolf Augstein gereizt, ohne aufzusehen und ohne sein Telefonat zu unterbrechen.

Verstört hinterließ ich auf dem Schreibtisch nur einige wenige Blätter, ging zurück an meinen Arbeitsplatz und dachte: Besser, man hat mit dem Herausgeber nichts zu tun.

Zu meinem Alltag gehörten jetzt auch massive Schuldgefühle: wenn ich zu spät zum Kindergarten kam; wenn die Kinder, warum auch immer, weinten; wenn sie nicht einschlafen wollten; wenn ihnen das Essen nicht schmeckte.

Meine Freundin, die *Spiegel*-Redakteurin Marion Schreiber, tröstete mich: Das meiste ist doch Ideologie, sagte sie. Die Zeiten mit dem Mutterkreuz sind wirklich vorbei. Für unsere Kinder ist es nur gut, wenn wir uns, gerade *weil* wir Mütter sind, weiterentwickeln können.

Im *Stern* las ich eines Tages einen Artikel über die Rolle der Frauen während der Nazizeit. Dort war ein Foto abgedruckt, das etwas Provozierendes hatte und mich an eine Filmszene von Rainer Werner Fassbinder erinnerte. Das Foto zeigte einen deutschen Offizier während der NS-Diktatur, der vor einer schönen Varietétänzerin kniete. Der Nazikavalier ging anscheinend anbetend in die Knie, und die Tänzerin bewegte sich anscheinend unbekümmert. Ihre Verführungskunst setzte sie dabei sehr gezielt ein. Es war nicht eindeutig, wer von beiden mehr Macht ausübte.

Dieses Bild klebte ich mit Tesafilm an die Fensterscheibe der Fernschreiber-Kammer. Niemandem in der Redaktion fiel dieses Foto auf, und niemand sagte etwas dazu.

Ganz anders Rudolf Augstein. Bei einem weiteren Besuch im Bonner Büro stand er nur wenige Augenblicke in unserem Sekretariat, sah dieses Foto und stutzte. Er stellte sich ganz nah davor und betrachtete es sehr genau.

Haben Sie das hier aufgehängt?, fragte er schließlich, ohne sich umzudrehen.

Mhm, murmelte ich, und plötzlich war mir dieses Bild entsetzlich peinlich.

Rudolf Augstein wandte sich um und sah zu mir herüber. Zum ersten Mal bemerkte ich, dass er mit dem rechten Auge leicht schielte. Als wolle er sich auf etwas punktgenau konzentrieren, rollte er es dann aber zur Augenmitte, bis beide Augen gerade standen. Zyklophorie nennen Augenärzte dieses Verrollen der Augen. Verlegen ordnete ich einige Papiere auf meinem Schreibtisch, um diesem prüfenden Blick zu entgehen.

Im Frühjahr 1974 brach über das Regierungsviertel im beschaulichen katholischen Bonn eine Art Erotomanie herein, befeuert durch wilde Gerüchte wegen angeblicher Affären des Bundeskanzlers Willy Brandt.

In der *Spiegel*-Redaktion wurde unter lautem Gelächter diskutiert, wer im Kanzleramt und den Ministerien mit wem und wann, auf welche Weise, wie lange und warum überhaupt im Bett gewesen war oder womöglich gerade sei.

Es hörte sich an, als werde die Republik rund um die Uhr von den abenteuerlichsten Liebeslagern aus regiert.

Man spekulierte über Journalistinnen in Salonwagen, die mit Bundeskanzler Brandt durch die Republik reisten, über deren schwedische Kollegin und sogar über konspirative Treffen. Es war von Schlapphüten und dem Verfassungsschutz, unter Gelächter auch von verwanzten Betten die Rede.

Immer wieder ging es darum, wer, wo und warum mit Willy Brandt unterwegs gewesen sei und was sein Reisemarschall, der im April als DDR-Agent entlarvte und verhaftete Günter Guillaume, wohl alles ausspioniert haben könnte. Der Verfassungsschutz stellte Akten mit einem großen »K« darauf sicher, wobei dieses »K« nicht für »Kanzler«, sondern für »Kommunisten« stand. Nach und nach enthüllte nicht nur der *Spiegel*, dass Günter Guillaume Offizier im besonderen Einsatz gewesen war und für das DDR-Ministerium für Staatssicherheit agiert hatte. Als jahrelanges Mitglied der SPD war ihm eine beachtliche Karriere bis hin zum Vertrauten des Bundeskanzlers Willy Brandt gelungen.

Der Staatssekretär im Kanzleramt Günter Gaus tauchte hin und wieder unangemeldet im *Spiegel*-Büro auf, wie stets im dunklen Dreiteiler. Kurzsichtig blinzelnd stand er dann manchmal auch im Sekretariat herum. Er blinzelte so nervös, als schien er zu denken, na, Mädels, wer von euch war denn auch schon mit dem Kanzlerspion ...

Anfang Mai amüsierten wir jungen Frauen uns über die *Bild*-Schlagzeile *Machte Kanzler-Spion Porno-Fotos ...* Im Artikel darunter stand aber nichts Sensationelles über den Bundeskanzler, sondern nur dass ein oder zwei alleinstehende Sekretärinnen irgendwo in Bonn mal etwas mit dem zum unwiderstehlichen Frauenhelden hochstilisierten Günter Guillaume angefangen hatten.

Beschädigt durch diesen Politskandal, trat Bundeskanzler Willy Brandt im Mai 1974 zurück.

Einige Monate später, im Herbst 1974, begegnete ich auf einem FDP-Parteitag in Hamburg dem Herausgeber des *Spiegels* ein drittes Mal.

Paul Lersch hatte mich auf diesen Parteitag mitgenommen, damit ich, wie er sagte, auch einmal den etwas normaleren Politalltag kennenlerne.

Rudolf Augstein sollte als ordentlicher FDP-Delegierter des Bezirks Ostwestfalen-Lippe eine Rede halten.

Vor seiner Rede stand der Herausgeber mit etlichen *Spiegel*-Redakteuren an einem der hohen Partytische, an den er schon seiner geringen Körpergröße wegen überhaupt nicht passte.

Augenscheinlich fühlte er sich äußerst unwohl. Er trug einen grauen Anzug und hatte die Krawatte gelockert, der erste Hemdknopf stand offen. Es wurde Bier getrunken. Und es war, so schien mir, eine Art sportlicher Wettbewerb im Gange, wer wen am schnellsten unter den Tisch saufen könne. Dieses Kampftrinken kannte ich bereits aus der Bonner Politszene-Gaststätte *Rheinlust*, ebenso das nach und nach in Chaos übergehende Kampfsprechen.

Augstein war in beiden Disziplinen offensichtlich ungeübt. Ich hatte im Gegenteil den Eindruck, dass ihm vom Bier übel wurde. Denn kaum hatte er ein Bierglas ausgetrunken, rannte er hinaus, wie ich vermutete, auf die Toilette, um sich dort erst einmal zu erleichtern. Dieses Hinausrennen kannte ich von mir selbst, wenn es den trinkfesten *Spiegel*-Kollegen gelungen war, mich nach Redaktionsschluss zu mehr als zwei Halben zu überreden.

Wahrscheinlich hat er Lampenfieber wegen seines öffentlichen Auftritts, so jedenfalls reimte ich mir Augsteins Gerenne zusammen.

Augstein war immer häufiger abwesend. War er wieder anwesend, trank er das eilfertig für ihn georderte Bier mit zunehmend schlechter Laune aus. Irgendwann kam ein junger Mann an den Tisch und raunte ihm etwas zu. Augstein stöhnte auf und nickte ergeben.

Kurz darauf stand er hinter einem Rednerpult auf der Bühne. Das Mikrofon war viel zu hoch für ihn. Er sah ramponiert aus. Eine Haarsträhne klebte in der Mitte seiner Stirn und ließ ihn wie einen Komödianten aussehen, der den Napoleon gibt.

Augstein reckte den rechten Arm in die Höhe, ballte die Faust und schüttelte sie mehrmals hin und her. Die Geste wirkte wie eine Kampfansage, schien aber eher eine Geste der Verzweiflung zu sein.

Er rief etwas von *Durchziehen*, von *elender Mendelei* und

mehrmals *Wir brauchen Genscher! Genscher nach vorn!* Dabei schlug er mit den Fäusten rhythmisch auf das für ihn ebenfalls zu hohe Rednerpult. Es wurde heftig gepfiffen und gebuht. Nach wenigen Minuten Redezeit zog ihn jemand vom Podium, und Augstein tauchte in einem gestikulierenden Männerpulk unter.

Danach gab es wieder Bier und nun auch eine Erbsensuppe.

Dieses Mal saßen wir um einen runden Tisch gruppiert. Augstein war bleich und wirkte angegriffen. Trotzdem redeten die Redakteure eifrig auf ihn ein. Der Herausgeber hörte geduldig zu und trank, im Gegensatz zu den anderen, das vor ihm stehende Bier sehr langsam aus.

Irgendwann wurde über den Einfluss des Papstes und der katholischen Kirche auf die Familienpolitik der CDU/CSU in den bevorstehenden Landtagswahlkämpfen in Bayern und Hessen diskutiert.

Sind Sie in einer Kirche?, wandte sich der Herausgeber plötzlich an mich. Es kam mir so vor, als nehme er mich zum ersten Mal wahr.

Ich bin alt-katholisch. Wir haben es nicht so mit dem Papst, antwortete ich zögernd.

Augstein nickte kurz und erklärte der Männerrunde, die außer Bier nicht mehr sonderlich viel aufnahm: Das waren ordentliche Leute. Der Bismarck brauchte die Bischöfe, die diese liberale Kirche gegründet hatten, im sogenannten Kulturkampf gegen die Übermacht der römisch-katholischen Kirche. Die Alt-Katholiken haben sich 1872 unter Pius IX. gegen das Dogma der Unfehlbarkeit des Papstes gesperrt. Alt-katholische Priester dürfen übrigens heiraten. Weitere erklärende Sätze gingen in der alkoholisierten Unterhaltung der Redakteure unter.

Im März 1975 hieß es im Bonner Büro: Geheime Kommandosache, jemand muss zum Herausgeber in dessen Schweizer Urlaubsort. Die Wahl fiel auf mich. Mir wurde ein DIN-A4-

Briefumschlag in die Hand gedrückt, in dem sich ein Tonband befand, und ein weiterer Umschlag mit einer ziemlich hohen Summe Schweizer Franken. Ich wurde ermahnt, beides nicht aus den Augen zu lassen und unverzüglich in den Nachtzug von Bonn nach Chur zu steigen. In St. Moritz war ein Hotelzimmer für mich gebucht. Vorher aber sollte ich die Reise in Celerina, einem kleinen Skiort vor St. Moritz, kurz unterbrechen, um Augstein die Umschläge auszuhändigen.

Zum ersten Mal in meinem Leben fuhr ich in einem Schlafwagen erster Klasse. Ich legte die wertvollen Umschläge unter mein Kopfkissen und las noch ein wenig.

In der kleinen Rhätischen Eisenbahn nach St. Moritz, in die ich in Chur umgestiegen war, gab es einen plüschigen Speisewagen, eine handgeschriebene Speisekarte und einen Kellner, der mich beflissen bediente. Ich frühstückte und sah durch das Fenster die verschneiten Dörfer in den Schweizer Bergen vorüberziehen. Die Sonne schien, und ich dachte, was für ein schönes Leben.

Der Zug schraubte sich nach Celerina hinauf, an mehreren kleinen Bahnhöfen vorbei Richtung Samaden. Schließlich kam Augsteins Urlaubsort in Sicht. Celerina war, vom Zug aus gesehen, nicht wirklich idyllisch. Es standen ein paar unspektakuläre Apartmenthäuser am Hang. Der Zug passierte mit lautem Pfeifton eine Bahnschranke. Dann hielt er auf einem winzigen Bahnhof mit Zeitungskiosk.

Da nimmt jetzt sicher ein Chauffeur mit Mütze und Handschuhen die Umschläge in Empfang, dachte ich.

Auf dem leeren Bahnsteig stand ein kleiner, fahlgesichtiger Mann, offenbar in einem Sommermantel. Er trat von einem Fuß auf den anderen. Ich erkannte ihn sofort, es war Rudolf Augstein.

Ich öffnete die Zugtür und blieb im Türrahmen stehen. Er kam langsam auf mich zu und streckte die Hand aus. Ich reichte ihm die Tasche mit den Umschlägen, und es entstand ein kurzes Hin und Her, weil er mir die Hand eigentlich zur Begrüßung hingestreckt hatte. Etwas verlegen stieg ich aus.

Sie kommen dann mit zu mir, sagte er freundlich und hängte sich die Tasche über die Schulter. Ich trug die kleine Reiseschreibmaschine, um die Rudolf Augsteins Sekretariat gebeten hatte.

Schweigend gingen wir einen Hügel hinauf, bis er schließlich fragte: Wie war die Reise?

Sehr angenehm, antwortete ich.

Waren Sie schon mal hier?

Nein, sagte ich, ich war nur einmal auf der Bettmeralp.

Gut, nickte er und schwieg dann wieder.

Ich war immer noch verlegen und dachte, wie zierlich er ist. Ich stellte fest, dass er keinen Sommermantel trug, sondern einen gutgeschnittenen, mit Innenpelz gefütterten Trenchcoat, dazu passend pelzgefütterte Stiefel. Er hinkte leicht.

Der Herausgeber bog in eine Sackgasse ein und blieb vor einem weißen dreistöckigen Wohnhaus mit dunkelbraunen Balkonen stehen. Er schloss die Haustür auf und sagte: Ich höre mir erst einmal das Tonband an, wahrscheinlich brauche ich Sie noch. Sie können oben im Dachstübchen wohnen.

Das Dachstübchen war eine gemütliche kleine Mansardenwohnung. Dort erwartete ich, dass ich, wie angekündigt, mit dem Herausgeber arbeiten würde.

Ich hörte aber nichts von ihm.

Auch am nächsten Morgen meldete sich niemand. Ich wartete bis halb zehn, dann ging ich in die Wohnung eine Treppe tiefer. In einem Vorraum war ein kleiner Tisch mit einem Frühstück für eine Person hergerichtet. Ich setzte mich, aß etwas und las in einer bereitliegenden Zeitung.

Plötzlich kam aus einem Nebenraum ein Herr, den ich zu

kennen glaubte: Charles Regnier. Der, wie ich in diesem Augenblick dachte, mir vom Theater bekannte Schauspieler gab mir hocherfreut die Hand und sagte, ich bin Henri, Henri Regnier.

Diesen Namen wiederum kannte ich seit meiner Nordstrander Kindheit aus dem Radio. Unvermittelt sah ich mich mit Eltern und Geschwistern im Pfarrhaus auf Nordstrand in der Wohnstube sitzen und hörte den Sprecher des Nordwestdeutschen Rundfunks: Dies war eine Sendung von und mit Ernst Schnabel. Regie: Henri Regnier.

Dieser Henri Regnier stand hier also plötzlich vor mir und rief: Wir wundern uns schon, dass Sie so lange schlafen! Er schoss ins Nebenzimmer und fragte auffällig laut: Ist das denn richtig? Sie sitzt nebenan und frühstückt ganz allein.

Rudolf Augsteins tiefe Stimme antwortete: Sie kann auch mit uns frühstücken.

Ich hatte nicht den Eindruck, dass er das wirklich wollte.

Henri Regnier winkte mich heran, und als ich Augsteins geräumiges Frühstückszimmer betrat, wurde ich von einer kleinen Runde von Gästen aufmerksam gemustert. Alle außer Augstein waren ziemlich neugierig.

Henri Regnier übernahm das Vorstellen: Rechtsanwalt Heiner Senfft aus Hamburg, Schauspieler Rainer Penkert aus München, seine Ehefrau Heike. Heiner Senfft, sagte Henri Regnier bedeutungsvoll, ist der Ziehsohn von Friedrich Sieburg. Das Wort Ziehsohn betonte er dabei. Die Runde griff das Wort auf und machte einige Scherze. Dann war von Henri Nannen und Hildegard Knef die Rede, ob und wenn ja, warum Rudolf Augstein irgendwann einmal bei der Filmschauspielerin abgeblitzt sei. Es wurde fröhlich gelacht.

Augstein blieb völlig ruhig und fragte irgendwann in das Gelächter hinein, ob ich wisse, wer Friedrich Sieburg sei. Ich sagte vorsichtshalber ja, obwohl ich es nicht ganz genau wusste.

Das muntere Geplauder war beim Thema Frauenhaus angekommen, und Heike Penkert rief, für Rudolf sei das doch der einzig richtige Aufenthaltsort.

Ja, aber als Opfer, nickte Rudolf Augstein und verzog dabei keine Miene.

Es folgte eine längere Unterhaltung darüber, dass Heike Penkert, eine frühere Kollegin von Silvia Sommerlath, 1972 bei den Olympischen Spielen in München war und dass sie miterlebt hatte, wie die Hostess Silvia Sommerlath sich seinerzeit mit dem schwedischen Thronfolger Carl Gustaf verbandelte. Irgendwann sagte Augstein gelassen, natürlich wird *sie* die Mächtige sein.

Danach löste sich die kleine Runde auf.

Im Haus wurde es still. Ich setzte mich in den Vorraum von Augsteins Wohnung, wartete auf Anweisungen und las.

Nichts geschah.

Am Nachmittag herrschte plötzlich Betriebsamkeit. Rudolf Augstein hüpfte um Henri Regnier herum und diskutierte mit ihm, wie und wann Henri jemanden vom Bahnhof abholen sollte. Dabei trat er von einem Fuß auf den anderen, so wie ich es schon auf dem Bahnhof gesehen hatte. Diesmal hopste er sogar dabei.

Mindestens zehnmal rief er den Namen Toni. Mir wurde erklärt, Rudolf Augstein sorge sich darum, ob Henri Regnier seine Frau, Antonia Hilke, auch rechtzeitig vom Bahnhof abholen werde.

Antonia Hilke! Damals auf Nordstrand kroch ich fast in den Fernseher hinein, wenn Antonia Hilke in ihrer Sendung *Neues vom Kleidermarkt* die Modetrends erläuterte. Yves Saint Laurent, Dior, Chanel, all diese Namen kannte ich von ihr.

Du meine Güte, dachte ich, was ziehe ich jetzt bloß an?

Als Antonia Hilke-Regnier mich nach ihrer Ankunft kurz begrüßte, kam sie gerade aus dem Bad und trug einen dunkelblauen Frotteemantel.

Der Herausgeber umtanzte sie wie ein Kleinkind und rief: Erzähl, erzähl, wie war es in Paris, wie waren die Weibers?

Im Hinausgehen hörte ich noch, wie Antonia Hilke mit ihrer warmen, mir seit Teenagerzeiten vertrauten Stimme antwortete: Hör endlich auf, entsetzlich.

Mir war nicht klar, ob sie damit die Pariser Weibers oder Augsteins Fragerei meinte.

Nach der *Tagesschau* bestellte mich Augstein zu sich. Ich saß eine Weile in seinem Arbeitszimmer herum und war total verklemmt. Er las in seinen Unterlagen.

Ich wartete.

Augstein las lange, ohne aufzusehen, er bedeckte mit der rechten Hand das rechte Auge. Ich kam mir überflüssig vor.

Absatz 8, Punkt 3, sagte Augstein plötzlich gedehnt und begann einen langen, juristisch verklausuliert klingenden Satz zu diktieren.

Rasch nahm ich einen DIN-A4-Block vom Tisch.

Absatz 12, Punkt 2 und 6, wird geändert, diktierte Augstein. Er sprach sehr langsam, und ich schrieb besonders deutlich, damit ich es hinterher auch bestimmt würde lesen können.

Augstein diktierte so eine ganze Weile. Aus den diktierten Bruchstücken des langen Schriftsatzes reimte ich mir zusammen, dass es sich um eine private Angelegenheit handelte.

Nachdem Rudolf Augstein das Diktat beendet hatte, meinte er freundlich: Sie brauchen das nicht mehr abzutippen. Nehmen Sie die Korrekturen einfach so mit nach Bonn, und geben Sie alles mit der Hauspost an mein Sekretariat in Hamburg. Bevor er das Zimmer verließ, drehte er sich noch einmal um und sagte: Sie müssen ja morgen noch nicht zurück. Sie gehen doch mit uns Ski fahren?

Alle außer Rudolf Augstein, der vom Balkon aus argwöhnisch den blitzblauen Himmel betrachtete, wollten am nächsten Morgen gleich nach dem Frühstück auf den Corvatsch hinauf.

Antonia Hilke lieh mir eine weiße Skijacke mit rotem Innenfutter und sagte: Die passt sehr gut zu Ihren Jeans.

Sie schien mir auf mütterliche Weise wohlgesonnen, wie schon bei unserer kurzen Begrüßung am Abend zuvor. Manchmal fiel mir auf, dass sie mich nachdenklich musterte, was ich auf mein studentisches Outfit bezog.

Henri Regnier lieh für mich in einem kleinen Geschäft ein Paar passende Ski samt Stiefeln aus. Zum Verkäufer sagte er: Wie immer. Auf Rechnung Rudolf Augstein.

Ski laufen mit Henri Regnier! Ich war begeistert. Regnier fuhr im gleichen Tempo wie ich, nämlich langsam. Wir wedelten gemächlich über sämtliche blauen Pisten, weil die für uns beide am einfachsten waren. Wir hielten alle fünfzig Meter an, und er fragte bis in den letzten privaten Winkel alles aus mir heraus.

Irgendwann trafen wir auf Augstein. An mich gewandt, sagte der etwas eingeschnappt: Laufen Sie auch mal mit mir?

Als wir nebeneinander auf dem wackligen Schlepplift hockten, war er sofort wieder völlig in sich gekehrt und schwieg.

Wir waren gleich groß. Mit seiner Skimütze, der dicken Daunenjacke und den steifen Lederhandschuhen glich er einem missmutigen Kind, das mit den anderen mittrottet, das aber zu niemandem richtig gehört. Reichlich schief hockte er auf dem Schleppbalken, der sich mit einem Ruck in Bewegung setzte, so dass ich ausrutschte und das Gleichgewicht verlor.

Hilfe suchend legte ich für einen kurzen Moment meinen Arm um Augstein und zog mich so in die sichere Mitte des bedrohlich wackelnden Schleppgerätes.

Ich rutsche sonst runter, murmelte ich entschuldigend und überlegte, was peinlicher war, mit Rudolf Augstein vom Schlepplift zu kippen oder den Arm um ihn zu legen.

Augstein schien meine hilfesuchende Bewegung aber gar nicht bemerkt zu haben. Er sah nachdenklich vor sich hin und schwieg.

Sicher und schnell fuhr er dann sofort den Hang hinab, offensichtlich mochte er Schussfahrten. Höflich hielt er häufiger an und fragte, ob ich eine Pause machen wolle. Statt Pause sagte er *Pusig*. Das war wohl Schweizerdeutsch.

Wir standen nebeneinander und betrachteten schweigend die gegenüberliegenden Berge. Die Skihänge waren still und leer, der Himmel ohne eine Wolke.

Nach der *Tagesschau* bestellte Augstein mich wieder zu sich. Wie schon am Abend zuvor war er in seine Unterlagen vertieft. Er las wieder langsam und gründlich. Ich wartete, sah ihm beim Lesen zu und langweilte mich ein bisschen. Irgendwann hob Augstein den Kopf, zentrierte sein rechtes Auge und sagte: Es gibt doch noch längst keine Rechtsgrundlage. Selbst das bevorstehende neue Scheidungsrecht sieht ein gemeinsames Sorgerecht nicht vor. Wie machen Sie das denn dann mit solch einer Regelung? Und wie genau lautet die Vereinbarung mit Ihrem Mann?

Henri Regnier hat ihm offenbar alle Infos durchgereicht, dachte ich erschrocken, versuchte dann aber, die juristischen Formulierungen des Trennungsvertrages mit meinem Exmann möglichst genau zu zitieren, vor allem den Begriff *für den Konfliktfall* und das Wort *Gutdünken*.

Augstein nickte und ächzte ein bisschen. Er sah traurig und müde aus.

Er würde sich sehr gern noch ein wenig mit mir unterhalten, log er und lächelte sekundenschnell. Leider habe er aber bereits ein Schlafmittel eingenommen und wolle daher ins Bett. Er verabschiedete sich höflich und zog sich zurück.

Am darauffolgenden Vormittag reiste ich zurück nach Bonn. Rudolf Augstein begleitete mich ins Dorf hinunter zur Rhätischen Bahn. Auf dem kurzen Weg dorthin war er still und in sich gekehrt. Zuvor hatte er mir den Umschlag mit dem Tonband zurückgegeben und dabei ein wenig gelacht und gesagt: Der Kohl, der wird sich vielleicht freuen. Den Namen Kohl zog er dabei besonders in die Länge.

Als der kleine Zug abfuhr, winkte er ihm fast vergnügt hinterher. Ich war mir sicher, dass dieses Winken dem Umschlag mit dem Tonband galt.

Zurück in Bonn, fand ich die *Spiegel*-Redakteure ziemlich aufgeregt vor und erfuhr, dass es bei der ganzen Aktion um eine *Enthülle* ging. Sie hatten mir ein Tonband mitgegeben, das im November 1974 während der sogenannten Sonthofener Rede von Franz Josef Strauß heimlich aufgenommen und dem *Spiegel* zugespielt worden war. Die Redakteure hatten Teile dieser Rede akustisch kaum verstehen können und sichergehen wollen, dass Strauß den damaligen CDU-Vorsitzenden Helmut Kohl angegriffen hatte, dieser sei der Regierungskoalition SPD/FDP in Zeiten hoher Arbeitslosigkeit und krisenhafter Staatsverschuldung zu weit entgegengekommen. Denn Strauß verfolgte die Strategie, die sozialliberale Regierung an *ihrer Zerrüttung der Staatsfinanzen* scheitern zu lassen, um selbst an die Macht zu kommen.

Stundenlang hatte Rudolf Augstein das überbrachte Tonband gründlich abgehört und schließlich vollständig entschlüsselt.

Diese Strauß-Rede wurde im *Spiegel* der zweiten Märzwoche 1975 auszugsweise veröffentlicht und sorgte für erheblichen Wirbel. Franz Josef Strauß erinnerte sich angeblich an nichts. Er zweifelte nicht nur in der *Bild*-Zeitung an der korrekten Wiedergabe des Wortlauts im *Spiegel*. Auch die CSU behauptete, der Stenograph, der die Rede aufgenommen habe, sei nicht gerade ein Profi gewesen.

Rudolf Augstein ließ daher in der *Spiegel*-Hausmitteilung

der dritten Märzwoche berichten: In Wahrheit gibt es ein Tonband. Keine Silbe wurde vom *Spiegel* verändert, kein Satz entstellt.

Seit 1974 schrieben die Journalisten des *Spiegel*-Büros nicht nur, sie rechneten auch. Und zwar in jeder freien Minute.

Rudolf Augstein hatte seine Mitarbeiter zu Miteigentümern des *Spiegels* gemacht, indem er eine neugegründete *Spiegel*-Mitarbeiter KG die Hälfte der Anteile am *Spiegel*-Verlag erwerben ließ und sie damit zu fünfzig Prozent am Gewinn des Unternehmens beteiligte. Nach drei Jahren Betriebszugehörigkeit stand jetzt jedem *Spiegel*-Mitarbeiter ein Anteil am jährlich erwirtschafteten Gewinn zu.

Fachmännisch diskutierten die Redakteure darüber, wie das Blatt in Zukunft finanziell am besten dastehen könnte. Manchmal hörte es sich an, als wäre jetzt jeder auch irgendwie *Spiegel*-Chef.

Im Frühjahr 1976 kündigte ich, obwohl im *Spiegel*-Büro fast alle riefen: Bist du verrückt? Jetzt, nach drei Jahren, bekommst du doch Gewinnbeteiligung!

Nach bestandener Eignungsprüfung hatte ich aber mein Ziel erreicht und mich für das Studium an der Pädagogischen Hochschule in Bonn eingeschrieben. Diesen Gewinn fand ich verlockender. Um aber zu dem Studiengeld, das mir mein Exmann monatlich überwies, noch etwas hinzuzuverdienen, arbeitete ich im Bonner *Spiegel*-Büro weiterhin als Urlaubsvertretung.

Im September 1976 kam dort ein schneidiger Herr mit streng gescheiteltem Haar den Redaktionsflur entlang. Helmut Schmidt! Der Bundeskanzler!

Aufgeschreckt durch den hohen Besuch, eilte ich ihm entgegen und fragte, ob ich ihm behilflich sein könne. Er sagte, er sei mit Rudolf Augstein verabredet. Der befand sich im obersten Stockwerk auf einem Empfang, wo eine Serie von *Spiegel*-Titelbildern des französischen Grafikers Jean Mulatier vorgestellt wurde.

Ich zeige Ihnen den Weg nach oben, sagte ich höflich, worauf der Bundeskanzler lachte und dabei eine stattliche Zahnreihe zeigte. Mir schien, er lache mich aus.

Den finde ich auch allein, sagte er.

Ansonsten war in der Bonner Redaktion alles wie immer. Nur eines hatte sich geändert: Wenn jetzt der Herausgeber angekündigt wurde, waren die Redakteure genervt. Die meisten riefen ins Sekretariat hinein, und zwar lange bevor der Herausgeber im Büro eintraf: Wir sind dann schon mal weg, auf Recherche!

Der stets irgendeiner *Enthülle* nachjagende leitende Redakteur Dirk Koch rannte mit wehendem Mantel über den Flur und stöhnte, er habe nun aber wirklich keine Minute Zeit, sich auch noch mit diesem Augstein zu befassen. Das Wort *auch* bekam dabei eine dramatische Färbung.

Aufgrund dieses auffällig veränderten Verhaltens fragte ich Paul Lersch, der als Einziger hinter Bergen von Zeitungen in seiner Schreibstube sitzenblieb, ob denn zwischen den Bonner Redakteuren und dem Herausgeber etwas vorgefallen sei.

Der betonte zunächst, er wisse auch nichts Genaues. Dann nuschelte mein Vertrauensmann, als habe eine plötzliche Depression ihn befallen, soweit er mitbekommen habe, sei Alkohol im Spiel. Seit der Herausgeber sich bei den Wahlen 1972 erst um ein Bundestagsmandat beworben, dieses aber nach zwei Monaten gleich wieder niedergelegt habe, was für ihn selbst offenbar ein demütigendes Erlebnis gewesen sei, sitze er jetzt stundenlang bei den Redakteuren herum und halte sie mit langatmigen Reden von der Arbeit ab. Es sei kein Wunder, dass die Kollegen flüchteten. Paul Lersch, der auch zu Fischgerichten bloß Fanta trank, machte eine zerquälte Miene und sagte eine Weile nichts mehr.

Außerdem, meinte er nach längerem Schweigen, gehe neuerdings das Gerücht durchs Haus, und mit dem Haus war wie immer das Hamburger *Spiegel*-Haus gemeint, Augsteins Ehefrau Gisela sei mit Wim Wenders und dessen Filmteam unterwegs, um die Dreharbeiten des neuen Wenders-Films *Der amerikanische Freund* zu beobachten. Der Herausgeber sei ganz schön sauer. Er renne ihr überallhin nach und sei zu nichts sonst mehr zu gebrauchen.

Eine der üblichen Übertreibungen, dachte ich und fragte nicht weiter.

Rudolf Augstein saß einige Zeit später im Chefzimmer neben dem Sekretariat. Wie gewöhnlich, telefonierte er ununterbrochen. Es war kaum eine halbe Stunde vergangen, und der Herausgeber strebte am Sekretariat vorbei auf die dem Eckzimmer gegenüberliegende Toilette zu. Die offen stehende Tür zum Chefzimmer gab den Blick auf eine erstaunliche Ansammlung leerer Bierflaschen frei, die dort zwischen Zeitungen und anderen Papieren auf dem Schreibtisch standen.

Augstein sprach mit niemandem in der Redaktion und wirkte völlig isoliert. Schließlich pendelte er in immer kürzeren Abständen zwischen der Herrentoilette und dem Bürozimmer hin und her. Sein Gesicht war gerötet. Er sah zerbrechlich und jungenhaft aus. Mir fiel wieder auf, dass er ein wenig hinkte.

Im Übrigen beschäftigten mich diese Vorkommnisse und Gerüchte kaum. Denn ich studierte mit wachselndem Eifer und gehörte inzwischen einer Clique von Pädagogik- und Psychologiestudentinnen und deren Freunden an. Dort ging es um für mich spannendere Themen, wie sie die erfolgreiche britische Rockband Floyd besang:

We don't need no education
We don't need no thought control
No dark sarcasm in the classroom
Teachers, leave them kids alone

Im Sommer 1977 stieß ich im *Spiegel* auf eine Augstein-Besprechung des Buches *Männerphantasien* von Klaus Theweleit, die der Rezensent als die vielleicht aufregendste deutschsprachige Publikation des Jahres betrachtete. *Frauen fließen, Männer schießen* stand als Überschrift über dem Artikel. Augstein begann mit dem Satz: *Frank und frei, viele lesende Männer können das Gebarme vieler schreibender Frauen über die Jahrmillionen währende Unterdrückung der Frau nicht mehr ausstehen.*

Und nach einigen Absätzen kam Augstein zu der erstaunlichen Erkenntnis: *Was Theweleit aus Briefen, Selbstbiographien und Romanen zu Tage gefördert hat, muss auch jenen männlichen Leser verblüffen, der sich bislang für einen ›Nicht-Faschisten‹ gehalten hat. Er findet Chiffren, die er tags gedacht und nachts gesagt, nach denen er erst recht gehandelt hat. Zugespitzt so: Kratz an der Oberfläche des Mannes, und ans Licht kommt der Faschist vom Anfang der Welt.*

Ende Mai 1978 überraschte mich Henri Regnier mit einem sonntäglichen Anruf. Wir plauderten über dies und das, er fragte mich nach dem Verlauf meines Studiums, und ich erkundigte mich, wie es seinem Freund Rudolf Augstein ginge.

Wir sind gerade bei ihm in Frankreich. Meine Frau und ich würden uns sehr über etwas Gesellschaft freuen. Haben Sie nicht Lust, uns hier zu besuchen?, fragte Henri Regnier heiter.

Mit Regniers ein paar Ferientage in Rudolf Augsteins Haus am Meer zu verbringen klang verlockend. Andererseits: Zu Ausflügen gleich welcher Art hatte ich überhaupt keine Zeit und außerdem keine Mark übrig, um an die sündhaft teure Côte d'Azur zu fliegen.

Was Rudolf Augstein dazu sagen würde, wenn ich dort einfach so einträfe, forschte ich daher erst einmal nach.

Rudolf?, bekam ich zu hören. Er sitzt in seinem Haus und arbeitet den ganzen Tag. Wir sehen ihn kaum.

Henri Regniers Urlaubslaune wirkte ansteckend. Ich sagte also zu.

Bringen Sie Ihre Schreibmaschine mit, vielleicht will Rudolf Ihnen das eine oder andere diktieren, meinte Henri und hörte sich plötzlich seltsam erleichtert an. Ich überlegte, ob es sich womöglich um etwas anderes als nur um die Einladung zu einem lustigen Zusammensein handeln könnte. Warum wohl wollten Rudolfs Freunde meine Gesellschaft? Gab es nicht ganz andere, wichtigere Leute, die sie hätten anrufen können?

Das Ticket, das wenige Tage später bei mir eintraf, hatte weit über tausend Mark gekostet. Von so einer Summe lebte ich fast zwei Monate lang.

Nach der Landung in Nizza holte mich am Ausgang des Rollfeldes eine Stewardess ab und brachte mich in den VIP-Bereich.

Dort hieß es, Ihr Helikopter wartet schon. Wie, was, welcher Helikopter?, staunte ich.

Diesmal nicht Schlafwagen erster Klasse, Rhätische Bahn und Speisewagen, diesmal also Helikopter. Der Pilot saß vorn, ich hinter ihm auf bequemen roten Ledersitzen.

Der Hubschrauber schwebte in einer langen Kurve über das dunkelblaue Meer und düste dann an der Côte d'Azur entlang: Nizza, Cannes, die Croisette, die Luxushotels, alles ganz herrlich, nach nicht ganz einer Viertelstunde kam schließlich Saint-Tropez in Sicht.

Über einem schmalen Küstenstreifen auf einer mit Pinien bewachsenen Halbinsel setzte der Pilot zur Landung an.

Wo landet der denn hier, am Strand etwa?, dachte ich gerade, da setzte er schon auf dem Grundstück auf, von dem ich annehmen musste, dass es sich um Augsteins Privatgrundstück handelte.

Im aufgewirbelten Staub stand als eine Art Empfangskomitee ein ziemlich ungleiches Paar in Gestalt von Rudolf Augstein und Henri Regnier, beide in lässiger Sommerkleidung.

Von Flug und Landung noch ziemlich beeindruckt, stieg ich in gebückter Haltung aus dem Hubschrauber. Schnell und weiterhin gebückt, lief ich unter den langsam auslaufenden Rotoren auf beide Herren zu und kam mir dabei reichlich lächerlich vor.

Rudolf Augstein war braun gebrannt, wirkte aber alles andere als in Ferienlaune. Er trug dunkelblaue Bermudashorts, ein dunkelgrünes Lacoste-Hemd und eine dunkle Sonnenbrille.

Henri Regnier war wie immer elegant von Kopf bis Fuß. Er war ebenfalls braun gebrannt und sah mit seinem weißen kurzgeschnittenen Haar wie ein echter Gentleman aus. Mit meinen Turnschuhen und meinem verschlissenen Trenchcoat fühlte ich mich irgendwie fehl am Platze.

Rudolf Augstein schien tatsächlich ziemlich unlustig zu sein, obwohl sein mir aus Celerina bekanntes Von-einem-Fuß-auf-den-anderen-Treten eigentlich ganz lustig wirkte.

Er begrüßte mich mit der Frage: Haben Sie die *Zeit* dabei?

Dass ich sie nicht dabeihatte, quittierte er mit einem gequälten Kopfnicken.

Der Hubschrauber hob mit Getöse ab. Wir betrachteten das Schauspiel aus respektvoller Entfernung und gingen dann hintereinander auf einem schmalen Pfad das weitläufige, langsam ansteigende Gelände hinauf. Henri Regnier trug meine Schultertasche, Rudolf Augstein die Reiseschreibmaschine.

Meine kleine, in Augsteins rechter Hand hin und her schaukelnde Schreibmaschine betrachtend, dachte ich, ganz offensichtlich hätte Rudolf Augstein statt meiner die Ankunft der *Zeit* sehr viel lieber gesehen.

Sie wohnen oben bei Rudolf, erläuterte Henri Regnier in meine Nachdenklichkeit hinein.

Wir erreichten eine aus gelblichem Naturstein gebaute Landhausvilla, die von einem Pinienwald umgeben war. Die graublauen Schlagläden vor den bodentiefen Fenstern waren geschlossen. Erfreut stellte ich fest, dass ich in ein schönes Gästezimmer geführt wurde. Es war mit hellen Möbeln eingerichtet. In einer Ecke des Raumes gab es einen kleinen Kamin, auf dem ein paar Sommerblumen standen. Die Fenster waren geöffnet, und zwischen den Pinien hindurch schimmerte das Meer.

Henri erklärte mir nun, dass er und seine Frau mich unten zum Abendessen erwarteten, zusammen mit Rudolf natürlich. Mir fiel auf, dass auf dem Anwesen offenbar sorgsam zwischen oben und unten unterschieden wurde. Rudolf Augstein war unterdessen in einem seiner Räume verschwunden.

Gegen Abend holte Henri Regnier mich ab und meinte, Rudolf habe keinen Hunger, leider müssten wir wieder einmal auf ihn verzichten. Regniers bewohnten einen in unmittelbarer Nähe des Wassers gelegenen Bungalow mit zwei Gästezimmern. Mittelpunkt dieses Hauses war ein auf das Meer hin ausgerichteter Wohnraum mit einer gläsernen Schiebetür, die das Haus von einer großen Terrasse trennte. Das Glas der Schiebetür war durch das wenige Meter davor aufschäumende Salzwasser mit einem leichten salzig-klebrigen Film überzogen. Hinter diesem Bungalow stand, zwischen Büschen versteckt, ein zweites, kleineres Gästehaus, das aber, so schien es, eher selten genutzt wurde.

Ich hatte mir vorgenommen, keine neugierigen Fragen zu stellen, obwohl ich ehrlich gespannt war, was Augsteins Freunde mir nun wohl eröffnen würden. Im Verlauf des Abendessens äußerten sich meine beiden freundlichen Gastgeber über Rudolf Augstein zunächst nur zögernd. Erst nach einigen unverfänglichen Plaudereien bekam ich zu hören, sie wüssten überhaupt nicht mehr weiter. Deshalb seien sie auf die Idee gekommen, mich einzuladen. Denn es sei alles ganz fürchterlich, fasste Henri die offenbar herrschende Ratlosigkeit zusammen.

Um die Situation erst einmal zu entspannen, boten Henri

und Antonia mir das Du und ein weiteres Glas Rotwein an. Das verbindende Du, aber auch der Wein machten unser Gespräch allmählich lockerer.

Wenn selbst Rudolfs langjährige persönliche Sekretärin Sabine Schappien keinen Rat mehr wisse, fuhren die auch deswegen offenbar in Unruhe versetzten Freunde fort, dann stehe es wirklich schlecht um Rudolf. Die Lage sei ernst.

Tagsüber, und das hier, in Südfrankreich, in seinem wunderbaren Haus, auf diesem herrlichen Grundstück, sitze Rudolf von morgens bis abends oben, hinter festverschlossenen Fensterläden, und gehe keinen Schritt vor die Tür. Und schwimmen wolle er schon gar nicht. Er wolle von niemandem etwas sehen, geschweige denn hören. Selbst sein Telefon stehe still.

Warum soll ein so vielbeschäftigter Mann sich nicht auch hin und wieder völlig zurückziehen dürfen, wunderte ich mich und fragte vorsichtig, wie sich Rudolfs Verhalten denn erklären ließe.

Früher war er ganz anders, antwortete Henri hilflos.

Wie war er denn früher?

Lebenslustiger, sagte Henri wiederum ungewohnt einsilbig. Jetzt ist er mal so, mal so.

Was heißt das denn, mal so, mal so, forschte ich nach.

Na ja, entweder ist er völlig niedergeschlagen und in sich zurückgezogen, oder er ist irgendwie überdreht. Henri schürzte die Lippen und sagte dann verständnisvoll lächelnd: Vielleicht ist er manisch-depressiv, wie viele Genies. Jedenfalls trinkt er zu viel, fügte er schnell hinzu, um meinem fragenden Blick etwas entgegenzusetzen.

So, wie er sich im Augenblick verhält, kennen wir ihn eigentlich nicht, stellte er dann fest. Na gut, er war nie sehr pünktlich, ein bisschen unzuverlässig hin und wieder. Selbstverständlich hat ihm das jeder nachgesehen. Schließlich arbeitete er ungeheuer viel und war darin auch sehr diszipliniert.

Er hat niemanden und weiß nicht, wo er hinsoll, versuchte jetzt Antonia das Ganze zu verdeutlichen.

Ein so berühmter und reicher Mann, wieso hat der niemanden und weiß nicht, wo er hinsoll? Der ist doch umgeben von dienstbaren Geistern! Und warum eigentlich trinkt er zu viel?, fragte ich erstaunt.

Meine beiden Gastgeber fixierten die Tischplatte, als ob dort dienstbare Geister zu finden wären, und schwiegen nachdenklich.

Wenn wir mit Rudolf hier in Frankreich sind, hört er damit auf, meinte Antonia schließlich. Und nach einiger Zeit ist er dann wieder wie früher. Na ja, nur seinen … Antonia verstummte wieder.

Was meinst du?, fragte ich gespannt.

Henri lachte kurz auf: Sie meint, seinen *Donjuanismus* wird er wohl niemals aufgeben.

Kaum sieht er irgendwo ein Weib, das ihm gefällt, berauscht er sich an dem Gedanken, *diese Frau* sei jetzt die richtige, klagte Antonia nun. Und nach spätestens drei Wochen steht schon die Zahnbürste der nächsten Angebeteten im Bad!, entrüstete sie sich.

Beschwichtigend legte Henri seiner Frau die Hand auf den Arm und lächelte nachsichtig. Mir war nicht ganz klar, ob seine Nachsicht seinem Freund oder seiner Frau galt.

Rudolf muss zur Ruhe kommen, wandte er sich wieder an mich. Er braucht eine Frau, die ihm Suppe kocht, sagte er. Willst du nicht …

Suppe koche ich äußerst ungern, wehrte ich lachend ab, die muss man hinterher immer auslöffeln. Das ist nichts für mich.

Wir dachten, vielleicht könntest du zu Rudolf nach Hamburg kommen?, rückte Henri schließlich heraus.

Was mir bereits während des Anrufs von Henri Regnier gedämmert hatte, schien sich also zu bestätigen. Diese Einladung war ganz offensichtlich ein freundschaftlich gemeinter Versuch, mich in Rudolf Augsteins Nähe zu lotsen.

Unter gar keinen Umständen wollte und könnte ich nach Hamburg gehen, wehrte ich mich. Im Herbst beginne meine Referendarzeit. Ich hätte zwar keine Ahnung, wie es danach in meinem Leben weitergehe. Der Ausstieg aus meiner Ehe sei schon anstrengend genug gewesen, da wolle ich nicht offenen Auges als eine Art Lebenshilfskraft in ein neues Desaster einsteigen.

Es war reichlich spät, als Henri mich schließlich über den schmalen Fußweg und unter Zuhilfenahme einer Taschenlampe den Hügel hinauf zu Augsteins Villa begleitete.

Wie eigentlich habt ihr Rudolf Augstein kennengelernt?, wollte ich noch wissen, während ich ihm langsam folgte.

Wir kennen Rudolf schon seit den fünfziger Jahren, antwortete Henri. Richtig kennengelernt haben wir uns aber erst während der *Spiegel*-Affäre, nachdem er aus dem Gefängnis entlassen worden war. Aber das ist eine andere Geschichte, die erzähle ich dir ein anderes Mal.

Ihr versteht euch aber gut, oder?, forschte ich nach. Denn das liebenswürdige, unterhaltsame Ehepaar Regnier schien mir nicht recht zu Rudolf Augsteins eher verschlossen wirkendem Habitus zu passen.

Wir sind nur seine Hofnarren, lachte Henri gutmütig. Rudolf, musst du wissen, ist ein Genie. Er ist anders als andere. Ganz anders, betonte er noch einmal, während er mir die Tür zu dessen Villa öffnete und sich verabschiedete.

Als ich im Gästezimmer die Fensterläden schloss, bemerkte ich, dass in Augsteins Räumen Licht brannte und sein Fernseher auf volle Lautstärke gedreht war. Es hörte sich an, als hielten sich beim Herausgeber ein halbes Dutzend temperamentvoller französischer Gäste auf.

Als ich aufwachte, war mein erster Gedanke: Tolles Wetter! Der zweite: Sofort runter ans Meer!

Auf der Terrasse vor dem Bungalow saßen unter einem großen Sonnenschirm Henri und der Herausgeber am Frühstückstisch. Rudolf Augstein blätterte in der FAZ und fragte mit tiefer Stimme hinter der Zeitung hervor: Wo kommst du denn her? – als wäre ich gerade vom Himmel gefallen. Ich wunderte mich darüber, dass er plötzlich du sagte.

Eine Antwort erwartete Augstein offenbar nicht, denn jetzt erläuterte er, wie schwierig es sei, mit dem Auto auf der Küstenstraße voranzukommen, und dass man dabei schlichtweg wahnsinnig werde. Es hörte sich an wie eine Entschuldigung für den Helikoptereinsatz.

Anschließend erinnerte sich Augstein daran, wie gemütlich es in Frankreich in den fünfziger Jahren gewesen sei und auch in Italien, wenn er dort mit seiner damaligen Ehefrau Katharina im Auto unterwegs war. Übrigens, sagte er dann, während er langsam Erdbeeren löffelte, zusammen mit Michael Thomas, der mir dieses Grundstück und dieses Haus hier in den Fünfzigern beschafft hat. Michael Thomas kennst du nicht, sagte er an mich gewandt, den habe ich damals gleich nach dem Krieg kennengelernt. Er war britischer Besatzungsoffizier.

Das mit dem Grundstück hier sei aber eine sehr gute Idee gewesen, fanden wir drei Zuhörer übereinstimmend. So nah am Meer.

Haha, lachte Rudolf Augstein, kaum hatte ich dieses gekauft, wollte er mich zu immer neuen Grundstücken überreden. In Argentinien, in Brasilien, angeblich um mich ganz schnell reich zu machen. Na ja, das hat mich natürlich überhaupt nicht interessiert. Michael war ganz beleidigt.

Statt beleidigt sagte der Herausgeber spitzmäulig beloiidiigt. Henri lachte, indem er mehrmals durch die Nase schnaufte.

Warum jammern seine Freunde eigentlich?, dachte ich, Augstein geht es doch gut.

Ich war hier einer der Ersten, erzählte der Herausgeber jetzt. Die meisten anderen kamen erst später.

Auch Madame Bardot?, fragte Henri gekünstelt neugierig und schielte zu mir herüber, ob ich mich wohl vom Namen der Filmdiva beeindruckt zeigte.

Rudolf Augstein beantwortete diese Frage demonstrativ nicht. Stattdessen regte er sich ein wenig über die französische Regierung auf, die ihm in Zukunft den Pöbel, und beim Wort Pöbel lachte er und schüttelte sich, kreuz und quer über die Terrasse schicke. Denn in Kürze gebe es in Frankreich ein Gesetz, mit dessen Hilfe die Grundstücksbesitzer von Küstenstreifen enteignet und sämtliche Fußpfade für jedermann zugänglich gemacht werden sollten.

Wie um sich selbst zu beruhigen, sagte er dann: Na ja, mich findet ja hier keiner.

Doch, Madame Bardot, sagte Henri daraufhin und betonte das Wort Madame sehr französisch.

Augstein überhörte Henris Hinweis auf Brigitte Bardot auch dieses Mal. Warst du denn schon mal an der Côte?, wandte er sich stattdessen mir zu.

Ja, antwortete ich, allerdings nicht in Saint-Tropez.

Dann hast du also noch nie die vielen Luxusyachten gesehen, die hier im Hafen liegen, spottete Henri Regnier.

Rudolf Augstein beugte sich ein wenig zu mir herüber und flüsterte hinter vorgehaltener Hand: Ich zeige dir heute Nacht mal richtig tolle Leute, die stellen sich hier auf ihren Yachten aus. Extra für dich.

Auch die Bardot?, fragte ich leicht verwirrt und überlegte, ob ich den Herausgeber jetzt wohl auch einfach duzen sollte.

Rudolf Augstein antwortete grimmig, Briiijjschiiit? Für Brijschit ist Heinrich zuständig. Ein Kavalier alter Schule wie

Heinrich, sagte er künstlich begeistert, spricht natürlich fließend französisch.

Mit Heinrich war wohl Henri gemeint. Rudolf Augstein stand ächzend auf, spöttelte schnell noch: Wenigstens tut er so, und Henri verabschiedete ihn mit übertriebenem Ernst.

Rudolf muss tycoonisieren, erklärte dieser dann. Das schien zu bedeuten, dass der Herausgeber stundenlang verschwunden sein würde, um mit den Mächtigen zu telefonieren. Wir drei anderen schwammen derweil ein wenig.

Um danach wieder trocken zu werden, setzten wir uns auf die Felsen am Meer. Und Henri wurde jetzt endlich die Bardot-Story los.

Sie ist hier Rudolfs einzige Nachbarin, sagte er, und nur Henri schien davon beeindruckt zu sein.

Und wie es unter Nachbarn nun einmal üblich sei, gerate man häufiger aneinander. Einmal handelte es sich bei diesen Streitigkeiten um die gemeinsam zu benutzende Einfahrt am oberen Ende des Grundstückes, ein andermal habe die Bardot sich über sein und Rudolfs harmloses Schlendern über den kleinen Sandstrand am unteren Grundstücksrand erzürnt.

Na ja, unterbrach Ehefrau Antonia seine Schilderung, ihr hattet schließlich beide nichts an, und außerdem ist es immer noch *ihr* Strand.

Dieser Einwand bremste Henris Erzählung keineswegs. Als echter Unterhalter beschrieb er nun einen filmreifen Auftritt der Madame Bardot, in dessen Verlauf mehrmals das Wort *cochons* vorkam. Beim Anblick der hochsommerlichen Herren sei der Filmstar in eine Art hysterische Erregung geraten, die von den beiden denn doch als etwas übertrieben empfunden worden war. Rudolf habe hinterher jedenfalls gesagt, die Bardot sei doch ziemlich etepetete.

Ansonsten hatte ich den Eindruck, dass Rudolf Augstein meine Anwesenheit völlig egal war. Meine Reiseschreibmaschine stand unbenutzt im Gästezimmer. Als er doch einmal kurz bei Regniers zum Essen auftauchte, sah er müde aus. Er blieb wortkarg und machte allenfalls ein paar Witze, was für ein herrliches faules Leben wir drei hätten. Im Gegensatz zu ihm, der sich ununterbrochen um unser Wohlbefinden sorge. Missmutig stocherte er auf seinem Teller herum und verschwand wenig später grußlos. Durch die geschlossenen Fensterläden hindurch hörte ich am Abend wieder, wie der Fernseher lärmte.

Nach drei Tagen kehrte ich aus Südfrankreich zurück nach Bonn, das nach dem sogenannten *Deutschen Herbst* im Jahr zuvor immer noch wie gelähmt wirkte. Mit der Geiselnahme des deutschen Arbeitgeberpräsidenten und Vorsitzenden des BDI Hanns Martin Schleyer und dessen vier Begleitern hatte im September und Oktober 1977 der Terror der *Roten Armee Fraktion* seinen Höhepunkt erreicht. Ebenfalls von Terroristen war im vergangenen April Generalbundesanwalt Siegfried Buback und dessen Fahrer ermordet und im Juli darauf der Bankier Jürgen Ponto in seinem Privathaus in Oberursel erschossen worden.

In einer dramatischen gewaltsamen Rettungsaktion wurden am 13. Oktober 1977 in Mogadischu 87 Passagiere der von der RAF entführten Lufthansamaschine *Landshut* befreit. Die RAF wollte mit dieser Aktion ihre Gefangenen freipressen. Drei der vier Terroristen wurden dabei erschossen. Kurz zuvor hatte ihr Anführer bei einem Zwischenstopp den Flugkapitän Jürgen Schumann ermordet.

Wenige Stunden nach dieser Befreiuungsaktion wurden Andreas Baader, Gudrun Ensslin und Jan-Carl Raspe in ihren Zellen in Stammheim tot aufgefunden. Ein offizielles Gutachten wies deren kollektiven Selbstmord nach.

Hanns Martin Schleyer wurde am 19. Oktober 1977 von seinen Entführern erschossen, nachdem sie vom Tod der RAF-Mitglieder erfahren hatten.

Nach diesem Zusammentreffen hörte und sah ich von Rudolf Augstein ein Jahr lang nichts. Im Sommer 1979 gab er meinen Kommilitonen Anlass zur Freude: *Bild* berichtete, der *Spiegel*-Herausgeber sei bei der Rückkehr aus seinem Urlaubsort auf Sardinien mit einigen Gramm Haschisch im Koffer erwischt worden. In der Mensa wurde dieses Ereignis begeistert kommentiert, Rudolf Augstein wie ein Popstar gefeiert.

Ich hatte ihn niemals eine Zigarette rauchen sehen und nahm mir vor, bei passender Gelegenheit jemanden aus dem Bonner *Spiegel*-Büro nach dessen Meinung über diesen Vorfall zu befragen. Dann vergaß ich die ganze Geschichte wieder.

Von einem der leitenden Bonner *Spiegel*-Redakteure hörte ich aber, dem Herausgeber ginge es nicht gut. Meine Frage, was los sei, beantwortete der Redakteur mit ungewohnter Diskretion, indem er schwieg.

Von Marion Schreiber erfuhr ich, dass sich Lore Ostermann, Rudolf Augsteins erste Ehefrau, das Leben genommen hatte, was ihm sehr zu schaffen mache.

Kurz vor Silvester lag in meinem Briefkasten ein Telegramm: *Mir geht es besser. Ich kann nur noch nicht schreiben. Den Champagner kannst Du verschenken. Rudolf.* Am Tag darauf brachte die Post eine Kiste mit sechs Flaschen Dom Pérignon.

Mit guten Wünschen für das kommende Jahr bedankte ich mich auf einer Postkarte.

Zwei Wochen später, an einem späten Freitagabend, rief Augstein mich zu Hause an. Unser Gespräch begann zäh. Ich wagte nicht, ihn auf das Telegramm und seine Schreibhemmung und schon gar nicht auf den Tod seiner ersten Frau Lore oder die Haschisch-Affäre anzusprechen. Im Stillen hoffte ich, er würde von selbst davon anfangen. Das tat er aber nicht.

Vielmehr nölte er herum, wie entsetzlich er Weihnachten und Silvester finde und wie froh er sei, dass es mit diesem Quatsch, wie er sagte, jetzt erst einmal wieder vorbei sei.

Was treibst du eigentlich den ganzen Tag?, fragte er dann missmutig.

Ich kämpfe mit besserwisserischen Eltern, überforderten Schülern und einer hyperkreativen Rektorin, die uns Referendarinnen alle drei Sekunden mit einer anderen Idee komme, antwortete ich möglichst freundlich.

Damit habe er ja nun gar nichts zu tun, sagte Augstein daraufhin gereizt. Seine Kinder gingen auf Eliteschulen mit von den Schuldirektoren sorgfältig ausgewählten Lehrern. Diese Schulen befänden sich in einer sehr guten Gegend, dort gebe es keine Arbeiterkinder. Auf Elternabenden verhindere er unsinnige Diskussionen, indem er einfach auf die Statuten verweise.

Dann fragte er grantig, wann denn dieses Referendariat beendet und wann ich mal in Hamburg sei, woraufhin ich antwortete, ich käme genauso oft nach Hamburg wie er nach Bonn. Nämlich so gut wie gar nicht.

Aha, knurrte er und verabschiedete sich, indem er grußlos den Hörer auflegte.

Im Februar darauf rief Augsteins Sekretärin Sabine Schappien bei mir an, ob ich wohl ein paar Tage Zeit hätte. Herr Augstein sei in der Schweiz und wolle mich dorthin einladen. Dann kam der Satz: Ob Sie wohl wieder Ihre Schreibmaschine mitbringen könnten?

Den Trick kannte ich ja schon. Misstrauisch fragte ich, ob Rudolf Augstein dort womöglich ganz allein anzutreffen sei, hörte dann aber, er habe noch andere Gäste.

Die wenigen Tage mit Augsteins Skiferienclique vor einigen Jahren hatten Spaß gemacht. Ich fuhr zwar nicht gut, aber doch sehr gern Ski. Ich hoffte, die gleichen Leute auch dieses Mal wieder anzutreffen, und nahm die Einladung an.

Als ich am Morgen in Augsteins Haus ankam, gab es ein fröhliches Wiedersehenshallo. Die um den Frühstückstisch versammelten Gäste waren tatsächlich dieselben wie bei meinem ersten Celerina-Aufenthalt.

Es war eine lebhafte Diskussion über die Zeitschrift *Titanic* im Gange. Was ich in diesen Zeiten, bei dieser Lehrerschwemme mit meinem Pädagogikstudium denn wohl Herrliches anfangen wolle, wurde gefragt.

Sie wird Volksschullehrerin, antwortete Augstein, bevor ich überhaupt etwas sagen konnte.

Ich traute mich nicht zu berichtigen: Grundschullehrerin.

Sie haben auch nichts gelesen?, meinte der Herausgeber jetzt mit fragendem Unterton.

Ich hatte keine Ahnung, was er meinte, und wunderte mich, dass er mich nun wieder siezte.

Am Abend spazierten wir alle zusammen ins Dorf zum Restaurant *Rosatsch*. Rudolf Augstein ging mit einigem Abstand zu den anderen neben mir her.

Für mich wäre es schwierig geworden, wenn *Bild* wieder etwas gemacht hätte, sagte er mehr zu sich selbst als zu mir.

Das Damoklesschwert, das über Rudolf Augstein zu schweben schien, hieß offenbar *Bild*-Zeitung. Darüber wunderte ich mich ein wenig. Denn gerade er lebte doch auch von Veröffentlichungen. Ganz offensichtlich aber fürchtete er diese zugleich wie der Teufel das Weihwasser.

Gespannt wartete ich ab, ob ich Genaueres erfahren würde.

Zögernd erzählte er denn auch, was ihn morgens am Frühstückstisch so sehr beunruhigt hatte: Wie er auf der Reise im Schlafwagen von Hamburg nach Celerina, in dem er niemals auch nur ein Auge würde zutun können, mit Hilfe einiger Schlaftabletten eingeschlafen sei. Er habe eine etwas größere Dosis genommen, um sicherzugehen, die lange Reise auch wirklich schlafend zu verbringen. Aber mitten in der Nacht sei er aufgewacht. Da er in seinem Gepäck keine weitere Schlaftablette fand, habe er sich schlaftrunken aus seinem Abteil hinaus- und zum Nachbarabteil begeben, um seine Haushälterin zu wecken. Auf sein vorsichtiges Rufen hin habe sich dort aber niemand gerührt. Weil der Herausgeber abrupt stehengeblieben war, blieb auch ich stehen.

Ich hatte ja nichts an, sagte er und sah hilflos in den dunklen Nachthimmel hinauf.

Ach so, sagte ich.

Er sei also in der schummrigen Beleuchtung des Schlafwagenganges herumgeirrt, berichtete er weiter, und dabei allmählich in Panik geraten. Er habe es mit der Angst bekommen, dass er die lange Nacht womöglich überstehen müsse, ohne ein Auge zuzumachen.

Daraufhin habe er heftig an sämtliche Schlafwagenabteile geklopft und laut und vernehmlich nach seiner Haushälterin gerufen. Sofort sei der Schlafwagenschaffner aufgetaucht und habe ihn aufs Strengste vermahnt, er solle aufhören zu randalieren, sonst müsse man Maßnahmen ergreifen.

Wieder blieb Rudolf Augstein plötzlich stehen, als wolle er sich seine missliche Lage noch einmal vergegenwärtigen. Schlaflos habe er sich danach stundenlang in seinem Bett hin und her gewälzt. In Chur sei er schließlich völlig übernächtigt in die Rhätische Bahn nach Celerina umgestiegen, erzählte er und wirkte dabei völlig erschöpft.

Auf dem Bahnsteig habe er im Vorbeigehen mitbekommen, wie der Schlafwagenschaffner auf ihn gedeutet und zu einem seiner Kollegen gesagt habe, eigentlich müsse man das der *Bild*-Zeitung melden, sagte Augstein tonlos. Diese Drohung habe ihn noch einmal drei schlaflose Nächte gekostet. Ständig habe er die riesigen Lettern in der *Bild*-Zeitung vor sich gesehen. Nach der elenden Haschisch-Affäre auf Sardinien könne er sich so etwas nicht noch einmal leisten. Er sei völlig fertig.

Ich fand schon die Haschisch-Sache nicht besonders schlimm, versuchte ich ihn zu beruhigen.

Es gibt zu viele Leute, die offene Rechnungen mit mir haben. Die warten doch nur darauf, dass ich angreifbar bin, lächelte Augstein gequält. Damit schade ich meinen Kindern.

Ihren Kindern?, fragte ich, denn ich hatte erwartet, dass er zunächst einmal den *Spiegel* erwähnen würde. Eine Antwort bekam ich nicht.

Wir waren inzwischen vor dem Eingang des Restaurants angelangt, und Augsteins Freunde stürmten hinein. Er selbst ging als Letzter durch die Tür, die er mir höflich aufhielt. In dem engen Windfang stand er unbeholfen hinter einem dicken Filzvorhang. Er wirkte, als sei er eingeklemmt und könne sich aus dieser Lage kaum befreien.

Hinter vorgehaltener Hand stöhnte er in meine Richtung: Jetzt kommt *das* wieder.

Es ist ein Tisch für Rudolf Augstein bestellt, rief einer seiner Freunde. Den Namen artikulierte er besonders laut.

Augstein wartete, bis dieser Fanfarenstoß vorüber war, fummelte umständlich den schweren Vorhang auf und blieb zwei Sekunden davor stehen. Er warf einem bereitstehenden Kellner seinen Mantel zu und eilte mit Riesenschritten zu seinen Skigefährten, die ihn mit lauten Hier-sind-wir!-Rufen heranwinkten.

Gegen Mitternacht kehrten wir zurück. Als ich mich anschickte, die Treppe hinaufzusteigen, verkündete Henri Regnier mit einem Kopfnicken in meine Richtung, ganz so, als ob alle es ganz genau wissen wollten, *sie* schläft wieder oben unter dem Dach. Bevor ich ins Bett ging, schloss ich die Tür zu meiner Mansarde ab.

Irgendwann schreckte ich aus dem Tiefschlaf, weil jemand mit schweren Schritten die schmale Holztreppe heraufpolterte. Ich hatte keine Ahnung, wie spät es war, und stellte mir vor, dass alle im Haus jetzt ebenso wie ich hellwach in ihren Betten säßen. Die Türklinke meiner Zimmertür wurde heruntergedrückt. Es entstand eine kleine Pause, dann bewegte die Klinke sich noch einmal langsam nach unten.

Kurz darauf hörte ich nochmals schwere Stiefelschritte, als ob gerade eine ganze Armee von Kerlen die schmale Treppe hinuntermarschierte.

Danach war es still.

Was soll denn das jetzt …, dachte ich. Aber der zierliche Augstein und solch ein Gepolter?

Am nächsten Morgen frühstückten wir wieder alle gemeinsam in Augsteins Wohnung. Von meinem nächtlichen Erlebnis erzählte ich nichts, weil es, nach dem Gestöhne Augsteins zu schließen, schwerwiegende Probleme zu bewältigen gab.

Der Herausgeber rief mehrere Male: Und dann auch noch die Fischbratpfanne! Nicht zu fassen, die Fischbratpfanne!

Jemand aus der Runde wiederholte sofort: Also wirklich! Auch noch die Fischbratpfanne …

Aus den Gesprächsbrocken reimte ich mir zusammen, dass in Augsteins Haus auf Sylt eine Fischbratpfanne abhandengekommen war. Augstein wirkte gereizt.

Und diesen Micki kann ich hier überhaupt nicht gebrauchen, knurrte er.

Der weiteren Diskussion war zu entnehmen, dass jemand aus Augsteins Familie auch einen Hund in die Schweiz mitbringen wollte. Die Tischrunde überlegte hin und her, ob der Hund im Nachtzug oder doch besser am Tag zu transportieren sei, am besten womöglich mit Auto und Chauffeur, der anschließend auf den Hund aufpassen könne.

Zu allem sagte Augstein: Aber nein doch, nein!

Nach dem Frühstück telefonierte der Herausgeber mit einer seiner Sekretärinnen. Im Hinausgehen hörte ich, wie er wehklagend ins Telefon rief: Dieser Micki bringt mich noch um!

Während einer gemächlichen Abfahrt auf einer der blaugekennzeichneten Pisten bremste Augstein plötzlich neben mir, so dass wir nebeneinander stehenblieben.

Mit wem hast du denn die Nacht verbracht?, fragte er mit lauerndem Unterton, während er an mir vorbei auf den gegenüberliegenden Berghang sah.

Mit niemandem. Wieso?, antwortete ich und betrachtete den Berghang gegenüber ebenfalls möglichst gleichgültig. Dabei dachte ich, jetzt duzt er mich auf einmal wieder.

Und warum war dann deine Tür verschlossen?, fragte der Herausgeber weiterhin hartnäckig.

Er war es also doch, dachte ich und sagte bestimmt: Weil ich abgeschlossen habe.

Augstein sagte daraufhin nichts mehr. Etwas umständlich ordnete er die Schlaufen der Skistöcke um seine Fausthandschuhe, ging leicht in die Knie und sauste sehr schnell die breite Piste hinab.

Kurz darauf traf ich Henri Regnier und erzählte ihm von meinem nächtlichen Erlebnis. Er malte sich die Szene zunächst einmal in allen Einzelheiten genüsslich aus und lachte: Rudolf braucht eben immer und überall einen Diener. Tag und Nacht. Vor allem für seine Skistiefel. Er hätte mich ruhig wecken können. Ich hätte sie ihm zugeschnürt, bevor er zu dir hinaufhumpelt.

Findest du nicht, er ist ein bisschen zu alt für solche albernen Klimmzüge?

Ach, nimm ihm das bloß nicht übel. Er weiß einfach nicht, wie es geht, versuchte Henri Rudolf Augsteins polternden Eroberungsfeldzug zu entschuldigen und fügte lachend hinzu: Ich meine, wie er die Skistiefel zukriegt.

Dann gab er sich alle Mühe, mir den aktuellen Beziehungsstand seines Freundes zu erläutern.

Ich kam ziemlich durcheinander, wer mit wem wo und wann

verheiratet ist oder war und wer irgendwo mit Rudolf Augstein wohnte, gewohnt hatte oder irgendwann wohnen würde. So viel meinte ich immerhin zu verstehen: Von seiner Ehefrau Gisela hatte sich der Herausgeber vor einiger Zeit getrennt.

Irgendwann kam Henri zu dem Schluss, Augsteins derzeitige Freundin sei wirklich toll. Sie sei eine richtige Intellektuelle. Außerdem werde sie sicher bald Professorin. Die Wörter Intellektuelle und Professorin zog er bedeutungsvoll in die Länge.

Rudolf braucht aber eine *richtige* Frau, eine, die ihm Suppe kocht, sagte Henri dann.

Wenige Wochen später rief Augsteins Sekretärin Sabine Schappien bei mir zu Hause an: Herr Augstein ist in Bonn und möchte Sie besuchen. Nachmittags. Bis zwei Uhr hat er einen Termin. Sind Sie wohl da? Den letzten Satz betonte sie ganz besonders.

Augstein will mich besuchen? Hier? In meiner Studentenwohnung in Schwarzrheindorf?

Dass der Herausgeber-Besuch nur ein harmloses Einfach-nur-mal-so-Vorbeikommen sein würde, konnte ich mir beim besten Willen nicht vorstellen.

Es wäre mir lieber, Rudolf Augstein ein anderes Mal und dann auch irgendwo anders zu treffen, versuchte ich daher seine Sekretärin abzuwimmeln.

Aber nein, das wäre doch sehr schade, singsangte Sabine Schappien wiederum sehr freundlich. Er hat doch immer so wenig Zeit. Tun Sie ihm den Gefallen, bat sie charmant. Wo er nun schon mal in Bonn ist …

Wieder das gleiche Spiel wie bei Rudolfs Freund Henri Regnier, dachte ich und war ziemlich sauer. Haben die sonst niemanden, den sie anrufen können? Trotzdem hörte ich mich sagen: Na gut, meinetwegen, bis fünf Uhr bin ich zu Hause.

Augstein kam gegen vier Uhr nachmittags. Er war leicht gebräunt und sah erholt aus.

Wie es schien, kam er von einem Mittagessen, bei dem es nicht bei Mineralwasser geblieben war. Sein Alkoholpegel schien ziemlich hoch zu sein. Während meiner Kindheit auf Nordstrand wurde der Trunkenheitsgrad der Inselbewohner gern mal in Windstärken gemessen. Mindestens Windstärke sieben, schätzte ich.

Der Herausgeber spazierte in meine Wohnung, ganz so, als wäre es seine, und rief: Irrrrma!

Dieses komödiantische Sprechen hat er sich bei Henri Regnier abgeguckt, dachte ich zunächst belustigt.

Rudolf Augstein hielt den rechten Arm ausgestreckt und berührte mich zweimal mit dessen Innenseite. Dann warf er seine kleine braune Aktentasche auf einen Stuhl, blickte sich eine Sekunde um, zog seine hellbraune Lederjacke aus, die er ebenfalls auf den Stuhl warf, und fragte gedehnt: Hast du ein Bier?

Ich habe zwei Biere im Kühlschrank, antwortete ich, nachdem ich mich von diesem Auftritt erholt hatte.

Im Wohnzimmer ließ sich Augstein auf mein Ikea-Sofa fallen. Ich öffnete die beiden Bierflaschen und setzte mich ihm gegenüber in meinen einzigen Sessel. Wir schwiegen beide und tranken das Bier aus der Flasche. Eine Weile saßen wir unschlüssig herum.

Augstein drehte langsam seine fast leere Bierflasche hin und her, indem er sie dicht vor die Augen hielt, und fragte: Hast du noch eine?

Ich habe keine mehr, antwortete ich wahrheitsgemäß. Bei welchem Termin er denn gewesen sei?, lenkte ich ab.

Augstein seufzte wieder und trank sehr gründlich seine Flasche leer.

Bei der FDP, maulte er. Dann machte er ein paar Witze über

die FDP-Fraktion und beendete das Thema mit der Bemerkung: Bei denen bin ich jetzt nur noch eine Karteileiche.

Hatte er seine Niederlage vor einigen Jahren immer noch nicht verschmerzt?, fragte ich mich.

Ich verstehe nicht, warum du nicht nach Hamburg kommst, unterbrach Rudolf Augstein meinen Gedankengang plötzlich ernsthaft.

Ich sagte möglichst höflich: Nach Hamburg? Das geht einfach nicht. Ich habe wirklich in Bonn zu tun.

Der Herausgeber seufzte anhaltend. Ich muss einen neuen Hausstand gründen, sagte er dann, als handele es sich dabei um eine geschäftliche Angelegenheit. Dazu brauche ich dich. Sieh mal, du bist doch arm wie eine Kirchenmaus … und ich bin ziemlich reich, fügte er lässig hinzu und stellte dabei langsam die leere Bierflasche vor sich auf den Boden.

Es darf nicht wahr sein, Augstein ein Anhänger der *Hausfrauenehe* …, schoss es mir durch den Kopf. Nach einem kurzen Atemstillstand hörte ich mich wie eine Pastorentochter fragen: Welche Reichtümer hast du denn? Mir fiel auf, dass ich ihn plötzlich ebenfalls duzte.

Ich meine *Sie*, stotterte ich verlegen.

Ich?, antwortete Augstein gedehnt. Nun ja …

Er wedelte mit beiden Händen, als wolle er diese Reichtümer irgendwie loswerden, und seufzte wiederum gekünstelt, Silber, Gold, Aktien, Kunst. Ach, alles Mögliche. Das wissen andere Leute besser als ich.

Sofort fielen mir die 317,78 Mark Miese auf meinem Konto ein. Schweigend betrachtete ich die vor uns auf dem Boden stehende leere Bierflasche und wusste nicht, was mich in diesem Moment mehr in Verlegenheit brachte, meine Miesen oder Augsteins Millionen. Ich dachte, meine Güte, der muss aber erst einmal wieder nüchtern werden.

Du kannst es dir ja in Ruhe überlegen, sagte Augstein unbekümmert. Er schien davon überzeugt zu sein, mich für sich eingenommen zu haben.

Etwas schwerfällig erhob er sich aus dem Sofa und zog langsam und umständlich seinen hellbraunen Lederblouson an. Dann ging er wie im Museum noch ein wenig in meiner Wohnstube herum und guckte die Bilder an den Wänden an. Am Fenster blieb er stehen und betrachtete nachdenklich die romanische Schwarzrheindorfer Doppelkirche gegenüber. Er drehte sich herum und ging zu meinem Schreibtisch. Langsam beugte er sich vor, kniff das rechte Auge zu und studierte die Bücher, die darauf herumlagen. Er entdeckte ein schmales Bändchen des Klett-Verlags mit dem Titel *O-Tahiti. Eine Reisebeschreibung aus dem 18. Jahrhundert,* nahm es in die Hand und sagte leise und unvermutet schüchtern: Das nehme ich mit, ja?

Rudolf Augsteins plötzliche Scheu überraschte mich. Verwirrt versuchte ich noch ein paar Worte mit ihm zu wechseln und sagte: In Wahrheit soll Forster ja ein krummbuckliger, blatternarbiger Kerl gewesen sein. Er beschreibt sich selbst aber als Adonis. Das scheinen Männer so an sich zu haben.

Augstein stellte sein rechtes Auge mittig und sah mich prüfend an. Dann zog er den Kopf zwischen die Schultern und schüttelte sich ein bisschen. Er gab mir die Hand und kicherte: Wir sehen uns ja bald, nicht?

Mir fiel darauf nichts anderes ein als: Ich hab überhaupt keine Zeit.

Ich auch nicht, nickte Augstein gut gelaunt, verschwand im Treppenhaus und meldete sich sehr lange nicht mehr.

Es war aussichtslos, in näherer Zukunft als Grundschullehrerin arbeiten zu wollen. Das Land Nordrhein-Westfalen stellte kaum noch neue Lehrer ein.

Mir erschien es insofern geradezu als ein Glücksfall, dass

Rudolf Augsteins Sekretärin mir im Frühjahr 1982, wenige Monate vor meinem zweiten Staatsexamen, mitteilte, der Herausgeber sei in Bonn und wünsche mit mir zu frühstücken. Womöglich eröffnet sich die Chance, wieder im *Spiegel* zu arbeiten, egal wo und in welcher Abteilung, stellte ich mir vor.

Pünktlich meldete ich mich am Empfang im *Rheinhotel Dreesen.*

Herr Augstein erwarte mich oben in seiner Suite, beschied der Empfangschef, was meine Hoffnung auf eine Art Bewerbungsgespräch sofort dämpfte. Ein Treffen im Frühstücksrestaurant wäre mir lieber gewesen.

Rudolf Augstein saß in einem dunkelroten seidenen Morgenmantel am Fenster mit Ausblick auf das Siebengebirge. Gefrühstückt hatte er schon, wie ich mit einem Blick auf den kleinen Tisch vor ihm feststellen konnte.

Während ich mich ihm gegenüber auf einen Stuhl setzte, beäugte ich insgeheim die zierlichen Füße in wadenlangen weißen Baumwollsocken und weißen Birkenstock-Sandalen, die mindestens eine Nummer zu groß waren.

Ich wunderte mich, dass es ihm überhaupt nichts auszumachen schien, sich derart zwanglos zu geben. Meinen Vorsatz, mit ihm eine Art Bewerbungsgespräch zu führen, legte ich ad acta.

Augstein fragte nicht eine Sekunde nach dem Woher oder Wohin. Obwohl wir uns zwei Jahre nicht gesehen hatten, fing er als Erstes an zu klagen, wie entsetzlich einsam er sei und wie entsetzlich schlecht es ihm gehe. Dann plauderte er ein wenig darüber, dass Adolf Hitler in einem bestimmten Zimmer dieses Hotels hin und wieder ebenfalls übernachtet habe, und meinte, in sich hineinkichernd: Natürlich nicht in diesem.

Er seufzte abgrundtief und erhob sich langsam aus seinem Sessel. Wortlos ging er in das angrenzende Schlafzimmer, zog dort seinen Morgenmantel und unter Stöhnen und Ächzen auch seine Strümpfe aus. Seine Sandalen hatte er bereits im Gehen von sich geschleudert.

Dergestalt entkleidet warf er sich aufs Bett, zog schwungvoll die Bettdecke über sich und fragte übergangslos, ob ich mich nicht ebenfalls ausziehen und neben ihn legen wolle.

Nö, sagte ich sauer. Ich sei ganz und gar ausgeschlafen und wirklich nicht in der Verfassung, mich um zehn Uhr morgens ins Bett zu legen.

Augstein machte eine Handbewegung, die wohl ausdrücken sollte: Hätte ich mir ja gleich denken können, und bat mich, ihm die Zigaretten zu bringen, die im Nebenzimmer auf dem Frühstückstisch zu finden seien.

Verwundert trug ich ihm die Packung und ein Streichholzmäppchen ans Bett. Offenbar war er inzwischen doch unter die Raucher gegangen.

Der Herausgeber fingerte langsam und umständlich nach einer Zigarette, die eher wie eine Selbstgedrehte aussah. Bis die Zigarette endlich brannte, verbrauchte er fast alle Streichhölzer. Dann fing er schweigend an zu rauchen. Den Geruch kannte ich von Studentenpartys. Haschisch!

Augstein paffte, auf dem Rücken liegend und mit geschlossenen Augen. Er inhalierte nicht. Auf einem kleinen Sessel neben seinem Bett sitzend, sah ich staunend dem Zigarettendunst hinterher.

Irgendwann murmelte er, ob ich ebenfalls eine rauchen wolle. Aber auch dazu hatte ich überhaupt keine Lust.

Er sei so entsetzlich einsam, murmelte er wieder und etwas wie, wir sollten jetzt endlich mal fieken.

Eine Sekunde lang überlegte ich, warum er wohl fieken statt ficken sagte, und erklärte ihm unmissverständlich, ich hätte einen festen Freund.

Du? Du hast einen Freund?, rief der Herausgeber und richtete sich schlagartig auf. Empört dehnte er diesen Satz ins Unendliche und ließ sich danach zurückfallen.

Mit schleppender Stimme und wie im Selbstgespräch redete er dann wieder ein wenig darüber, dass ich endlich nach Hamburg kommen solle und dass wir das jetzt unbedingt besprechen müssten. Seine Augen hielt er dabei geschlossen und brachte nicht einen Satz wirklich zu Ende.

Hilflos stand ich herum und überlegte angestrengt, wie ich wohl aus dieser Situation am besten herauskäme. Schließlich sagte ich laut und entschlossen: Ich gehe dann mal.

Rudolf Augstein schien inzwischen fest eingeschlafen zu sein. Die Zigarette in seiner Hand war längst erloschen. Vorsichtshalber drückte ich sie in den Aschenbecher und verließ das Zimmer.

Während ich mit meinem alten R4 langsam nach Hause fuhr, dachte ich darüber nach, wie merkwürdig abwesend Rudolf Augstein gewirkt hatte und warum er wohl nach nur wenigen Zügen aus seiner Zigarette fast wie betäubt eingeschlafen war. Mir fiel ein, dass die Dichterin Ingeborg Bachmann sich im Bett ihrer Wohnung in Rom durch eine brennende Zigarette schwere Verletzungen zugezogen hatte. Als sie wenig später starb, schrieben die Zeitungen, sie sei von Beruhigungsmitteln abhängig und ihr Tod in gewisser Weise Selbstmord gewesen.

Im Herbst 1982 bestand ich das zweite Staatsexamen mit Eins minus. Eine Stelle als Grundschullehrerin war jedoch noch immer nicht in Sicht. Die männlichen Kommilitonen um mich herum schrieben ohne Talent und Erfolg Drehbücher oder träumten davon, in die Politik zu gehen, um dort Minister oder zumindest Abgeordneter zu werden, und die Frauen wurden schwanger oder Tagesmütter.

Kurze Zeit dachte ich darüber nach, ob ich nicht doch noch

Psychologie studieren sollte, verwarf diese Idee aber schnell wieder. Psychologen hatte ich während meines Pädagogikstudiums zur Genüge kennengelernt. Wenn überhaupt, würde ich vielleicht noch Geschichte oder Literaturwissenschaft studieren. Aber was damit anfangen in meinem Alter? Ich war jetzt sechsunddreißig, hatte kaum noch Geld und die Nase voll vom Studentenleben.

Im Winter verhalf mir einer der Bonner *Spiegel*-Redakteure, Klaus Wirtgen, der mit aller Welt und daher auch mit dem Sprecher des Bundesvorstands der SPD, Wolfgang Clement, befreundet zu sein schien, zu einem Aushilfsjob in der SPD-Pressestelle. Denn im März 1983 begann der Bundestagswahlkampf, und Hans-Jochen Vogel, SPD-Vorstandsmitglied und Oppositionsführer in Berlin, trat als Kanzlerkandidat gegen Helmut Kohl an.

Wahlkampf für Vogel will keiner machen. Da kannst du dir nämlich gleich ein Feldbett aufstellen. Der hört nachts um zwei auf und fängt morgens um sechs an, hatte mich Klaus Wirtgen vorgewarnt.

Mein Wecker klingelte nun morgens um halb fünf. Halb sechs trat ich meinen Dienst in der Bonner SPD-Zentrale an, die, in einem Neubau untergebracht, noch von allen *die Baracke* genannt wurde.

Wenn ich mehr oder weniger ausgeschlafen im Büro der SPD-Pressestelle eintrudelte, saß längst der übernächtigte Pressechef Wolfgang Clement dort und hatte bereits mindestens zwanzig von täglich hundert Zigaretten geraucht.

Besessen drosch er auf seine kleine Schreibmaschine ein und sprach bis auf ein mürrisch hingebrummtes Moin keinen Ton. Erst gegen zehn Uhr, nach weiteren zwanzig Zigaretten und fast ebenso vielen Bechern Kaffee, wurde er etwas gesprächiger.

Kanzlerkandidat Hans-Jochen Vogel lief kurz vor sechs Uhr, frisch und frohgemut nach allen Seiten grüßend, in der Baracke ein. Spätestens dann musste die sogenannte Pressemappe mit den neuesten Nachrichten auf seinem Schreibtisch liegen.

Meine Aufgabe am frühen Morgen bestand darin, die ununterbrochen tickernden Nachrichtenmeldungen der Presseagenturen aus dem Fernschreiberraum abzuholen, um sie dem Kanzlerkandidaten rechtzeitig in sein Büro zu tragen.

Stündlich und bis in den Abend hinein sortierte ich Agenturnachrichten in Pressemappen und verteilte sie auch an die Büros von Parteichef Willy Brandt und seinem Stellvertreter Helmut Schmidt, an das Büro des bis vor kurzem amtierenden Bundesgeschäftsführers Egon Bahr, des ehemaligen Vorsitzenden der Bundestagsfraktion Herbert Wehner oder des Bundestagsabgeordneten Gerhard Schröder.

Zu sehen bekam ich diese prominenten Politiker nicht. Denn kaum hatte ich an die jeweilige Bürotür geklopft, sprang einer der Referenten hinzu, riss mir mit einem knappen Danke die Mappe aus der Hand und wieselte damit, wie ich meinte, zu dem jeweiligen Polit-Promi ins Arbeitszimmer. Diese waren aber selten anwesend. Nur Egon Bahr und Brigitte Seebacher schienen regelmäßig an ihren Schreibtischen in der Baracke zu sitzen.

Eines Morgens betrat ich das Vorzimmer von Willy Brandt. Es war niemand dort, der mir die Mappe hätte entreißen können. Kein Redenschreiber, kein Referent, keine Sekretärin.

Plötzlich öffnete sich die Tür zu Brandts Arbeitszimmer, und ich stand dem ehemaligen Bundeskanzler gegenüber. Er wirkte, als blicke er von unsichtbaren Höhen in die Ferne, und sah etwas älter aus als auf den bekannten staatsmännischen Fotos.

Erschrocken legte ich die Mappe auf die äußerste Ecke eines Schreibtisches und wollte mich aus dem Staub machen.

Willy Brandt, der wohl ebenso erschrocken wie angewurzelt im Türrahmen stehengeblieben war, rührte sich auf einmal, indem er sich räusperte. Dann hob er langsam den Arm.

Kann ich etwas für Sie tun?, fragte ich unsicher.

Zigarette, antwortete er mit unverwechselbar rauer Stimme und rollendem r.

Ich sah mich suchend um.

Hinterm Vorhang, murmelte Willy Brandt und zeigte steifarmig zum Fenster.

Hinter dem Vorhang des Sekretariats fand ich eine Schachtel Zigaretten und hielt sie ihm hin.

Eine, sagte Willy Brandt.

Umständlich fingerte ich ihm eine Zigarette aus dem Päckchen.

Wortlos nahm mir Willy Brandt die Zigarette aus der Hand und verschwand in seinem Zimmer.

Ich legte die Zigarettenpackung hinter den Vorhang zurück und verließ das Büro in dem Gefühl, mit Willy Brandt ein Geheimnis zu teilen.

Eine adlige Dame aus der Presseabteilung beauftragte mich fast täglich, ihre Seidenblusen zur Reinigung zu tragen. Sie stöhnte über den *wahnsinnigen* Wahlkampfstress und wie sehr sie darüber ihr Cello vernachlässigen müsse. Zu normalen Zeiten pflege sie nämlich in der menschenleeren Baracke des Nachts ein wenig darauf zu üben.

Ich stellte mir vor, wie der bekennende Nachtarbeiter Willy Brandt zu diesen von ihr als normal bezeichneten Zeiten, rauchend und bekanntermaßen unter Depressionen leidend, in der menschenleeren Baracke saß, gequält vom Cellospiel der Pressedame in frischgereinigten Seidenblusen.

Im November 1983 lag Bonn in dichtem Nebel. Die Studienkollegen, die ich hin und wieder traf, schwärmten alle von *Joschka*. Im Oktober war Joschka Fischer mit der noch jungen Partei *Die Grünen* mit einem Stimmenanteil von 5,6 Prozent erstmals in den Bundestag eingezogen. Plötzlich trugen fast alle, die ich kannte, Turnschuhe wie Joschka Fischer und waren strikt gegen Atomkraftwerke. Die gehörten sofort abgeschaltet, und eine saubere Stromversorgung müsse her. Das Umweltdesaster schien unabwendbar und von unendlichen Ausmaßen zu sein: Unsere Wälder stürben, weil die Luft durch Abgase verpestet sei, überhaupt müsse auf der Welt endlich Frieden herrschen, wurde von vielen jungen Menschen gefordert, deren Interesse für Politik erstaunlich zunahm.

In gerammelt vollen, verrauchten Kneipen wurde über die hohe Akademiker-Arbeitslosigkeit diskutiert. Neuester Renner war die Umschulung auf Computer. Das Arbeitsamt, hieß es, zahle. Viele ehemalige Kommilitonen schienen außerdem inzwischen Auf- oder Abrüstungsexperten geworden zu sein. Erbittert rannten sie in den Bonner Hofgarten und demonstrierten dort gegen den sogenannten Nato-Doppelbeschluss, gegen die Stationierung weiterer US-Mittelstreckenraketen in Europa.

In Deutschland regierte jetzt Helmut Kohl. Von geistiger Wende war zwar viel zu lesen, aber neue Lehrer wurden nicht eingestellt. Ich nahm jeden Aushilfsjob an, der sich bot. Mal tippte ich ellenlange KFZ-Schadensgutachten ab, wertete Umfragebögen für ein Meinungsinstitut aus, mal gab ich Kindern Nachhilfeunterricht.

Schließlich wurde ich im Personalbüro einer Kapital- und Finanzierungsgesellschaft angestellt, die Bauherrenmodelle an Steuersparer verscherbelte. Dort war es mal hochinteressant, mal stinklangweilig.

Meine Freundin Marion Schreiber riet mir eines Tages, weil im *Spiegel*-Haus in Hamburg der Leserbrief-Redakteur Werner Detsch in Pension gehe, mich auf dessen Stelle zu bewerben.

Das mache ich bestimmt nicht, wehrte ich ab, da laufe ich nämlich dem Herausgeber in die Arme. Das gibt nichts als Probleme. Rudolf Augstein sucht eine Frau, die ihm Suppe kocht. Ich suche aber eine ganz normale Arbeit mit Sozial- und Rentenversicherung!

Wie es ihre Art war, nahm Marion einen Zettel zur Hand und schrieb links Argumente für, rechts Argumente gegen eine Bewerbung für die Stelle als Leserbrief-Redakteurin auf.

Schließlich gelang es ihr, mich davon zu überzeugen, dass ich wenigstens versuchen sollte, mich beim *Spiegel* zu bewerben. Also schrieb ich einen Bewerbungsbrief.

Viele Wochen hörte ich nichts. Mit einer Antwort rechnete ich nicht mehr.

Plötzlich rief dann doch eines Abends spät der Ressortleiter der Abteilung Innenpolitik, Wolfram Bickerich, an, der mich noch aus gemeinsamen Bonner *Spiegel*-Zeiten kannte. Melde dich mal bei der Chefredaktion, meinte er, sonst ist der Leserbrief-Job weg.

Ei, ja sicher könne mer Sie hier brauche, hesselte Chefredakteur Erich Böhme, als ich ihn am nächsten Morgen anrief. Warum ist denn des noch net erledigt? Ruf doch mal die da unte in der Personalabteilung an. Die solle Ihne den Vertrag schon mal schicke.

Ich rief in der Personalabteilung an und erkundigte mich nach meiner Bewerbung.

Wir melden uns, war die Antwort.

Noch am gleichen Tag klingelte bei mir kurz vor Mitternacht das Telefon. Dieses Mal war es der Herausgeber: Ich hööööre, sagte er gedehnt, ich hööööre, dass du dich bei uns beworben hast.

Ja, ich dachte …, meinte ich und schwieg verunsichert.

Es entstand eine längere Pause.

Das wird nix werden, fuhr Augstein schließlich in seinem merkwürdig gedehnten Tonfall fort. Ich habe schon jemanden. Ich brauche dich hier nicht.

Ich räusperte mich angestrengt und suchte krampfhaft nach einer halbwegs sinnvollen Antwort.

Vor kurzem hätte ich etwas in New York für dich gehabt, plauderte Augstein inzwischen unbekümmert. Dort war ein Sekretärinnenposten frei, meinte er großmütig. Dann fragte er, ob ich schon einmal in New York gewesen sei.

Nein, New York kenne ich nur aus Filmen.

Ich auch, rief Rudolf Augstein. Ich auch! Wenn ich in New York ankomme, fahre ich direkt ins Hotel, gucke einmal hinunter auf den Central Park und ziehe dann sofort die Vorhänge zu. Seitdem Franz Josef Strauß in New York von drei Prostituierten überfallen worden ist, lachte Rudolf, das musst du dir mal vorstellen, gleich drei …, gehe ich nur auf die Straße, wenn ich mit einer Limo abgeholt werde.

Was heißt denn Limo?

Na, Limuuuusiiiiine, rief Augstein bestens gelaunt ins Telefon, so lang gestreckt, wie er das Wort Limousine aussprach, sollte ich mir wohl auch das Auto vorstellen.

Dann lasse ich mich zu Henry fahren, erzählte er jetzt munter weiter. Henry Kissinger, kennst du ja.

Nicht wirklich, murmelte ich.

Noch nie, prustete er lachend, ohne auf meine Antwort einzugehen, noch gar nie habe er ein so scheußliches Entree zu einer Wohnung gesehen wie das von Nancy. Nancy Kissinger, kennst du ja, lachte Augstein wieder. Unbeschreiblich, stöhnte er. Fünf Meter hohe griechisch-römische Amphoren! Sieben Meter hohe Blumenkübel! Was weiß ich! Eine riesige Treppe aus scheckigem Marmor. Wenn du da reinkommst, bist du sofort fix und fertig! Erschlagen, rief er und schien von dieser Vorstellung geradezu begeistert zu sein.

Dann freute er sich noch eine Zeitlang darüber, dass Henry Kissinger in seiner Ehe rein gar nichts zu sagen habe, sondern vielmehr unter der Fuchtel von Nancy stehe, die im Übrigen zwei Köpfe größer sei als ihr Ehemann, aber durchaus charmant. Im Gegensatz zu ihrem Henry, der langsam altersstarrsinnig werde. Immerzu müsse er sich mit ihm wegen Nixons Außenpolitik herumstreiten, und Henry wolle dauernd recht haben.

Der Herausgeber lachte, hustete noch ein wenig in den Telefonhörer hinein und verabschiedete sich dann fröhlich mit dem Tipp, ich solle mir unbedingt einmal den Film *Nie wieder New York* mit Jack Lemmon ansehen. Danach wisse ich, wie es einem in New York ergehe.

Gleich am nächsten Morgen rief ich bei Chefredakteur Böhme an: Rudolf Augstein will nicht, dass ich die Leserbriefe mache.

Waaas? Der Rudolf …? Was hat denn der dagege, wunderte sich Böhme und versprach, sich in Kürze wieder zu melden.

Es meldete sich jedoch nicht Erich Böhme, sondern Henri Regnier.

Irrrrma, sagte er, wir fahren mit Rudolf nach Frankreich, fährst du mit?

Ich habe keine Zeit, antwortete ich sehr bestimmt.

Aber du hast dich doch bei *ihm* beworben, wunderte sich Henri und meinte damit seinen Freund Rudolf.

Ich habe mich für die Leserbriefe im *Spiegel* beworben, versuchte ich richtigzustellen.

Aber Rudolf *ist* der *Spiegel*, lachte Henri und fügte begütigend hinzu: Komm doch her. Dann besprechen wir alles in Ruhe. Es ist ja nur für zwei, drei Tage. Ich sage dir noch genau Bescheid.

Der Bescheid kam schon am nächsten Tag in Form eines Flugtickets, das Rudolf Augsteins Sekretariat mir zuschickte mit dem Wunsch für eine angenehme Reise.

Auf dem Flughafen in Nizza erwartete mich dieses Mal keine Stewardess, sondern ein beleibter, stark gebräunter Urlauber, der sich weder rasiert noch frisiert zu haben schien. Ich hatte

Rudolf Augstein zuletzt 1982 im Hotel Dreesen in Bonn gesehen, und das war zwei Jahre her. Dieses Mal wirkte er raubeinig und ähnelte mit Bart und im Safarihemd Ernest Hemingway.

Ich war über Augsteins verändertes Aussehen sehr erstaunt, ja erschrocken.

Ratlos ließ ich seine überschwängliche Begrüßung über mich ergehen. Er strebte sofort in die Flughafenhalle. An einer Erfrischungsbar trank er hastig zwei Bier, fast so, als wolle er dabei nicht erwischt werden.

Im Hubschrauber, auf dem dunkelroten Lederrücksitz neben dem Herausgeber, hatte ich kaum noch Platz.

Es war windig, und der Hubschrauber schwankte. Rudolf Augstein schrie in den knatternden Fluglärm hinein dem Piloten Befehle zu: Weiter nach unten! Nach unten! Zwischendurch rief er, an mich gewandt, hinter vorgehaltener Hand: Wäre das schön, wenn wir jetzt hier abstürzten! Soll ich ihm eins über den Schädel geben?

Ich war froh, dass der Pilot ihn schon wegen seiner dicken Kopfhörer nicht verstehen konnte.

Dieses Mal wohnte ich im Bungalow unten bei den Regniers in einem winzigen Gästezimmer. Zur Begrüßung war auf der Terrasse ein Mittagessen angerichtet, das wir drei, Henri, Antonia und ich, unter wiedersehensfreudigem Geplauder einnahmen.

Von Rudolf Augstein war lediglich ein kleiner weißer Baumwollhut zu sehen. Schweigend und umständlich blätternd, saß er hinter einer der vom Flughafen mitgebrachten Zeitungen.

Irgendwann legte er die aufgeschlagene Zeitung über seinen Bauch und nahm ein Schälchen Erdbeeren in die Hand. Er juxte über den CDU-Generalsekretär Heiner Geißler und sagte dann mehrfach: Sie können es einfach nicht. Der Kohl versteht doch nichts von Wirtschaft.

Immer wieder klingelte das Telefon. Dann warf sich Augstein künstlich gequält sein Safarihemd über, humpelte angestrengt in den Wohnraum des Bungalows und setzte sich ächzend an einen kleinen Schreibtisch. Dort begann er immer wieder lachend und sehr ausführlich zu tycoonisieren.

Einmal nahm Henri Regnier den Telefonhörer ab und rief hinaus auf die Terrasse: Rudolf, Herr Schlöndorff möchte dich sprechen … Rudolf stöhnte kurz auf und flüsterte in meine Richtung: Wie heißt der noch mal mit Vornamen?

Kaum hatte ich ihm den Vornamen *Volker* zurückgeflüstert, ging er sehr zügig ans Telefon und begrüßte den Anrufer, als sei er dessen allerbester Freund: Vooooolker, wie schön … guuuuten Tag …

Am späteren Nachmittag fuhren wir zu einer Abendeinladung bei einem der stellvertretenden Chefredakteure des *Sterns*, Dieter Gütt, in dessen Sommerhaus in Gassin. Antonia Regnier chauffierte uns in einem roten Peugeot Cabrio. Der Herausgeber und ich saßen windzerzaust nebeneinander, und Rudolf rief dauernd nach vorn: Denk dran, ich sitze hinten.

Der Gastgeber Dieter Gütt sagte an diesem Abend fast nichts. Er war von liebenswürdiger Geduld und sah aus, als habe er gerade eine schwere Grippe überstanden. Rudolf Augstein versuchte ihn ganz offensichtlich aufzuheitern. Dabei hörten ihm alle aufmerksam zu. Ich verstand nur wenig. Nach jeder seiner augenscheinlich scherzhaften Geschichten lachte der Herausgeber sich kaputt. Manchmal bekam er vor Lachen einen fürchterlichen Hustenanfall, dessen Ende alle demütig abwarteten.

Einmal allerdings fragte der mir gegenübersitzende ARD-Moderator Martin Schulze in diese Husterei hinein demonstrativ aufmüpfig: Haben Sie diese Geschichte etwa verstanden? Wo, bitte, war da wohl jetzt die Pointe? Auch seine Gattin, die Journalistin Gabriele von Arnim, sah mich mit großen ungläubigen Augen an.

Mir war der ganze Abend nicht geheuer. Wie viel schöner wäre doch jetzt ein Spaziergang am Meer, dachte ich immer wieder. Es beschäftigte mich, dass Rudolf Augstein in Gesellschaft scheinbar unbedacht aus der Rolle fiel. Was war nur mit ihm geschehen? Was hatte diese augenfällige Veränderung hervorgerufen? Hatte er tatsächlich ein Alkoholproblem, wie im Bonner Büro bereits vor Jahren gemunkelt worden war?

Gegen Mittag nahm Henri Regnier mich mit nach Saint-Tropez, um Zeitungen für den Herausgeber und Fisch für das Mittagessen zu besorgen. Die Luxusyachten im Hafen dümpelten vor sich hin. Bis auf ein paar Helfer, die auf den Schiffen herumputzten, zeigte sich an Deck sonst niemand.

Auf der Post gaben wir einen Eilbrief nach Hamburg auf. Während wir in der Warteschlange vor dem Schalter standen, meinte Henri beiläufig, beim nächsten Mal kannst du Rudolfs Briefe ja dann persönlich in seinem Büro abgeben.

Wie meinst du das? Aus meinem Job in Hamburg wird doch nichts, meinte ich überrascht.

Ich staunte nicht schlecht, als Henri mir daraufhin ziemlich glaubwürdig mitteilte, mein Leserbrief-Job sei längst eine beschlossene Sache.

Wie schön, dass ich das auch mal erfahre, dazu noch von dir, spottete ich. Hat Rudolf Augstein dich jetzt zu seinem Personalchef ernannt?

In gewisser Weise schon, lächelte Henri undurchsichtig, ich berate Rudolf auch manchmal in Personalfragen.

Wir spazierten langsam durch den Ort zurück zum Parkplatz, auf dem Augsteins rotes Mietauto stand. Während der Rückfahrt zu Augsteins Anwesen erzählte Henri mir, wie sehr sie sich alle um Rudolf Augstein sorgten.

Wenn er so weitermacht, sagte er betrübt, werden wir bald nichts mehr von ihm haben.

Was macht er denn?, fragte ich interessiert.

Er ruiniert seine Gesundheit, und zwar gründlich, wich Henri aus.

Gibt es in Hamburg keine Ärzte?

Das ist ja das Schlimme, entgegnete Henri und wirkte ungewohnt verzweifelt. Er trickst alle Ärzte aus. Er kann ganze Truppen von Medizinern in Bewegung setzen und folgt dann nicht einem einzigen Ratschlag. Letztendlich behandelt er sich immer selbst.

Mit Alkohol? Und Haschisch?, versuchte ich Henri auszufragen.

Aber nein. Das sind alles hilflose Manöver.

Wieso Manöver? Was sagt denn sein Arzt?

Wenn wir mit ihm in Frankreich sind und das oft wochenlang, trinkt Rudolf keinen Tropfen, wich Henri aus. Sein Problem liegt ganz woanders, erklärte er nachdenklich. Vielleicht ist es tatsächlich die Einsamkeit, über die er klagt. Vielleicht hat es auch mit dem *Spiegel* zu tun. Möglicherweise macht er das alles dort schon zu lange, und es langweilt ihn inzwischen. Vielleicht kommst du dahinter, warum er so durchhängt. Frauen sind besser in so etwas, sagte Henri eindringlich.

Das ist etwas für Fachleute, nichts für mich, wehrte ich ab. Und in welch eine merkwürdige Rolle gerate ich damit überhaupt?, wand ich mich. Einerseits bin ich in der Redaktion tätig, andererseits für Rudolf Augstein privat? Wie soll das gehen? Das ist absurd. Im *Spiegel* werden sie sofort denken, ich bin seine Neue. Ich weiß doch, wie das läuft.

Aber damit wirst du doch fertig, meinte Henri beruhigend. Du kennst dich im *Spiegel* aus. Du kennst viele Leute dort. Rudolf kann mit dir über alles Mögliche reden. Das wird ihm guttun. Du wirst es mit ihm aushalten.

Mit ihm aushalten? Das reicht nicht. Wie stellst du dir das vor? Warum sucht er sich nicht einen Therapeuten?

Mit Therapeuten kannst du Rudolf nicht kommen. Gisela hat schon vor Jahren versucht, ihn zu einer Therapie in London zu bewegen. Es ist ihr nicht gelungen. Rudolf behauptet einfach, Ärzte und Therapeuten wüssten nichts, was er nicht selbst längst wisse.

Vielleicht reicht es ja erst einmal aus, wenn er wieder mehr Freude daran bekommt, einen ganz normalen Alltag zu leben, versuchte Henri weiter, mich umzustimmen.

Ich mochte Henri. Er war klug und humorvoll. Und es beeindruckte mich durchaus, mit wie viel Elan er sich für seinen Freund einsetzte. Ihm und seiner Frau Antonia schien Rudolf Augstein seit Jahren bedingungslos zu vertrauen. Wenn du die beiden besuchst, hatte Augstein mir einmal erklärt, sieht alles aus wie vor zwanzig Jahren. Sie stellen nicht *einen* Stuhl irgendwo anders hin. Sie hängen nicht *ein einziges* Bild um. Man findet immer alles so vor, wie man es seit langem gewohnt ist. Diese Art von Verlässlichkeit schien ihm wichtig zu sein.

Warum aber versuchten sie immer wieder gerade mich, die noch nicht einmal eine Adresse in Hamburg hatte, in Rudolfs Nähe zu bugsieren?, fragte ich mich und sagte: Er hat doch euch beide. Und bestimmt noch eine Menge anderer Leute, die sich um ihn kümmern. Ich kann mir nicht vorstellen, dass sich für Rudolf Augstein irgendetwas ändert, nur weil ich auf einmal in Hamburg auftauche.

Henri bremste und hielt eine Fernbedienung aus dem Cabrio. Du bist die Einzige, die uns einfällt. Du hast … Der Rest seines Satzes ging im Surren des schweren Metalltors unter, das Augsteins Grundstück sicherte.

Wir brauchen wieder Wasser unterm Kiel, sagte Henri, während sich langsam das Tor hinter uns schloss und er weiter den Hügel hinab über Augsteins weitläufigen Besitz fuhr. Es gelang ihm zwar nicht, mich vollends zu überzeugen, denn wirklich ernst nehmen konnte ich die ganze Sache nicht. Zu hoch gegriffen erschien mir die Erwartung, dass ich bei seinem eigenwilligen Freund etwas ausrichten könne.

Andererseits schmeichelte es mir, dass Henri sich ausgerechnet durch mich eine Art Lösung des Rätsels versprach, das seinen Freund zu umgeben schien. Da gab es ganz sicher überraschende Erfahrungen zu machen.

Meine bisherigen Erlebnisse waren eher widersprüchlich. Rudolf Augstein, dreiundzwanzig Jahre älter als ich, war ohne Zweifel ein interessanter, aber auch irritierender Mann: intelligent, belesen, geistreich und, wenn er wollte, auch durchaus charmant. Was aber in seinem Innersten vor sich ging, verbarg er geschickt. Darüber sprach er so gut wie nie oder wenn, nur in Andeutungen. Oft schien es sogar, als habe er gar kein Innenleben. In anderen Augenblicken wirkte er wie ein offenes Buch. Dann erzählte er eine Geschichte nach der anderen und zeigte sich seinem Gegenüber völlig ungeschützt, und zwar nicht nur im Zustand der Trunkenheit.

Doch an was fehlte es ihm? Geld, Macht, Frauen konnten es nicht sein.

Nach reiflicher Überlegung beschloss ich, mich mit ins Boot seiner Freunde zu setzen, die offenbar alle möglichen Anstrengungen unternahmen, Rudolf aus unergründlich finsterer Bedrängnis zu retten.

Mehr noch als den Umgang mit dem Herausgeber fürchtete ich allerdings die Hamburger *Spiegel*-Zentrale. Hatten nicht die Bonner Redakteure immer wieder gelästert, dort gehe es extrem förmlich zu? Dort herrsche ein Arbeitsklima wie in einem Finanzamt?

Es wird sich alles zeigen, dachte ich und packte kurz nach meinem achtunddreißigsten Geburtstag meine Reisetasche, um mich nach Hamburg zu begeben. Allerhöchstens drei Jahre bleibe ich dort, hatte ich mir vorgenommen. Bis dahin würde ich wohl eine Stelle als Lehrerin gefunden haben.

1984-1993

Normalerweise wäre ich mit dem Zug nach Hamburg gefahren.

Nun aber flog ich mit der Lufthansa. Denn Sabine Schappien hatte angerufen und gesagt, sie schicke mir wieder ein Flugticket. Für meine Unterbringung sei ja gesorgt, und da ich am Samstagnachmittag ankomme, werde Herr Augstein mich abholen.

Darüber wunderte ich mich zwar ein wenig, scherzte dann aber: Soll ich wieder meine Reiseschreibmaschine mitbringen?

Sabine Schappien lachte leise und meinte dann, das sei dieses Mal nun wirklich nicht nötig. Ich könne doch auch mit dem Bus oder einem Taxi zum Hotel fahren, schlug ich vor. Auch das sei nicht nötig, erklärte Sabine Schappien beharrlich, Herr Augstein fährt sehr gern selbst. Das Wort sehr betonte sie dabei.

In der Flughafenhalle erwartete mich dieses Mal ein schmaler, hochsensibel wirkender Herr. Ungeduldig trat er von einem Fuß auf den anderen. Er trug einen eleganten grauen Anzug, ein weißes Hemd und eine dezente Krawatte. Sein Haar war kurz geschnitten und sorgfältig gescheitelt.

Wie hat er das denn gemacht?, dachte ich verblüfft. Er sieht ja wieder wie Rudolf Augstein aus! Vor einigen Monaten dachte man noch, man habe es mit Hemingway zu tun.

Höflich distanziert reichte Augstein mir die Hand und fragte freundlich: Wie war der Flug? Gleichzeitig nahm er mir die Reisetasche ab.

Ganz anders als auf dem Flughafen in Nizza seinerzeit strebte er dieses Mal, ohne nach links oder rechts zu blicken, dem Ausgang zu. Direkt vor der Flughafenhalle war ein glänzender silbergrauer Mercedes-Sportwagen geparkt. Augstein öffnete schwungvoll die rechte Seitentür und bedeutete mir einzusteigen. Gleichermaßen schwungvoll warf er die Reisetasche in den Kofferraum und setzte sich selbst ans Steuer.

Ruckartig fuhr er an. Er drückte aufs Gas und raste sportlich davon. Mir fiel seine Art ein, rasant, aber sicher Ski zu laufen. Die in mir aufsteigende Angst hielt sich daher in Grenzen. Auch schnelles Autofahren machte dem Herausgeber ganz offensichtlich einen Heidenspaß.

Sonst fahre ich ja nie. Ich fahre seit vielen Jahren nicht mehr, sagte er und lächelte zu mir herüber. Aber mein Fahrer hat heute frei.

Begeistert heizte er weiter durch die fast autofreien Nobelviertel der Hansestadt, wobei er über die eine oder andere Bordsteinkante nagelte. Unverdrossen murmelte er dann vor sich hin: Macht ja nichts.

Als er an einer großen Kreuzung über eine rote Ampel raste, konnte ich mir ein angstlustiges Lachen nicht verkneifen. Völlig sinnlos bremste ich mit beiden Füßen.

Ich bin rot-grün-blind, beantwortete der schneidige Herausgeber mein nervöses Gehampel.

Innerhalb kürzester Zeit war Rudolf Augstein am Ziel. Zügig bremste er vor einer mehrstöckigen weißen Villa in einem eleganten Viertel und meinte triumphierend: Siehst du, es ist doch gar nichts passiert.

Im Eingang seiner weißen Villa kam dem Hausherrn ein heftig kläffender grauer Wolfsspitz entgegen.

Micki, du Rübenschwein! Wo kommst du denn schon wieder her, rief Augstein und verscheuchte den kleinen Hund, indem er auf dem Parkettboden vor ihm herumtrampelte. Meine Reisetasche ließ er dabei zu Boden fallen.

Hier unten wohnt Gisela, erklärte er mit einer flüchtigen Handbewegung hin zu einer geschlossenen Wohnungstür und ging eine breite Treppe hinauf. Ich nahm meine Reisetasche und folgte ihm.

Im ersten Stockwerk sah er in den Vorraum einer großen Wohnung hinein, als sähe er diese zum ersten Mal, und murmelte: Hier kannst du dann wohnen.

Die Wohnung war fast leer.

Nun ja, erst einmal bleibst du ja oben bei mir, meinte er dann mit einem nachdenklichen Blick auf die spärliche Möblierung.

Sprachlos stieg ich hinter ihm eine weitere Treppe hinauf.

Rudolf Augsteins Wohnung befand sich im Dachgeschoss. Sie war niedriger als die Wohnung, die er mir zuvor gezeigt hatte. Auch schien sie erheblich kleiner zu sein. Sie war mit einem dicken, fast weißen Teppichboden ausgelegt und mit antikem Mobiliar im Edwardian-Stil ausgestattet.

Für die Einrichtung kann ich nichts, erklärte der Herausgeber kurz. Die Möbel gehören meiner früheren Frau Katharina. Sie ist zurzeit in Paris.

Ich schloss daraus, dass Rudolf Augstein in irgendwie geordneten Verhältnissen mit seiner Ehefrau Gisela und seiner Ex-Ehefrau Katharina lebte.

Das Gästezimmer brauche er erst wieder, wenn eines seiner Kinder zu Besuch komme. So lange könne ich darin wohnen, erklärte er nun mit überraschender Selbstverständlichkeit, ging zurück ins Treppenhaus, öffnete die Tür zu einem separaten Apartment und ließ mich eintreten. Mit bis zur Decke reichenden Regalen, in denen sich wild durcheinandergewürftelte Bücher stapelten, wirkte der kleine Raum wie eine Art Bibliothek. In der Mitte des Zimmers stand ein Bett mit einem Fernsehapparat davor. Durch ein bodentiefes Fenster sah ich in einen schönen Garten mit alten Bäumen hinunter, die sich herbstlich bunt zu färben begannen.

Viel mehr Platz brauchst du wohl nicht, meinte er hochzufrieden, bevor er das Zimmer verließ, Gepäck hast du ja keines.

Wenig später erwartete mich Augstein in seinem Wohnzimmer. Er saß in einem Sessel und las. Er hatte das Jackett ausgezogen, den Hemdkragen geöffnet, und die Krawatte neben sich auf einen Bücherstapel gelegt.

Abwartend setzte ich mich in die Sofaecke, die von ihm am weitesten entfernt war. Das weiße Sofa war in helle, bis an die Decke reichende Bücherregale eingebaut. Bevor ich mich setzte, fiel mir auf, dass die Bücher in diesen Regalen sorgfältig nach Themen und Autoren geordnet waren. Welcher Diener ihm das wohl macht?, überlegte ich.

Es sei Rotwein in der Speisekammer, meinte der Herausgeber schließlich und sah mich aufmerksam an. Ebenso aufmerksam sah er mir kurz darauf zu, wie ich mich abmühte, den Korken aus einer Rotweinflasche zu ziehen. Mit einer überlegen wirkenden Geste nahm er mir zuerst den Korkenzieher, dann die Flasche aus der Hand und öffnete sie geübt wie ein Oberkellner.

Während er mit einem kurzen Ruck den Korken aus der Flasche zog, sagte er: Der Wein ist nur für dich.

Er selbst trank mit großen Schlucken aus einer auf dem Fußboden neben seinem Sessel stehenden Mineralwasserflasche, die er hin und wieder an den Mund setzte.

In die entstandene Stille hinein meinte er schließlich: Du stellst dich am Montag also bei Erich Böhme vor.

Den Namen Böhme zog er dabei in die Länge. Er drehte seinen rechten Augapfel in die Mitte und musterte mich mit prüfendem *Spiegel*-Chef-Blick.

In gewisser Weise ja, antwortete ich etwas verwirrt, denn

Erich Böhme kannte mich aus Bonn seit mittlerweile mehr als zehn Jahren. Da gab es eigentlich nicht viel vorzustellen. Ich überlegte, wie ich wohl am geschicktesten zum Thema Wohnung überleiten könnte.

Die kleinen Rubriken sind meine Spezialität, erläuterte Rudolf Augstein jetzt. Mit den kleinen Rubriken kenne ich mich sehr gut aus. Das mache ich seit fast vierzig Jahren, sagte er und nickte andächtig.

Muss ich, um die Leserbriefe machen zu können, eigentlich jeden *Spiegel* von vorn bis hinten durchlesen?, fragte ich.

Aber nein doch, wo denkst du hin!, rief Augstein entgeistert. Du fragst mich, und ich sage dir, was du lesen musst und was nicht. Und was alles in den Briefeteil hineingehört.

Auf das Thema Wohnung kam der Herausgeber dann von selbst zu sprechen.

Du wohnst ja jetzt sowieso hier, sagte er nämlich und erwartete ganz offensichtlich keinerlei Protest. Ich bringe dir alles bei.

Oje, Mister Higgins, dachte ich und überlegte, was Augstein damit wohl alles verbinden würde.

Das habe ich mir aber irgendwie anders vorgestellt, versuchte ich mich seinem Angebot zu entziehen.

Das macht doch nichts, sagte Augstein in besonders sonorer, beruhigender Tonlage.

Mal sehen, ob es etwas zu essen gibt, meinte er dann und begab sich in die Küche.

Dort öffnete er den Kühlschrank. Er stützte sich mit der rechten Hand an dessen Abdeckplatte ab und bückte sich ein wenig. Ziemlich lange sah er in das beleuchtete Innere des Kühlschranks hinein. Dabei schwenkte er das linke Bein leicht vor und zurück. Mit leisem Stöhnen zog er schließlich einen kleinen Topf mit Suppe hervor und stellte ihn auf dem Kühlschrank ab. Danach bückte er sich auf gleiche Weise und betrachtete wieder lange und nachdenklich das leere Innere seines Kühlschranks.

Mach die mal warm, sagte er schließlich kopfschüttelnd und schob mir langsam den Suppentopf hin. Sie wird sowieso nicht schmecken. Meine Haushälterin kann nämlich überhaupt nicht kochen.

Der Herausgeber zog unter einer Küchenschublade einen kleinen Ausziehtisch hervor, ebenso zwei kleine Hocker mit Sitzen aus Schilfgeflecht, die mich an meine Ferien in Griechenland erinnerten. Er holte eine Flasche Wasser aus der Speisekammer und setzte sich.

Ich ließ derweil die Suppe köcheln.

Auf den Hockern einander gegenübersitzend, löffelten wir heiße Rindfleischbrühe mit Eierstich.

Wenn sie gut ist, ist das meine Lieblingssuppe. Die hier ist aber nicht gut, mäkelte er und verzog das Gesicht. Ob mir wenigstens der Rotwein schmecke.

Ja, der ist sehr gut, sagte ich und war froh, dass mir überhaupt etwas einfiel.

Augstein sah vor sich hin und sagte: Ich trinke nämlich nichts.

Ich dachte an seine zügig geleerten Wasserflaschen und fand diesen Satz irgendwie merkwürdig.

Nun ja, sagte Rudolf Augstein dann, ich kann aber auch nicht rauchen.

Auch dieser Satz kam mir merkwürdig vor.

Der Herausgeber verschränkte die Arme auf der kleinen Tischplatte und begann eine längere Geschichte zu erzählen.

Im vergangenen Herbst sei er sechzig geworden und habe zusammen mit einer Freundin in Kalifornien einige Tage in einer Art Sanatorium verbracht. Nicht in der Betty Ford Klinik. Nein, das nicht, betonte er.

Ich wusste nicht, was die Betty Ford Klinik war, und fragte:

Warst du krank? Mir fiel auf, dass ich Augstein nun ebenfalls wie selbstverständlich duzte.

Aber nein doch, antwortete Rudolf rasch. Ich trinke manchmal zu viel. Kaum gehe ich zu einem Arzt, behauptet der sofort, ich sei süchtig und ruiniere meine Gesundheit. Kein Arzt dieser Welt kennt die Ursachen von Sucht, rief er und bewegte mehrfach die Hand vor seinem Gesicht, als drehe er an einer Kurbel.

Der eine sagt, es sei familiär bedingt, der nächste behauptet, es sei seelisch zu erklären, der dritte, es komme vom Stress. Man hat mir sogar empfohlen, zu den Anonymen Alkoholikern zu gehen, lachte er. Na, die *Bild*-Zeitung kann ich auch selbst anrufen.

In Kalifornien jedenfalls sei es fast wie damals gewesen, als er während der *Spiegel*-Affäre im Gefängnis habe einsitzen müssen, kicherte Augstein. Nur sei er dieses Mal nicht so allein gewesen. Denn in Kalifornien habe er einen Stubenkameraden gehabt, einen Mexikaner. Dieser Mexikaner habe ihm seine Lebensgeschichte erzählt, und die sei außerordentlich interessant gewesen.

Konnte der Mexikaner denn Englisch?, fragte ich.

Er sprach genauso schlecht wie ich, antwortete Rudolf. Er erzählte aber so lebendig und schnitt so tolle Grimassen, dass ich mir den Rest, den ich nicht verstand, lebhaft vorstellen konnte. Ein Mann mit sechs Kindern, der einen Hungerlohn verdient, der kann sich doch nur jeden Tag besaufen, rief Augstein.

Er sah mich geradewegs an und fuhr eindringlich fort: Die machen es einfach so mit dir: Sie sperren dich vier Wochen lang ein, damit du nicht mehr trinkst. Aber auf den Fluren stellen sie überall Zigarettenautomaten auf. An jeder Ecke steht einer. Das ist Gehirnwäsche. Du rauchst dann wie verrückt, aber wenigstens trinkst du nichts mehr. Nur bei mir funktioniert das nicht. Weil ich nicht rauchen kann. Ich habe es ein paarmal versucht. Bei mir klappt das nicht.

Er sei jedenfalls, erzählte Augstein weiter, nachdem er sich die Lebensgeschichte dieses Mexikaners dreimal angehört habe, kuriert gewesen und in irgendein kalifornisches Luxushotel umgezogen, wo ihn niemand gekannt habe.

Er nickte befriedigt und meinte dann, er müsse noch ein wenig telefonieren.

Ach ja, fiel ihm im Hinausgehen noch ein, das Geschirr räumen wir morgen zusammen weg.

Zurückgeblieben in der kleinen Küche, stellte ich mir vor, wie der seit fast vierzig Jahren tätige *Spiegel*-Chef Rudolf Augstein an diesem Ausziehtisch, auf einem kleinen Hocker sitzend, mir geduldig beibringen würde, die Leserbriefe zu bearbeiten. Und weiterhin stellte ich mir vor, wie anschließend der *Spiegel*-Herausgeber, während ich das Geschirr spülte, die nassen Teller fein säuberlich abtrocknen und wegräumen würde.

Fast schon erheitert, begab ich mich ins Gästezimmer.

Vor dem Einschlafen überlegte ich noch eine Weile, wie ich es anstellen könne, so bald wie möglich in ein Hotelzimmer zu wechseln, ohne unhöflich zu wirken.

In der Ferne hörte ich den Stadtverkehr. Ansonsten war es still. Morgen ist auch noch ein Tag, sagte ich mir schließlich wie Scarlett in *Vom Winde verweht* und schlief sofort ein.

Am Sonntagmorgen saß Rudolf Augstein an einem einladend gedeckten Frühstückstisch. Er trug einen weißen Frotteemantel und schien auf mich gewartet zu haben. Es war fast zehn Uhr.

Ich war ganz leise, sagte er freundlich statt einer Begrüßung. Mir macht es nichts aus, wenn *ihr* hier lange schlaft. Ich wollte, ich könnte das auch, erklärte er. Er selbst brauche seit langem schon Schlaftabletten, um überhaupt zur Ruhe zu kommen. Da gehe es ihm wie Adenauer.

Bevor ich mich darüber wundern konnte, wen Augstein mit *ihr* wohl gemeint haben könnte, berichtete er von seinen Kindern und wie sehr es ihn beruhige, wenn auch sie hin und wieder im Gästezimmer nebenan lange schliefen.

Mit spitzen Fingern piddelte er die Schale von seinem Frühstücksei ab und erklärte, es gebe Leute, die schlügen die Spitze brutal mit dem Messer ab. Furchtbar. Diese Pulerei allerdings sei ihm auch zuwider. Viel lieber esse er ein weichgekochtes Ei im Glas mit etwas Schnittlauch.

Er drehte das halbabgepulte Ei sehr nah vor seinen Augen hin und her und beäugte es misstrauisch, indem er das rechte Auge hin und wieder zukniff. Zufrieden seufzend hob er schließlich die Spitze ab und legte sie auf den Teller. Er aß zwei Löffel Eigelb und schob den Rest beiseite.

Dann nahm er ein hauchdünnes Knäckebrot aus dem Brotkorb und bestrich es sehr langsam und gründlich mit Honig. Der Honig troff vom Messer, vom Knäckebrot und, während er hineinbiss, auch von des Herausgebers Hand und Kinn. Das Knäckebrot zerbrach, und die klebrigen Stücke fielen vor ihm auf den Teller.

Mit gespreizten honigverklebten Fingern ging er in die Küche. Während dort der Wasserhahn rauschte, rief er: Wir könnten doch gleich spazieren gehen.

Die Sonne schien, und für einen Herbsttag war es überraschend warm. Wir gingen am Leinpfadkanal entlang, und Augstein fragte: Warst du schon mal in Hamburg?

Ja, als Kind und als Teenager, antwortete ich. Und einmal haben wir beide uns doch hier in Hamburg auf einem Parteitag gesehen.

Daran konnte er sich nicht mehr erinnern. Vielmehr plauderte er munter drauflos, als wollte er mir sein ganzes Leben erzählen.

Dass er aus einer alteingesessenen rheinischen Familie stamme, berichtete er, und dass sein Großvater ein steinreicher Weinhändler in Bingen gewesen sei. Königlich-Kaiserlicher Weinhändler, betonte er. Er habe nie wirklich verstehen können, warum sein Vater sich darauf eingelassen habe, nach Hannover zu ziehen. Daran sei seine Mutter schuld gewesen. Die habe seinen Vater aus der kleinstädtischen Enge Bingens hinaus- und ohne Not in die zu jener Zeit fast ebenso kleinstädtische Enge Hannovers hineingetrieben. Nach Berlin zu gehen, habe seine Mutter sich natürlich nicht getraut. Die Hauptstadt sei ihr zu großstädtisch gewesen.

Der Herausgeber beugte sich ein wenig zu mir herüber und flüsterte, indem er die Hand über die Oberlippe legte: Berlin war ihr zu lasterhaft. Sie war sehr katholisch, musst du wissen. Außerdem hatte sie Angst, mein Vater könne dem Alkohol verfallen. In Bingen tranken nämlich alle. Jedenfalls alle, die im Weingeschäft tätig waren. Mein Vater war ein braver Mann, fuhr Augstein fort. Ein Nazifeind und Hitlergegner. Das hat mich als Zehnjährigen schon geprägt. Er hat alles für uns Kinder getan. Ich habe es sehr bereut, dass ich ihn am Ende so selten besucht habe. Ich hatte einfach zu viel zu tun, meinte er bedauernd. Das sei aber keine Entschuldigung.

Rudolf Augstein blieb stehen und sah einen Augenblick lang nachdenklich vor sich hin.

In Hannover habe ich wenigstens ein sehr gutes Gymnasium besuchen können, erklärte er. Für mich hatte der Wechsel vom katholischen Rheinland in die Diaspora sein Gutes. Schon früh habe er an seiner katholischen Erziehung gezweifelt und sich mit philosophischen Schriften beschäftigt. Von Friedrich Nietzsche sei er fasziniert gewesen.

Ob ich schon einmal etwas von Nietzsche gelesen hätte?, fragte er interessiert.

Auf der Pädagogischen Hochschule habe ich hin und wieder

Anfängerseminare in Philosophie besucht, antwortete ich unsicher.

Dann bist du bei mir richtig. Du kannst mich alles fragen, bot Rudolf an. Ich war verlegen, weil ich überhaupt nicht wusste, was ich ihn jetzt hätte fragen können.

Augstein wartete aber auch gar nicht darauf, sondern fragte mich stattdessen: Kennst du Nietzsches Abhandlung *Der Wille zur Macht*?

Nein, aber Macht ist mir sowieso eher unheimlich.

Um die Macht, die du jetzt meinst, geht es Nietzsche auch nicht. Du meinst die Macht oder sogar die Gewalt über andere. Sicher müsse man sich auch damit auseinandersetzen, erklärte Rudolf geduldig. Nietzsche aber meint etwas anderes: *Das Aushalten des Schrecklichen und Grausamen des Lebens* sei eine Art unausweichliche Macht des Schicksals, die zu akzeptieren sei. Diese Akzeptanz aber müsse man *wollen.*

Er blieb stehen, betrachtete nachdenklich den ungewöhnlich blauen Nachsommerhimmel und sagte: Ich würde gern ein Buch über den *freien Willen* schreiben. Ich bin der Meinung, den gibt es nicht. Na ja, das alles geht im Augenblick vielleicht zu weit.

Rudolf blieb plötzlich stehen und drehte dabei wieder seine Hand vor dem Gesicht, als drehe er an einer Kurbel. Dabei lachte er, als habe gerade jemand einen Witz gemacht. Dieser Heidegger, rief er begeistert, *im Sein des Seienden geschieht das Nichten des Nichts,* verstehst du das?

Nö, sagte ich.

Eben, meinte Augstein weiterhin begeistert. Haha, *das Sein west!* Versteht kein Mensch. Na ja, er wollte die deutsche Sprache neu erfinden. Trotz allem ein interessanter Mann. Ich habe ihn mal besucht.

Ja, ich kenne das Foto, auf dem du mit ihm auf einem Waldweg im Schwarzwald gehst. Mit deiner Aktentasche in der Hand.

Ein gelungenes Foto, nicht?, lächelte Rudolf Augstein. Er hat mir aber nicht wirklich überzeugend erklären können, warum er der Nazi-Ideologie aufgesessen ist.

Warum er nicht Philosophie studiert habe, wenn er sich so sehr dafür interessiere?, fragte ich.

Ich hätte auch Geschichte studieren können oder Germanistik; an der Universität in Göttingen war ich für Jura eingeschrieben, antwortete er. Meine Schwester hat nach jedem Semester die Scheine für mich abgeholt. Aber ich war damals ja schon ausreichend mit dem *Spiegel* beschäftigt. Da blieb zum Studieren keine Zeit.

Mir hat es sehr gefehlt, nicht studiert zu haben, sagte ich. Das wollte ich unbedingt nachholen. Es ist zwar nur ein Schmalspurstudium geworden, aber …

Ich habe mir alles selbst beigebracht, unterbrach mich Augstein nachdenklich. Inzwischen bin ich ein besserer Jurist als manch anderer. Zumindest ein besserer als mein älterer Bruder Josef, lachte er leise.

Rudolf blieb stehen, kniff das rechte Auge zu, legte den Kopf in den Nacken und blickte längere Zeit in das bunte Laub hinein.

Es ist alles zu schnell gegangen, murmelte er.

Wie meinst du das?, fragte ich. Eine Antwort erhielt ich darauf nicht. Augstein hakte sich bei mir unter und ging schweigend weiter. Welchen Beruf denn sein Vater in Hannover ausgeübt habe?, fragte ich schließlich. Eine Weingegend sei Hannover ja nicht gerade.

Ursprünglich war mein Vater Weinhändler, wie mein Großvater, bekam ich zu hören. Davon verstand er etwas. In Hannover kaufte er dann eine Fabrik für Fotoapparate, die aber technisch nicht ausgereift waren. Die Firma ging nach einiger Zeit pleite.

Augstein blieb plötzlich stehen, bedeckte die Augen mit beiden Händen und wiegte sich hin und her, indem er schnell von einem Fuß auf den anderen trat

Furchtbar, kicherte er in sich hinein. Danach hatte mein Vater den scheußlichsten Beruf, den man sich vorstellen kann: Handelsvertreter für Fotoartikel. Die ganz Familie musste mithelfen, Pakete mit der bestellten Ware zu packen. Er hat aber sehr gut verdient. Geld spielte bei uns nie eine Rolle.

Inzwischen waren wir in den Maienweg abgebogen: Hier habe er in den fünfziger Jahren mit seiner Frau Katharina gewohnt und das Haus später an Max Schmeling verkauft, erklärte Augstein. Eigentlich habe er sich in diesem unauffälligen Haus am wohlsten gefühlt, sagte er. Es sei klein und übersichtlich gewesen. Außerdem habe es dort einen sehr schönen alten Garten mit Rosen gegeben, in dem er gern gesessen und gelesen habe.

Dann schwärmte er von seiner zweiten Frau Katharina: Er habe, wenn er manchmal sehr spät nachts nach Hause kam, oft eine Schale Erdbeeren oder eine andere Aufmerksamkeit vorgefunden. Auch kleine Zettel, auf denen stand, wie sehr sie sich auf den nächsten Tag mit ihm freue.

Augstein kicherte wieder: Er sei allerdings nicht immer aus der Redaktion gekommen, sondern von einer attraktiven Jungschauspielerin namens Elma Karlowa. Das habe Katharina zwar nicht gewusst, aber eben doch geahnt. Frühmorgens habe er die junge Dame des Öfteren im Hotel Prem an der Alster aufgesucht und sei danach in den *Spiegel* zur Zehn-Uhr-Konferenz gefahren.

Warum er sich denn von seiner offenbar hochherzigen Frau Katharina getrennt habe?, fragte ich.

Wenn ich geheiratet habe, war das immer als Lift gedacht, antwortete Rudolf.

Wieso denn Lift?

Es komme auf den Namen an. Mit dem Namen Augstein

seien seine Frauen einfach wesentlich besser bedient. Seine dritte Frau Maria habe er erst geheiratet, als er sich von ihr trennte, um mit Gisela zusammenzuleben.

Mit Gisela ist es nun aber auch zu Ende, sagte er dann mehr zu sich selbst als zu mir. Ich überlegte kurz, ihn zu fragen, warum er trotzdem mit ihr in einem Haus lebe, dachte dann aber gleich, es geht mich nichts an.

Für ihn wäre es inzwischen erstrebenswert, den Nachnamen einer Frau anzunehmen, meinte Rudolf plötzlich und sah herausfordernd zu mir herüber: Deinen. Der ist so schön rheinisch.

Da wird sich mein Exmann aber freuen, murmelte ich verlegen.

Ich kaufe ihm den Namen ab, antwortete Rudolf Augstein munter.

Das würde ihn noch mehr freuen, lachte ich.

Rudolf Augsteins anhaltende Zutraulichkeit war mir unheimlich. Wie war sein freundschaftliches Unterhaken zu verstehen? Es verführte dazu, zu glauben, dieser berühmte hochintelligente Mann, reich und unabhängig noch dazu, habe mich auserwählt, um sich mir anzuvertrauen.

Inzwischen waren wir auf dem Rückweg und kamen an einer Schrebergartenkolonie vorbei.

Augstein blieb vor einem kleinen, mit Blumenampeln behängten dunkelbraunen Holzhäuschen stehen. Vor den Fenstern mit roten Schlagläden, auf die weiße Herzen aufgemalt waren, standen buntbepflanzte Blumenkästen. Der ebenso üppig bepflanzte Garten war mit mindestens einem Dutzend zipfelmützige Gartenzwerge bestückt.

Hier würdest du dich doch sicher sehr wohlfühlen, witzelte Rudolf Augstein und betrachtete das Idyll gut gelaunt.

Ganz bestimmt, murmelte ich und fand, dass dies jetzt der richtige Zeitpunkt sei, mein Wohnungsproblem zu besprechen.

Eine eigene Wohnung? Was willst du mit einer Wohnung? Du bist doch ganz allein.

Ich bin überhaupt nicht allein, protestierte ich. Ich habe Kinder und …

Ach was, unterbrach Rudolf ungeduldig, die brauchen dich längst nicht mehr. Die sind in Wahrheit froh, wenn sie dich nicht mehr sehen müssen!

Bevor ich etwas Passendes entgegnen konnte, ging er zu einem ganz anderen Thema über: Im Oktober müsse er in München einen Vortrag halten. Mit der Ausarbeitung sei er schon ziemlich weit, und wenn er gut vorankomme, wolle er mir den Rest des Textes in die Schreibmaschine diktieren. Es handele sich um eine Themenreihe mit dem Titel *Reden über das eigene Land*. Willy Brandt und Franz Josef Strauß würden an einem der darauffolgenden Monate wohl ebenfalls Reden halten.

Eine Augstein-Rede? Das fand ich spannend.

Warum er den Text nicht seinen Sekretärinnen diktiere, fragte ich dennoch.

Wem? Meinen Sekretärinnen?, antwortete Augstein, als hörte er zum ersten Mal von ihnen. Die haben anderes zu tun, antwortete er kurz.

Zurückgekehrt in den Leinpfad, kramte Augstein in seiner Manteltasche nach dem Türschlüssel. Schließlich fand er ihn, und indem er zum Dachgeschoss der weißen Villa hinaufsah, sagte er fast etwas ungläubig: Eigentlich ist das ja Giselas Haus. Ich bin nur der Untermieter. Ich wohne wegen meines Sohns Julian hier.

In den nächsten Tagen zeige ich dir mein Haus an der Elbe, sagte er dann.

Während ich zögernd hinter ihm die breite Treppe hinaufstieg, drehte er sich noch einmal kurz zu mir um: Ach ja, und übrigens, du bist hier nicht beim Multimilliardär Paul Getty. Dieser Getty, stöhnte er entgeistert, der war unglaublich geizig!

Das musst du dir mal vorstellen: Für seine Gäste hatte er in seinem Haus ein Münztelefon aufgestellt!

Bei mir kannst du so viel und so lange telefonieren, wie du willst, verabschiedete er sich freigiebig. Im Gästezimmer steht ein Telefon.

Voller Tatendrang, im Anzug und sorgfältig gekämmt, saß der Herausgeber, als ich am Montagmorgen wie verabredet um neun Uhr bei ihm anklopfte, am Frühstückstisch.

Ich muss gleich zum Zahnarzt, entschuldigte er sich munter.

Seine Haushälterin spähte vermeintlich diskret aus der Küche heraus, und sein Fahrer stapelte in der Diele alte Zeitungen.

Nichts wegwerfen, alles bleibt hier, rief Augstein ihm von seinem Platz aus zu.

Aber Chef, die Zeitungen hier sind uralt. Da gucken selbst Sie niemals mehr rein, beschwichtigte der Fahrer.

Zur Linken des Herausgebers war auch für mich wieder ein Gedeck bereitgestellt.

Wortlos schob Augstein seinen Eierbecher zu mir hinüber, und automatisch begann ich sein Frühstücksei abzupellen.

Oben abheben, sagte der Chef.

Mit dem Eierlöffel hob ich die Spitze ab und dachte, das mache ich wirklich nur ausnahmsweise.

Nachdem er zwei Löffel Eigelb gegessen hatte, schob Augstein das Frühstücksei wieder beiseite. Er drehte sein rechtes Auge mittig, lehnte sich im Stuhl zurück, sah prüfend zu mir herüber.

Wann bist du bei Böhme?, fragte er dann.

Nach der großen Konferenz. Um zwölf Uhr, antwortete ich.

Wie wollen wir zukünftig sagen, wenn du ins Büro gehst?, fragte Rudolf Augstein jetzt. Sagen wir, ich gehe in den *Spiegel*, oder sagen wir, ich gehe ins Büro?

Ich sage, ich gehe ins Büro, antwortete ich, um die Sache übersichtlicher zu machen.

Also gut, meinte Rudolf Augstein großmütig, Hauptsache, du sagst nicht, ich gehe zum Dienst.

Gehst du denn überhaupt jeden Morgen …?, fragte ich interessiert.

Zum Dieeeeenst?, unterbrach Rudolf mich entgeistert. In dieses Totenhaus? Aber nein doch!

Kurz vor zwölf Uhr traf ich im *Spiegel*-Hochhaus in der Brandstwiete ein. Es würde noch ein wenig dauern, bis der Chefredakteur Zeit für mich habe, bedeuteten mir die Empfangsherren, und ich versank für längere Zeit in einem der schwarzen Ledersessel in der Empfangshalle.

Tatsächlich, dachte ich, indem ich die schwarzen Granitwände und den tiefschwarzen Granitfußboden der *Spiegel*-Eingangshalle betrachtete, Augsteins Eindruck von einem Totenhaus ist gar nicht so falsch. Gemütlich scheint es hier jedenfalls nicht zu sein.

An mir vorbei strömten die *Spiegel*-Angestellten. Irgendwann hieß es, Chefredakteur Böhme erwarte mich. In dessen großem Büro im elften Stock staunte ich über den eindrucksvollen Ausblick auf den Hamburger Hafen.

Erich Böhme beäugte mich über den Rand seiner Lesebrille und meinte: Sie wollen jetzt also bei uns die Leserbriefe machen. Was wollen Sie denn verdienen?

In meinem Sekretärinnenjob bei der Kapital- und Finanzierungsgesellschaft in Bonn hatte ich zuletzt 3600 Mark brutto verdient. 4000 Mark, forderte ich daher mutig.

Waaas? Wie viel?, rief Erich Böhme. 4000 Mark? Am Tag? Brutto oder netto …?

Im Monat, beeilte ich mich klarzustellen. Und brutto, natürlich.

Okay, ist gut, sagte Erich Böhme etwas gelangweilt, wandte sich seinen Unterschriftenordnern auf dem Schreibtisch zu und fragte nebenbei: Wo wohnen Sie denn hier in Hamburg?

Im Leinpfad, antwortete ich etwas verlegen. Im Moment jedenfalls noch.

Ei guck, rief der Chefredakteur daraufhin höchst interessiert, beim Rudolf also … Da sind Sie ja richtig!

Dann sagte er nichts mehr. Vielmehr verabschiedete er mich mit einer angedeuteten höflichen Verbeugung, die ironisch wirkte.

Rudolf hatte mich gebeten, ihn am späten Nachmittag in seiner Wohnung aufzusuchen, weil er mich, wie er sagte, Gisela vorstellen wolle.

Es war elf Jahre her, dass ich Augsteins Ehefrau Gisela Stelly zuletzt gesehen hatte. Ich konnte mich noch sehr gut an sie erinnern.

Auch bei dieser zweiten Begegnung sah sie wie ein Hollywoodstar aus. Sie trug einen bodenlangen blassgrünen Seidenkimono, der gut zu ihren grünen Augen und ihrem kupferfarbenen Haar passte. Ihre helle Haut kam mir noch glatter vor als damals. Mit meinen alten Jeans, meinen abgewetzten Turnschuhen und meiner verwaschenen Baumwollbluse kam ich mir unpassend angezogen vor.

Rudolf Augstein saß, sorgfältig gescheitelt, mit blankgeputzter Brille, zurückgelehnt in seinem Sessel und war offenbar auf Empfang gestellt. Zur grauen Anzughose trug er ein hellblau-weiß gestreiftes Hemd mit wertvollen Manschettenknöpfen. Seltsam erhöht saß ich auf einem unbequemen Schreibtischstuhl an seiner Seite und wäre am liebsten im Erdboden versunken.

Gisela Stelly Augstein trat ins Zimmer und setzte sich in die äußerste Sofaecke unmittelbar neben der Tür. Es wirkte, als wolle sie gleich wieder gehen. Wir tranken Mineralwasser. Rudolf Augstein holte nun zu weitreichenden Erklärungen aus.

Sie wird von mir in die Randgebiete des Journalismus eingearbeitet, beendete der Herausgeber seine Ausführungen, als wäre ich gar nicht anwesend.

Seine Ehefrau hörte ihm geduldig zu.

Wir seien uns doch schon einmal begegnet, traute ich mich zu sagen. Im Sekretariat des Bonner Büros.

Natürlich konnten weder sie noch Rudolf sich auch nur im Entferntesten daran erinnern.

Rudolf Augstein hatte die Ellenbogen auf die Sessellehnen gestützt und seine Hände in knappem Abstand zum Kinn übereinander gelegt. Durch seine randlose Brille, über seine Hände hinweg, betrachtete er uns Frauen fast ein wenig überrascht. Ganz so, als fiele ihm jetzt erst auf, dass wir beide bei ihm säßen.

Er begann einen längeren Vortrag über seine bevorstehende Rede in München, der mit dem in scharfem Tonfall artikulierten Schlusssatz endete, dass es ihm wirklich nicht zuzumuten sei, ganz allein dorthin zu fahren. Gisela Stelly Augstein richtete sich daraufhin energisch auf. Verlegen rutschte ich auf meinem harten Stuhl hin und her. Augstein schwieg, während seine Frau sich abrupt aus ihrer Sofaecke erhob.

Ich muss jetzt wieder nach unten, sagte sie. Julian wartet auf mich.

Grüß ihn von mir, sagte Rudolf und sah ihr versonnen nach.

Während eines Frühstücks sagte Augstein an einem der nächsten Tage: Ich muss dich Anna vorstellen. Sie ist eine Freundin. Heute Mittag, dreizehn Uhr, im Restaurant *Al Pincio.*

Ich wunderte mich, warum Rudolf mich zuerst seiner Ehefrau Gisela und jetzt einer Freundin vorstellen musste. Beide Male hörte es sich an, als zwinge ihn jemand dazu. Pünktlich traf ich vor dem italienischen Restaurant neben dem Hamburger Rathaus ein.

Als ich die Tür zum Lokal öffnete, prallte ich fast mit einer jungen Frau zusammen, die das Lokal eilig verließ. Sie war schlank und etwas größer als ich. Eilig lief sie den Bürgersteig hinunter, strich ihr schulterlanges brünettes Haar zurück und beugte sich über ein Fahrrad, um es aufzuschließen. Sie trug Jeans und über einer Bluse einen hellen Pullover.

Das Restaurant lag im ersten Stockwerk und war schlecht gelüftet. Der italienische Wirt begrüßte mich lärmend, als kenne er mich seit hundert Jahren, und dirigierte mich zu Augsteins Tisch.

Rudolf saß vor einem Teller Spaghetti, von dem er nur wenige Bissen gegessen hatte. Wieder trank er Mineralwasser.

Ist Anna weg?, wisperte er mit einer Kopfbewegung zur Tür, als wolle er mir gleich ein besonderes Geheimnis anvertrauen.

Die junge Frau musste also Augsteins Freundin Anna gewesen sein.

Mir ist gerade eine junge Frau entgegengekommen. Bin ich zu spät?, antwortete ich.

Aha, na gut, dann kennst du sie ja jetzt, sagte Rudolf, ohne auf meine Frage einzugehen. Er verschränkte die Arme auf der Tischplatte und senkte schweigend den Kopf.

Was möchtest du essen?, fragte er nach einer Weile und faltete umständlich seine Serviette zusammen. Langsam lehnte er sich in seinem Stuhl zurück und beobachtete interessiert einige elegant gekleidete Herren am Nachbartisch. Offensichtlich nahm Augstein lebhaft Anteil an deren immer lauter werdender Unterhaltung, denn hin und wieder schüttelte er missbilligend den Kopf. Einigen Gesprächsfetzen entnahm ich, dass Willy Brandt in Kürze den kubanischen Diktator Fidel Castro auf Kuba treffen würde.

Die sind von der *Zeit*, erklärte Augstein kurz und lauschte weiter zur Männerrunde hinüber.

Irgendwann rief er den Disputanten zu: Ihr liegt falsch! Brandt hat darauf nun wirklich keinen Einfluss!

Die Männer riefen nun Rudolf etwas zu, was aber nicht wirklich zu verstehen war, weil es in Gelächter unterging.

Ich fahre demnächst nach Stockholm. Ich bin privat mit Olof Palme verabredet, murmelte er plötzlich in meine Richtung.

Gern hätte ich ihn gefragt, warum er den schwedischen Premierminister aufsuchen wolle, doch er wirkte gleich wieder abwesend und zugleich hochbeschäftigt.

Kaum hatte ich die Gabel beiseitegelegt, winkte Augstein den Wirt herbei, sagte zu mir, zahl mal, und zog seinen Mantel an, den der Wirt ihm diensteifrig entgegenhielt.

Es kam mir etwas merkwürdig vor, für Rudolf Augstein die Zeche zu bezahlen, trotzdem kramte ich nach meinem Portemonnaie und legte einen Fünfzigmarkschein auf den Tisch.

Reicht das?, unterbrach Rudolf den Wirt, der ihn gebetsmühlenartig mit Fragen überhäufte, ob die Spaghetti auch heiß genug und der geriebene Trüffel nicht wunderbar frisch gewesen seien.

Gib ihm hundert, zischelte Augstein zu mir herüber, ohne auch nur einen Blick auf die Rechnung zu werfen. Gehorsam leerte ich meinen Geldbeutel. Vor der Tür des Lokals rief Augstein seinem Fahrer zu, der dort auf ihn gewartet hatte: Sie kriegt hundert! Dann brauste er grußlos mit ihm davon.

Zunächst einmal lernte ich die Welt des kleinen *Spiegel*-Personalienressorts in der Brandstwiete kennen. Am äußersten Ende des langen Flurs im sechsten Stock gelegen, war diese Redaktion eher bescheiden. Es gab ein etwas geräumigeres Eckzimmer, in dem der Ressortleiter saß, und ein kleines Vorzimmer für eine Sekretärin. Neben deren Büro lagen zwei der üblichen schmalen Redaktionsstuben, von denen aus man auf ein Fleet und die alte Hamburger Speicherstadt sah. In der einen Zelle saß der Leserbrief-, in der danebenliegenden Zelle der Registerredakteur, der auch den sogenannten Hohlspiegel bearbeitete.

Werner Detsch, der nun in Rente ging, war nur wenig älter als der Herausgeber. Er war erst in den letzten Arbeitsjahren vom Wirtschafts- ins Personalienressort gewechselt. Dort bearbeitete er auf für ihn typische einfallsreiche Weise die Leserbriefe. Als wir uns begrüßten, duzte er mich sofort, was mich an meinen Job in der SPD-Baracke erinnerte.

Seine Leidenschaft war ganz offensichtlich der gutinformierte intelligente *Spiegel*-Leser. Er erklärte mir jedenfalls ausführlich, was man diesem im Briefeteil präsentieren müsse und was entbehrlich sei, ja, womit man einen solchen Leser geradezu beleidigen könne. Jedenfalls sagte er häufig: Unsere Leser sind ja nicht doof!

Um Punkt zwölf Uhr gingen wir zum Mittagessen in die Kantine, zusammen mit dem akkurat gekleideten Leiter unseres Miniressorts, der vorher bei der *Welt* gearbeitet hatte, und dem eher lässig wirkenden, für das Register zuständigen Kollegen, dessen wilde Lockenmähne mir sehr viel besser gefiel als der kurze Bundeswehr-Haarschnitt des jüngeren Ressortchefs.

Artig hörte ich den Herren bei den ausführlichen Erörterungen ihrer Redakteursarbeit zu, die sich nicht wesentlich von jener Arbeit unterschied, die ich aus der Bonner *Spiegel*-Redaktion kannte. Auch in Hamburg, stellte ich fest, sprachen die Redakteure von ihrem Herausgeber mit Hochachtung. Ob mir schon einmal aufgefallen sei, wurde ich gefragt, dass Ressortleiter und Chefredakteure auf Bildern aus den sechziger Jahren sich wie Rudolf Augstein stylten? Fast alle hätten sie die gleiche Brille getragen und auch dessen Mimik und Haltung angenommen.

Den Nachmittag verbrachte ich wieder mit Werner Detsch. Ich sah ihm bei seiner Arbeit zu, die er mir detailreich erklärte.

Abschließend meinte er: Und wenn die da oben dich hoch

bestellen, da musst du gar nicht hingehen. Die da oben sind nämlich alle wahnsinnig.

Zurückgekehrt in Augsteins Leinpfad-Villa, saß der Herausgeber bei geöffneter Wohnungstür auf seinem kleinen Hocker in der Küche. Er trank Mineralwasser.

Von weitem schon hörte ich ihn aus seiner Küche herausrufen: Komm rein, erzähl, wie war es!

Während ich von meinem ersten Arbeitstag berichtete, wunderte ich mich, dass er meine beiden Personalienkollegen noch nie gesehen zu haben schien. Den Redaktionskollegen Werner Detsch kannte er umso besser. Im *Anzeiger*-Hochhaus in Hannover hätten sie nach dem Krieg zusammen als Jungredakteure angefangen. Das ermunterte mich, wortwörtlich den Rat seines Kollegen hinsichtlich der obersten *Spiegel*-Etage wiederzugeben.

Rudolf Augstein nickte und seufzte: Tja.

Kichernd kramte er eine neue Flasche Wasser und eine Flasche Rotwein aus der Speisekammer und sagte: Detsch war Kommunist. Wahrscheinlich ist er es immer noch.

Was verdienst du eigentlich?, fragte er dann.

Ich habe 4000 Mark verlangt, und in meinem Vertrag stehen 4500, antwortete ich.

Brutto oder netto?

Brutto.

Der Herausgeber rechnete längere Zeit: Das sind ungefähr zweitausendfünfhundert Mark netto, meinte er schließlich. Und er fügte, immer noch rechnend, hinzu, hoffentlich bezahlst du keine Kirchensteuer. Sonst musst du sofort aus der Kirche austreten.

Nun ja, sagte er dann, solange du bei mir bist, brauchst du ja kein Geld.

Wie denn das?, wunderte ich mich.

Mein Kühlschrank ist auch dein Kühlschrank, und dein Kühlschrank ist mein Kühlschrank, antwortete Rudolf etwas abwesend, indem er seinen Kühlschrank öffnete und wiederum längere Zeit hineinsah.

Kollegial, um nicht zu sagen, kommunistisch gestimmt, saßen wir schließlich vor unserem irgendwie gemeinsamen Kühlschrank an dem ungefähr fünfzig Quadratzentimenter großen Ausziehtisch auf griechisch anmutenden Hockern, aßen Brote mit Schinken und Leberwurst, der Herausgeber auch noch ein Knäckebrot, dieses Mal mit einer überlappenden Scheibe Käse.

Er leerte mindestens eine Flasche Mineralwasser.

Bestens gelaunt berichtete er von früher: Wie er als junger Volontär in Hannover an dem schönen alten Schreibtisch von Hermann Löns gesessen habe, der zunächst irgendwo in der Pfalz ein Hilfsredakteur gewesen sei.

In den Fünfzigern habe dessen Biograph Wilhelm Deimann berichtet, Löns sei *wegen Unpünktlichkeit und mehr als guter Trinkerei* entlassen worden.

Also getrunken habe ich als Volontär natürlich nie, nur pünktlich war ich auch nicht gerade, lachte Rudolf. Aber Löns sei doch ein recht talentierter Kerl, ja ein wirklicher *Ulenspiegel* gewesen!

Wand an Wand mit Werner Detsch, in einer kargen Redaktionsstube im *Anzeiger*-Hochhaus in Hannover, habe auch er das Journalistenhandwerk gelernt. Die in spiegelverkehrter Schrift gesetzten Artikel, die habe er auf den Druckplatten aus Blei genauso schnell wie ein routinierter Schriftsetzer lesen können, erzählte er weiter und schien sich angesichts dieser Erinnerungen immer wohler zu fühlen.

Gut gelaunt erzählte er, wie im völlig zerstörten Hannover das Leben nach dem Krieg weitergegangen sei. Von hübschen Sekretärinnen, die man sich in mancherlei Hinsicht mit Kollegen teilte, von Eierlikör und kaum geheizten möblierten Zimmern war die Rede. Und von der Erfindung eines Lotto-Automaten, den sie mit 50 000 Mark gefördert hätten. Mit diesen Glücksautomaten, die sie an jeder Straßenecke aufhängen wollten, würden sie ganz schnell reich werden, hätten sie sich seinerzeit vorgestellt.

Ende Oktober war Rudolf Augstein plötzlich verschwunden. Mir fiel ein, dass er gesagt hatte, er wolle nach Stockholm fliegen.

Eines Abends kam ich spät aus der Redaktion zurück. In Augsteins Wohnzimmer klingelte anhaltend das Telefon. Nach einiger Zeit hörte das Klingeln auf. Dann klingelte das Telefon noch einmal ebenso anhaltend wie vorher. Ich sah auf die Uhr. Es war kurz nach eins. Das Telefon klingelte und klingelte.

Vielleicht ist in der Redaktion irgendetwas los, und jemand versucht dringend, den Herausgeber zu erreichen, dachte ich.

Ich klopfte an die Wohnungstür. Niemand antwortete. Ich ging ins Wohnzimmer an den Schreibtisch, nahm den Hörer ab und wollte mich gerade melden.

Da hörte ich, wie am anderen Ende jemand mit tiefer Stimme rief: Hau ab!

Dann folgten einige böse Schimpfwörter, die ich nicht gleich wieder vergessen konnte.

Die Stimme erkannte ich sofort. Es war Rudolf Augstein.

Rudolf, rief ich trotzdem ungläubig.

Hau endlich ab! Los, rief Rudolf und legte auf.

Ich war entsetzt.

Es dauerte eine Weile, bis ich einen klaren Gedanken fassen konnte: Sehr wohl hatte ich bemerkt, dass Augstein in den vergangenen Tagen, an denen ich ihn nur kurz gesehen hatte, äußerst schweigsam gewesen war. Zu Beginn meines Aufenthalts war er sehr viel gesprächiger, ja, in geradezu unbekümmerter Plauderlaune gewesen. Dass er in letzter Zeit eher in sich gekehrt war, wunderte mich aber nicht. Schließlich war er ein vielbeschäftigter Mann.

In dieser Nacht schlief ich kaum und grübelte stattdessen: Was war auf einmal in in ihn gefahren? Was könnte ich ihm getan haben? Betraf es vielleicht die Leserbrief-Seiten? Oder hatte ich in der Redaktion einen schwerwiegenden Fehler gemacht?

Übernächtigt stand ich gegen sechs Uhr früh auf. Bevor die Haushälterin und der Fahrer wie immer um acht Uhr eintrafen, packte ich meine Siebensachen.

Am kleinen Ausziehtisch in der Küche schrieb ich Rudolf einen kurzen Brief: Dass ich im Augenblick nicht nachvollziehen könne, wie es zu diesem plötzlichen Hinauswurf gekommen sei, dass ich aber sein Gästezimmer selbstverständlich sofort geräumt hätte. Ohnehin hätte ich mir ja längst eine eigene Wohnung suchen wollen. Ich dankte ihm für die freundliche Aufnahme und hinterließ den Haustürschlüssel. Kurz nach sieben bestellte ich mir ein Taxi und verließ die Leinpfad-Villa.

Die Empfangsherren im *Spiegel* begrüßten mich wie immer sehr freundlich. Den Anblick von *Spiegel*-Leuten mit Reisetaschen zu allen Tages- und Nachtzeiten waren sie gewohnt.

Aus der Kaffeeküche holte ich mir ein in Zellophan verpacktes Brötchen und ein Kännchen Tee, und als ich in meiner Bürostube anlangte, war meine kleine Welt wieder halbwegs in Ordnung. Mehr noch: Ich war mir vollkommen sicher, dass Werner Detsch wirklich recht hatte: Die da oben sind alle wahnsinnig.

Der Ressortleiter kam um halb neun hereingeschneit und kippte fast aus den Schuhen, als er mich an meinem Schreibtisch Zeitung lesen sah.

Was machen Sie denn jetzt schon hier?, fragte er misstrauisch.

Ich arbeite, antwortete ich betont diszipliniert und dachte, das kann ja nur zu meinem Vorteil sein, in dieser Situation jetzt, mit dem gereizten Chef ganz oben.

Ich rief meine Freundin Andrea an. Ich kannte sie aus der Bonner *Spiegel*-Redaktion, wo sie ebenfalls hin und wieder als Urlaubsvertretung gejobbt hatte. Seit einiger Zeit wohnte sie in Hamburg, war verheiratet und erwartete ihr erstes Kind. Klar kannst du bei mir wohnen. Vorübergehend jedenfalls, bis das Baby kommt, sagte sie sofort.

Wenig später klingelte das Telefon.

Ich kann dich wirklich nicht verstehen, ächzte Augstein statt einer Begrüßung. Was denn mit mir auf einmal los sei. Wo ich jetzt wohnen wolle.

In der Rappstraße, bei einer Freundin, gab ich zögernd Auskunft.

Du kannst natürlich dort bleiben, meinte er etwas freundlicher.

Für mich ist es das Beste, sagte ich erleichtert.

Und was ist mit meiner Rede?, hakte Augstein blitzschnell nach. Mein Aufatmen hatte er offenbar sofort bemerkt. Ich wollte doch diktieren, sagte er cheffig.

Nach einem kurzen angriffslustigen Hin und Her, aus dem er als Sieger hervorging, verabredeten wir uns schließlich für sechs Uhr abends, und ich nahm mir felsenfest vor, nicht eine Schreibmaschinentaste anzurühren, bis ich den Grund für seinen nächtlichen Ausbruch erfahren hatte.

Als ich eintraf, schien Rudolf schon auf mich gewartet zu haben. Weder telefonierte noch las er wie sonst meistens.

Was trinkst du?, fragte er sofort, als ich eintrat.

Nichts, antwortete ich knapp.

Augstein trank Mineralwasser.

Nun ja, meinte er ziemlich gedehnt, drehte sein rechtes Auge mittig und sah mich aufmerksam an.

Was eigentlich ist mit dir los?, fragte er wieder.

Wieso mit mir? Nichts, entgegnete ich ärgerlich.

Ich kann dich wirklich nicht verstehen, jammerte Rudolf daraufhin und dehnte das Wort *wirklich*. Nie wäre mir in den Sinn gekommen, dass du so hysterisch bist und gleich zur Mutter rennst, knarzte er.

Zu welcher Mutter denn?, fragte ich.

Oder zur Freundin, lenkte er blitzschnell ein.

Ich nahm meinen ganzen Mut zusammen und beschrieb ihm, wie entsetzt ich über das nächtliche Telefonat gewesen sei. Ich zitierte auch seine Schimpfworte. Ich sagte ihm, dass alles, was ihn betreffe, für mich sehr schwierig einzuordnen sei. Und was ich bisher schon so alles über ihn gehört hätte. Vor allem das Gerücht, er sei ein Trinker. Zumindest trinke er zu viel, stotterte ich am Ende.

Rudolf hörte schweigend zu, die Ellenbogen auf die Sessellehnen gestützt. Über seine Hände hinweg, hinter denen er die untere Gesichtshälfte verbarg, sah er an mir vorbei und betrachtete die Bücher auf dem niedrigen Couchtisch. Nachdem mein Redeschwall geendet hatte, schwieg er eine halbe Ewigkeit. Der ohnehin schon unbequeme Schreibtischsessel wurde noch unbequemer. Angestrengt betrachtete ich nun ebenfalls die Bücher auf dem niedrigen Tisch vor uns. Anschließend auch noch die gegenüberliegende Bücherwand.

Irgendwann sagte Rudolf schwerfällig: Nun ja. Wenn ich mich immer danach gerichtet hätte, was andere über mich sagen, hätte ich meinen Beruf nicht ausüben können.

Immer noch sah Rudolf über seine Hände hinweg an mir vorbei. Irgendwann sagte er: Das kannst du alles nicht wissen: Aber ich bin froh, dass ich die Sache mit Hans Detlev Becker endlich hinter mir habe. Das Ganze war außerordentlich schwierig für mich.

Hans Detlev Becker kannte ich nicht, wusste aber, dass er

eine wichtige Rolle im *Spiegel* spielte und dort ein gefürchteter Geschäftsführer und früher auch Chefredakteur gewesen war.

Nun ja, sagte Rudolf wiederum gedehnt. Ich schlafe doch nicht sehr gut, nicht? Ich hatte wohl eine Schlaftablette zu viel genommen. Dann träume ich sehr schlecht, erklärte er, ohne mich dabei anzusehen.

Ach so, murmelte ich, und versuchte vergeblich, mich in Rudolfs Situation zu versetzen.

Doch, doch. Er könne sich erinnern, dass in der Nacht etwas mit einem Telefonat gewesen war, gab er nun zu. Am Morgen jedoch habe er gedacht, es sei einer seiner üblichen schweren Träume gewesen. Es hat alles nichts mit dir zu tun, sagte Rudolf und sah mich beinahe hilflos an.

Ich überlegte, ob ich ihn fragen solle, warum er seine eigene Nummer gewählt habe, ließ es aber sein.

Rudolf schwieg verdüstert und schien selbst nach einer einleuchtenden Erklärung zu suchen.

Mit Becker ging es nicht mehr, murmelte er irgendwann. Obwohl dieser über Jahrzehnte so etwas wie sein zweites Ich gewesen sei. Aber schließlich könne er mit seinem Geschäftsführer nicht über einen Zettelkasten verkehren, meinte er plötzlich, erleichtert seufzend, als habe er des Rätsels Lösung entdeckt.

Was für einen Zettelkasten denn?, fragte ich und stellte mir einen an der Wand hängenden, aus Holz zusammengenagelten zerkratzten Beschwerdebriefkasten vor, wie ich ihn aus meiner Referendarzeit kannte. Grimmig malte Rudolf mit beiden Zeigefingern ein Viereck in die Luft und sagte: Na, so einen, da wurden seine Zettel mit Anweisungen hineingelegt, und wir mussten unsere Antworten ebenfalls in diesem Kasten hinterlassen. Becker hat doch mit gar niemandem mehr geredet, nicht einmal mehr mit mir.

Wir sind schließlich kein Kartäuserorden, knurrte er und versank wieder längere Zeit in zähes Schweigen.

Offensichtlich konnte er sich auch selbst nur reichlich bruchstückhaft erklären, was zwischen ihm und seinem jahrzehntelangen Wegbegleiter vor sich gegangen war.

Was ist denn nun mit deiner Rede?, fragte ich schließlich, um die Situation etwas aufzuhellen.

Als hätte ich ihn von einem Albtraum befreit, rief Rudolf erleichtert: Wo ist die Schreibmaschine? Also los, los, weiter jetzt!

Er setzte sich ans Kopfende des Esstisches, verschränkte die Arme auf der Tischplatte, senkte den Kopf und begann mit kräftiger Stimme zu diktieren.

Plötzlich unterbrach er das Diktat und lehnte sich in seinem Stuhl zurück. Dieser Olof Palme ist ein angenehmer Mann, erklärte er mit sanfter Stimme. Man könnte fast sagen, er ist mit mir befreundet.

Du mit ihm nicht?, fragte ich verwundert.

Er liegt mir mehr als Willy Brandt, obwohl Brandts historische Verdienste nicht von der Hand zu weisen sind, antwortete Rudolf nur. Verschlossen und mit gesenktem Kopf betrachtete er die Tischplatte vor sich.

Olof Palmes Freundschaft zu Rudolf Augstein interessierte mich. Wie denn sein Treffen mit dem schwedischen Ministerpräsidenten verlaufen sei, fragte ich daher.

Schweden habe vorgeschlagen, einen von nuklearen Kernwaffen freien Korridor in Mitteleuropa zu schaffen. Im Frühsommer sei Palme in der DDR gewesen und damit einer Einladung des Staatsratsvorsitzenden Erich Honecker gefolgt, erklärte Rudolf freundlich. Über dieses Treffen habe er mehr erfahren wollen, zumal er nun schon seit längerem seine Deutschland-Rede vorbereite. Was Olof Palme ihm erzählt habe, sei sehr aufschlussreich gewesen. Natürlich habe Honecker sich bei Fragen wie der Reisefreiheit für DDR-Bürger wie immer entzogen.

Geht es in deiner Rede denn um dieses Thema?, wollte ich wissen.

Ich bin mir darüber noch nicht im Klaren, meinte Rudolf und sagte fast schüchtern: Wir machen dann morgen weiter, ja?

Daraus aber wurde nichts. Erst kurz vor seinem Redetermin Anfang November 1984 meldete sich eine seiner Sekretärinnen bei mir: Ob ich Herrn Augstein nach München begleiten könne. Es sei ein Wochenende, und da hätte ich ja frei, habe Herr Augstein gemeint. Es schien mir, als atmete die Sekretärin erleichtert auf, als ich zusagte.

Zum ersten Mal seit langem kaufte ich mir etwas Eleganteres zum Anziehen. Sogar Schuhe mit ungewohnt hohen Absätzen. Die Verkäuferin hatte mir dazu noch einen rosafarbenen Schal aufgeschwatzt.

Als Rudolf Augsteins Fahrer mir am Samstag gegen Mittag die Autotür aufhielt, kam ich mir übertrieben aufgetakelt vor. Augstein saß schmal und bleich auf dem Rücksitz des Wagens. Mit einem kurzen Blick aus den Augenwinkeln meinte er heuchlerisch: Du siehst ja phantastisch aus. Er kicherte ein bisschen und rief seinem Fahrer zu: Nun los, los!

Den rosaroten Schal stopfte ich sofort in die Handtasche. Ich bereute inständig, dass ich nicht meine vertrauten Jeans und Turnschuhe angezogen hatte.

In einem Nebengebäude des Hamburger Flughafens empfing uns ein beflissener Herr in dunkelblauer Uniform. An der Gangway des gecharterten Learjets warteten zwei Piloten, ebenfalls in dunkelblauen Uniformen. Augstein, zwei Köpfe kleiner als die beiden, begrüßte sie zackig und mit lauter Stimme: Meine Herren, wie ist denn heute das Flugwetter?

Gebückt kletterte ich hinter dem Herausgeber durch die niedrige Flugzeugtür. Es war das erste Mal, dass ich mit einem Privatflugzeug flog. Die extrem breiten, bequemen Ledersitze standen in merkwürdigem Gegensatz zum engen Innenraum des kleinen Flugzeugs. Augstein legte seine abgeschabte dunkelbraune Aktentasche auf die Knie und vertiefte sich sofort in seine Papiere. Mir hatte er den Platz ihm gegenüber zugewiesen. Als das Flugzeug abhob, sah er kurz auf und spähte durch das Fenster in den undurchdringlich scheinenden Himmel.

Franz Josef Strauß hat zwar einen Pilotenschein, aber er fliegt seine Flugzeuge gar nicht selbst, flachste er, das macht alles der Kopilot. Die lassen ihn aber natürlich in dem Glauben, dass er selber fliege. Mit großen Schlucken trank er aus einer Mineralwasser-Flasche und widmete sich dann wieder seinen Papieren.

Vor einer Wohnung in der Münchner Innenstadt angekommen, klingelte er anhaltend an einer Art Hoftor. Ich habe diese Wohnung nicht gekauft, nur gemietet, sagte er dabei. Kaum hatten wir die Wohnung betreten, sagte er wieder: Für die Einrichtung kann ich nichts. Neben dem ausgesucht teuren Art-deco-Schnickschnack im Wohnzimmer gab es eine gemütliche kleine Küche, ein geräumiges Schlaf- und ein etwas kleineres Gästezimmer, von dem aus ich in einen Garten hinuntersehen konnte.

Augstein hatte sich schnurstracks an seinen Schreibtisch gesetzt, seine Papiere ausgepackt und sofort begonnen, seine Rede zu überarbeiten.

Hin und wieder bat er: Bring mir zwei Flaschen Wasser.

Den ganzen Nachmittag korrigierte er sein Manuskript. Er diktierte etliche Absätze neu, und ich tippte die Seiten mit diesen neuen Absätzen. Immer wieder suchten wir aus Büchern und anderen Unterlagen noch weitere Daten und Quellen heraus. Irgendwann lag seine Rede Blatt für Blatt ausgebreitet auf dem Fußboden des Wohnzimmers.

Am Abend lud Rudolf mich in den *Franziskaner* ein. Er war nach wie vor mit seiner Rede beschäftigt, begann dann aber über Franz Josef Strauß nachzudenken. Wie erstaunt er gewesen sei über das, was er beim Nachschlagen im *Spiegel*-Reprint des Jahres 1952 gefunden habe: In der Politik hätten sich zu jener Zeit mit der Wiederbewaffnung nur zwei Leute intensiv befasst: Franz Josef Strauß und er. Strauß allerdings sei es um atomare Rüstung gegangen, während er selbst im *Spiegel* allenfalls die Stärkung einer konventionellen Rüstung in Betracht gezogen habe. Strauß hatte die Ausstattung der Bundeswehr mit konventionellen Waffen allerdings vernachlässigt, weil er nur noch seinen nuklearen Aufrüstungsplänen *hinterherjacherte*, wie Augstein sich ausdrückte.

In unserer Titelgeschichte im Oktober 1962 *Bedingt abwehrbereit* griff der *Spiegel* auf geheime Dokumente zurück, die uns von Strauß' Intimfeind, Ex-Verteidigungsminister Theodor Blank, zugespielt worden waren, erklärte Rudolf Augstein weiter. Der *Spiegel* versuchte nachzuweisen, dass die Bundeswehr nur unzulänglich in der Lage sein würde, einen Angriff kommunistischer Truppen mit konventionellen Waffen abzuwehren.

Nun ja, seufzte Augstein, der Rest ist ja hinlänglich bekannt: Am 26. Oktober durchsuchte die Polizei dann im Auftrag des Generalbundesanwalts Siegfried Buback unsere Redaktionsräume und beschlagnahmte sämtliches Material, das zu finden war. Ein wenig kenntnisreicher Polizist habe sogar einen *Spiegel*-Artikel über Hemingway als gefährlich angesehen, weil darin irgendetwas von Schüssen stand, lachte er in sich hinein und fuhr fort: Ich wurde wegen *Landes- und Geheimnisverrat* verhaftet. Conrad Ahlers, der den Titel verfasst hatte, wurde ohne rechtliche Grundlage während seines Urlaubs in Spanien festgenommen. Später konnten wir nachweisen, dass Strauß unsere Verhaftung veranlasst hatte. Mitte November musste Strauß schließlich als Verteidigungsminister zurücktreten, nachdem seine persönliche Beteiligung erwiesen und er der Lüge überführt worden war.

Rudolf lehnte sich in seinem Stuhl zurück und lachte fast ungläubig in sich hinein: Zunächst hat Adenauer das Verhalten des *Spiegels* als einen *Abgrund an Landesverrat* bezeichnet, sich dann aber zur repressiven Vorgehensweise der Staatsorgane bekannt.

Nach der *Spiegel-Affäre* kam vieles in Bewegung, meinte Augstein, und wirkte durchaus zufrieden. Die Leute wurden selbstbewusster, kritischer, waren weniger obrigkeitshörig. Adenauer kündigte dann seinen Rücktritt für Herbst 1963 an. Immerhin sei dieser Kanzler schon siebenundachtzig Jahre alt gewesen. In so einem Alter könne man ja auch zurücktreten …, lächelte Augstein verständnisvoll. Strauß und ich haben uns ja später dann wie zwei alte Kriegskameraden ehemals feindlicher Lager getroffen und uns einiges nachgesehen. Hin und wieder haben wir fast freundschaftliche Briefe gewechselt.

Und euch verziehen?, fragte ich.

Nein, antwortete Augstein, das gibt es bei uns nicht. Wir konnten uns dann vielleicht etwas besser verstehen. Mehr nicht. Strauß wird niemals damit fertigwerden, dass der *Spiegel* ihn als Kanzler verhindert hat. Im Übrigen, sagte er nachdenklich, tue Franz Josef Strauß ihm derzeit entsetzlich leid. Wie wohl solle so einer ohne eine Ehefrau auskommen. Marianne Strauß' tödlicher Autounfall im Juni 1984 sei eine Katastrophe für diesen Mann. Ich habe ihm sofort einen Brief geschrieben. Augstein schwieg eine Weile.

Der Beileidsbrief, den er seiner Sekretärin seinerzeit diktiert hatte, klang ehrlich anteilnehmend:

Sehr geehrter, lieber Herr Strauß,

trotz der naturgegebenen unterschiedlichen Positionen habe ich Ihre Frau über all die Jahre hinweg hoch schätzen gelernt. Ich fühle sehr mit Ihnen und wünsche Ihnen, daß Sie über den schweren Verlust irgendwie bald hinwegkommen. Ihr Ihnen verbundener Rudolf Augstein

Franz Josef Strauß' ebenso freundschaftlich klingender Antwortbrief war im August eingetroffen:

Sehr geehrter Herr Augstein!

Beim Tod meiner Frau haben Sie mir auf bewegende Weise Ihre Anteilnahme bekundet. Daraus spricht eine mitfühlende Verbundenheit, die meine Familie und mich in den Tagen des Abschieds und der Trauer gestärkt und aufgerichtet hat.

Mit herzlichem Dank für diese Mittrauer bin ich Ihr F. J. Strauß

Die Fernsehbilder von der Beerdigung hätten ihm wirklich zugesetzt, sagte Rudolf nach einer Weile. Er habe sie kaum ertragen.

Warum bist du eigentlich Anfang der siebziger Jahre in die Politik gegangen? Wolltest du ernsthaft Bundestagsabgeordneter werden?, unterbrach ich irgendwann sein Schweigen.

Im *Spiegel* habe ich mich nicht mehr wohlgefühlt. Das Blatt wurde damals zunehmend unpolitisch, antwortete Rudolf zögernd. Ich hatte einfach keine Lust mehr auf ständige interne Auseinandersetzungen. Es gab damals einige Leute in der FDP, die mich dort gern gesehen hätten, sagte er dann. Sie haben mich überredet mitzumachen. Man hatte mir zugesagt, mich dabei zu unterstützen, einen Posten zu bekommen, meinte er.

Stimmt es, was man sich damals im Bonner *Spiegel*-Büro erzählte: Wolltest du wirklich Fraktionsvorsitzender werden? Wäre das denn überhaupt möglich gewesen?, fragte ich interessiert.

Ich habe damals einiges unterschätzt. Und mich selbst überschätzt, wich Rudolf aus. Ich habe aber viel gelernt in jener Zeit, fügte er schnell hinzu.

Es war offensichtlich, dass er sich an seinen wohl eher unüberlegten Rückzug aus dem *Spiegel* nur ungern erinnerte.

Natürlich bekam ich Einblicke in das Machtgefüge einer Fraktion, die anders nicht möglich gewesen wären, erklärte er sich diese Erfahrung nun. Für mich als Journalisten war diese Zeit aufschlussreich. Ich habe davon profitiert, lächelte Rudolf hintersinnig. Wolfgang Döring war damals schon tot, fuhr er nachdenklich fort. Du wirst ihn nicht mehr kennen. Er war stellvertretender Vorsitzender der FDP-Bundestagsfraktion. Leider ist er 1963 an einem Herzinfarkt gestorben. Er hat mir gefehlt. Vielleicht hätte er mich daran gehindert, in der Politik etwas werden zu wollen.

Sehr früh am Morgen wachte ich auf, weil Wasser in die Badewanne rauschte. Kurz darauf war zu hören, dass der Herausgeber laut ächzend in die Badewanne stieg.

In seinem Schlafzimmer saß er wenig später im Bademantel auf der Bettkante und studierte, leise vor sich hin stöhnend, seine Armbanduhr, indem er sie wie gewohnt dicht vor den Augen hin und her drehte.

Ich schaltete auf Schulalltag von Sechsjährigen: Rudolf, du darfst jetzt nicht trödeln. Du musst dich anziehen, rief ich ihm aus der Küche zu.

Als ich zu ihm ging, streckte er mir seinen nassen Kopf entgegen und flehte mit matter Stimme: Haare föhnen.

Während ich den Föhn suchte, kicherte er, er selbst könne sich die Haare leider nicht trocknen. Wegen dieser elenden Hitlerei könne er es nicht ertragen, den rechten Arm in die Höhe zu recken.

Nachdem er geföhnt und gescheitelt war, dauerte es endlos lange, bis er sich fertig angezogen hatte. Alle zehn Minuten fragte er, wie spät ist es.

Hatte ich ihm die Uhrzeit genannt, seufzte er: Ist gut, mein Liebling. Mit Rücksicht auf die bevorstehende Rede, die ihm ganz offensichtlich schwer zu schaffen machte, nahm ich sein Geflöte widerspruchslos hin. Gleichzeitig wunderte ich mich darüber, wie Rudolf, der sich so sehr davor zu fürchten schien, öffentlich aufzutreten, jemals hatte auf die Idee kommen können, in die Politik zu gehen. Sein Redetermin rückte näher. Augstein fragte schließlich alle drei Minuten: Wie spät ist es? Oder: Wann werden wir abgeholt?

Gewohnt zuverlässig, hatte das Herausgeber-Sekretariat alles bestens organisiert. Ein Taxi stand pünktlich vor der Tür. Kaum waren wir gegen elf Uhr vor den Münchner Kammerspielen angekommen, riss jemand eilfertig die hintere Wagentür auf. Augstein stieg sofort aus.

Als ich kurz darauf ebenfalls auf dem Bürgersteig stand, war der Herausgeber, umringt von mehreren Herren, bereits im Foyer des Theaters verschwunden.

Etwas verloren stand ich herum. Weder hatte ich eine Eintrittskarte noch einen Schlüssel zu Augsteins Wohnung.

Im Parkett wurde es langsam dunkel. Nach Eintrittskarten fragte niemand mehr, und so tastete ich mich auf einen der wenigen noch freien Plätze vor, was mir von Sitz zu Sitz peinlicher wurde. Als ich endlich saß, war ich ganz schön sauer: auf mich, dass ich mich in diese unangenehme Situation gebracht hatte, aber auch auf Rudolf Augstein, der mich einfach hatte stehenlassen.

Der Gastgeber der Vortragsreihe, Ulrich Wechsler, Vorstandsmitglied des Bertelsmann Verlages, kündigte an, nach Rudolf Augsteins Redebeitrag in der Reihe *Reden über das eigene Land: Deutschland* seien an vier weiteren Sonntagen als Redner Willy Brandt, der Fraktionsvorsitzende der *Grünen* Otto Schily, sowie Regisseur Werner Herzog und Franz Josef Strauß vorgesehen.

Der Herausgeber begann gedehnt und mit zunächst extrem tiefer Stimme mit seinem Vortrag: *Ich heiße Rudolf Augstein und bin Bertelsmann-Autor. Meine Damen und Herren, meine Freundinnen und Freunde …*

Schon nach dieser Anrede wurde begeistert geklatscht. Augstein hatte sein Publikum sofort im Griff. Von Lampenfieber oder Aufregung keine Spur mehr. Im Gegenteil, er schien die Situation zunehmend zu genießen und wirkte, als schwebe er über den Dingen. Gleichzeitig sprach er zügig und konzentriert, ganz so, als hielte er eine zeitgeschichtliche Vorlesung: *Wenn man es mit einem so ausgelutschten Bonbon wie der Deutschen Frage zu tun hat, möchte man am liebsten als Professor auftreten, möchte also die Arme über der Brust kreuzen, hin und her gehen und improvisieren,* begann er einleitend.

Er habe das Gefühl, dass in der deutschen Frage nichts mehr zu machen sei, und behauptete, auch im verbündeten Ausland wisse man von der deutschen Frage so viel, wie wir von der koreanischen wüssten.

Provozierend gab Augstein dem französischen Ministerpräsidenten George Clemenceau, der mit dem Versailler Friedensvertrag 1919 den Ersten Weltkrieg beendet hatte, recht: Clemenceau habe im Ruhrkampf 1923 das deutsche Angriffspotential auf eine griffige Formel gebracht, indem er seinerzeit sagte, es gäbe *zwanzig Millionen Deutsche zu viel auf der Welt.* Diese Formulierung hätte in der Tat den Grund für einen wiedererstarkenden deutschen Nationalismus geliefert. Es sei der *furor teutonicus,* führte Augstein aus, *personifiziert durch die Namen Schlieffen, Tirpitz, Ludendorff, ja, und nehmen wir auch ihn ruhig dazu, durch den Namen Hitler, der uns Deutsche schon im Jahre 1914 von der zivilisierten Welt abgeschnitten hat; dies ist eine vage Idee von mir, die nicht stimmen muss.* Er biete sie zur Erprobung an.

Nachdem er ausführlich tiefer gehende historische Thesen erläutert hatte, erklärte er, für ihn sei es *kein Zweifel, dass auch ein Deutschland ohne Hitler den Revisionskrieg angestrebt hätte. Hitler aber hatte den Vorteil, dass er irgendwann die Karte der absoluten Vernichtung ausspielen würde. Demnach hatte er bis zu diesem Tage der Wahrheit bessere Karten als alle seine Part-*

ner, die nicht von vornherein auf den Tod, sondern auf die politische Routine setzten. Wer sich wundere, mahnte Augstein, *wie Hitler all seine staunenswerten außenpolitischen Erfolge hat erringen können, muss sich vor Augen halten, dass jener Spieler, dessen Psyche auf den letztendlichen eigenen Bankrott programmiert ist, all seinen Mitspielern überlegen sein muss. Hitlers Pokerspiel habe allerdings nur Erfolg gehabt, weil er in Wahrheit nicht pokerte. Er spielte sein eigenes Lied nach seinen eigenen Noten, das Lied von Tod und Untergang.*

Den Ausflug in die Geschichte vergangener Großmachtpolitik der Deutschen und ihrer Nachbarländer fasste Augstein damit zusammen, dass *die Reichsgründung 1871 ein Zufall* gewesen sei, *wohl eher ein unglücklicher.* Dem Zuhörer wurde nahegelegt, die Rückkehr zu diesem Reich, etwa durch die Wiedervereinigung, nicht für zwingend logisch zu halten. Von dem seiner Meinung nach klügsten Franzosen, dem Politikwissenschaftler Joseph Rovan – er ist mit mir befreundet, flocht Augstein ein –, sei zu hören, in Deutschland gebe es nationalistische Träumer, die von einem einzigen großen deutschen Staat träumten.

Am Ende seiner Rede entsetzte er sich etwas gekünstelt darüber, dass für den Besuch seines Vortrags eine Gebühr erhoben worden sei. Die könne aber jedermann per Postkarte von ihm zurückverlangen.

Nach amüsiertem Gelächter und dankbarem Beifall dann Getümmel im Foyer, aber kein Rudolf Augstein weit und breit.

Mir fiel ein, dass er ein Restaurant schräg gegenüber den Kammerspielen erwähnt hatte. Und tatsächlich: Dort saß er. Bestens gelaunt und ins Gespräch mit einer attraktiven Frau vertieft, die offensichtlich eine Vorliebe für Hippie-Klamotten aus den Siebzigern pflegte.

Kaum hatte ich das Lokal betreten, sprang er auf, breitete die

Arme aus und rief schon von weitem: Wo kommst duuuu denn her? Ganz so, als sei ich gerade mal wieder vom Himmel gefallen.

Warst du auch da?, fragte er und setzte sich.

Nicht eine Sekunde lang erwartete er, dass ich diese Frage beantwortete.

Eine meiner langjährigen Freundinnen, stellte er mir seine Tischdame vor.

Neben ihr stand ein Eiskübel mit einer Flasche Champagner, die seine Freundin wohl fast schon geleert hatte. Ganz nüchtern schien sie jedenfalls nicht mehr zu sein.

Es ist nichts passiert, sagte Rudolf bestens gelaunt. Die Leute waren mit der Rede zufrieden, und am Schluss haben sie sogar gelacht. Das ist schließlich die Hauptsache, erklärte er.

Während des Essens berichtete seine Freundin von mehr oder weniger gelungenen Unternehmungen mehr oder weniger berühmter Leute. Es wurde über Verleger, Schriftsteller und Journalisten geplaudert, Regisseure und Schauspieler kamen ebenfalls vor. Alle diese Leute schien sie gut zu kennen, mit vielen auch befreundet zu sein.

Rudolf Augstein unterbrach ihre Geschichten manchmal mit einem tiefen, ja erleichterten Lachen. Mir fiel auf, dass er wieder Bier trank.

Einmal rief er übermütig, nachdem seine Freundin den Dichter erwähnt hatte: Peter Handke? Der rennt doch überall mit einem weißen Anzug hin! Der Gruppe 47 hat er es aber gegeben: verkalkt und impotent! Haha! Na ja, ich gehörte ja nie wirklich dazu.

Handke sagte, sie seien *beschreibungsimpotent*, korrigierte Rudolfs Freundin vergnügt.

Noch schlimmer, noch schlimmer, rief Rudolf und machte eine wegwerfende Handbewegung.

Zunehmend nervöser dachte ich darüber nach, wie der restliche Nachmittag, vor allem aber die bevorstehende Nacht mit einem dem Bier immer häufiger zusprechenden Rudolf Augstein wohl weitergehen würde. In dessen nicht sehr großer Wohnung. Wand an Wand. Meine Befürchtungen wurden jäh unterbrochen.

Du hast doch nichts zu tun, sagte der Herausgeber plötzlich. Im Gegensatz zu ihm, der noch einiges zu regeln habe. Um siebzehn Uhr sei sein Flugzeug nach Berlin bestellt. Das wolle er nicht leer dorthin fliegen lassen. Statt seiner könne doch ich nach Berlin fliegen.

Du kannst meine Suite im Kempinski haben, erklärte Augstein großzügig. Außerdem seien Theaterkarten für eine Premiere hinterlegt.

Für welches Stück denn?, fragte ich interessiert.

Ein neues Stück von Botho Strauß, antwortete Rudolf. Dieser Quatsch interessiert mich sowieso nicht. Dieses neue Theater. Alles Mist. Sie können es einfach nicht.

Er erzählte noch ein wenig von damals, als Gustaf Gründgens und Marianne Hoppe im Hamburger Schauspielhaus Theater gespielt hätten und wie später dann ein so großartiger Mann wie Boy Gobert Regie führte. Wie unübertroffen Gründgens' Mephisto doch nach wie vor sei und dass es so eine wundervolle Schauspielerin wie Marianne Hoppe gar nie mehr gegeben habe.

Also los jetzt! Hau ab hier, verabschiedete er mich.

Die Stewardess, die mich in dem kleinen Learjet nach Berlin empfing, wirkte wie eine Art Gefängniswärterin. Denn das Flugzeug musste die DDR überfliegen. Die straff uniformierte Flugbegleiterin bediente sofort alle meine Vorurteile, das Jenseits des Eisernen Vorhangs betreffend: abweisend, gruß- und wortlos, eisige Miene, den Blick ins Niemandsland gerichtet.

Gerade hatte ich mich angeschnallt, als ein zierliches junges

Mädchen mit kurzen eiligen Schritten in das Flugzeug kam. Sie war etwa zwanzig Jahre alt, trug ihr dichtes blondes Haar im Nacken zusammengebunden und sah Rudolf Augstein sehr ähnlich. Ernst und ohne sich weiter umzublicken, setzte sie sich mit einem leisen Tach! vor mir auf den breiten Ledersitz, hinter dessen hoher Rückenlehne sie völlig verschwand.

Das kann nur Franziska, Rudolfs Tochter, sein, überlegte ich.

Die Flugbegleiterin saß, uns zugewandt, fest angeschnallt auf einem ausgeklappten Sitz. Mit strengem Blick sah sie an uns beiden einzigen Passagieren haarscharf vorbei.

Während des Fluges bemerkte ich, wie Franziska Augstein sehr ernst und nachdenklich in die rasch am Fenster vorbeiziehenden Abendwolken sah.

Nachdem das Flugzeug gelandet war, verschwand sie grußlos. Wie der Vater, dachte ich.

Im Hotel Kempinski angelangt, sah ich Augsteins Tochter an der Rezeption stehen. Offensichtlich wohnte sie ebenfalls in diesem Hotel. Die junge Dame an der Rezeption sagte sehr höflich: Frau Augstein wartet schon oben in ihrem Zimmer.

Ich reimte mir zusammen, dass es sich bei dieser Frau Augstein eigentlich nur um Maria Carlsson, die Mutter von Franziska, handeln könne, die offenbar im Hotel auf ihre Tochter wartete.

Nachdem Franziska Augstein außer Hörweite war, wagte ich dem Herrn an der Rezeption zu sagen, dass anstelle des plötzlich verhinderten *Spiegel*-Herausgebers nun ich in dessen Suite übernachten würde.

In Augsteins Suite lag auf einem Tischchen ein Umschlag mit zwei Theaterkarten. Daneben stand ein Kübel mit Champagner und ein künstlich wirkendes Blumenarrangement.

Waren die Damen Augstein womöglich mit dem Herausgeber zu einem gemeinsamen Theaterabend verabredet gewesen? Handelte es sich hier einmal wieder um eine der für

Rudolf Augstein angeblich so typischen, mit Brimborium zunächst zu- und kurzerhand wieder abgesagten Verabredungen?

Aber: Was geht mich das an? Ich brach meine Gedankenspiele ab. Auf ins Theater!

An der Kasse schenkte ich einer alten Dame, die vergeblich versuchte, eine Karte zu kaufen, meine überzählige.

Es war ziemlich lange her, dass ich im Theater gewesen war. Das von Peter Stein inszenierte Botho-Strauß-Stück *Der Park* verlangte dem Zuschauer einiges ab. Es dauerte fünf Stunden und drehte sich um Machtgier, Bestechlichkeit, Liebesbesessene und Beziehungssüchtige. Eindrucksvoll wurde der immer wiederkehrende, mal komische, mal trostlose Reigen menschlicher Schwächen von glänzenden Schauspielern wie Jutta Lampe und Bruno Ganz vorgeführt.

Während einer der beiden Pausen blieb ich neben der alten Dame sitzen. Zutraulich fing diese nun an zu erzählen, wie sie in den schrecklichen Zeiten während des Zweiten Weltkriegs in Berlin mehrere Male ausgebombt worden war. Immer tiefer sank sie in den Samtsessel hinein und verfing sich in ihren Erinnerungen.

Während es im Theatersaal langsam wieder dunkel wurde, tröstete ich sie, dass Sie am Leben geblieben sei, wenigstens, im Gegensatz zu meiner Großmutter väterlicherseits, die in den letzten Kriegstagen auf einem Fahrrad vor russischen Panzern habe flüchten müssen und bei Potsdam im Bombenhagel umgekommen sei.

Nach der Vorstellung bat sie, ihr den Spender der Theaterkarte zu nennen. Zögerlich nannte ich dessen Namen, woraufhin sie in erfreutes Erstaunen ausbrach: Oh, Rudolf Augstein? Ich lese den *Spiegel* seit den Fünfzigern! Ich werde mich mit einem Briefchen bei ihm bedanken!

An einem der folgenden Tage dankte auch ich dem Herausgeber für den gestifteten Theaterabend.

Wir bedanken uns nicht beieinander, wehrte er freundlich brummend ab und wandte sich sofort wieder seiner Zeitungslektüre zu.

Einige Tage später lud mich Rudolf zum Mittagessen ins Mühlenkamper Fährhaus ein. Früher sei das ein beliebter Treffpunkt Hamburger Nazi-Bonzen gewesen, hatte er dabei gelacht.

Kaum war ich gegen dreizehn Uhr eingetroffen, sagte Rudolf, ohne dass ich ihn darauf angesprochen hätte, er habe eigentlich immer genauso viel oder so wenig getrunken wie andere Leute auch. Früher habe er, wie es nun einmal üblich sei, zum Essen immer nur Weißwein getrunken. Meist sei der ihm schlecht bekommen. Daraufhin habe er keinerlei Alkohol mehr zu sich genommen. Jedenfalls so lange nicht, bis wieder eine der häufigen Essenseinladungen gekommen sei.

Schließlich habe er herausgefunden, dass er nur Bier vertragen könne, meinte er nachdenklich, auch dass Bier ihm in gewisser Weise sogar ganz guttue. Es beruhige ihn auf angenehme Weise. Im Gegensatz zu Champagner, von dem ihm sofort schlecht werde und der ihn völlig aus der Bahn werfe. Den rühre er gar nicht erst an.

Als John F. Kennedy erschossen wurde, fuhr Rudolf fort, wann war das …?

Im November 1963, half ich aus.

Ach ja. Richtig. Das war eine schreckliche Nacht.

An einem Freitagabend sei es passiert. Er habe das ganze Heft umgeschmissen. Titel weg, alles neu. Über den Hergang des Attentats hätten kaum Informationen vorgelegen. Er habe sich daraufhin eine Kiste Bier neben seinen Schreibtisch im zwölften Stock stellen lassen und eine neue Titelgeschichte geschrieben. Mit den neuesten Nachrichten, die aus den USA und aus dem Haus bei ihm angekommen seien. Ein fürchterliches Durcheinander sei das gewesen. Die Meldungen widersprachen einander – wieder und wieder seien neue Einzelheiten im Fernsehen und Rundfunk gemeldet worden. Er habe es dann doch geschafft, die Titelgeschichte über den Kennedy-Mord zu schreiben.

Aber ohne Bier? Ich glaube, es wäre nicht gegangen, beendete Rudolf seinen Bericht.

Mehrmals unterbrach er diese Erzählungen und rief im Befehlston: Sachs!

Mit ausgestrecktem Zeigefinger wies er den herbeieilenden Kellner auf sein geleertes Bierglas hin, und sofort brachte Kellner Sachs ein weiteres Bier, das er, auf seinen Gast gut eingespielt, unter dem Zapfhahn schon vorbereitet hatte.

Das perfekt schäumende Bier stellte der Kellner schwungvoll auf den Tisch und meldete wie im Offizierskasino: Das sechste, Herr Augstein!

Ist wahr?, sagte der gespielt ungläubig.

Nach dem Essen verschwand Rudolf im Dunkel der hinteren Restauranträume und tauchte mit dem Ausruf – Sachs! Wo bist du? – nach einiger Zeit wieder auf.

Gespielt fürsorglich ereiferte er sich über die, wie doch jedermann sehen könne, erschreckend dahinschwindende Gesundheit des eifrig Mäntel und Schals herbeischaffenden Oberkellners und schmetterte, indem er ihn tröstend unterhakte: Dein ist mein ganzes Herz, wo du nicht bist, will ich nicht sein. Oberkellner Sachs verabschiedete sich mit etlichen Verbeugungen, und Rudolf Augstein rief ihm davoneilend zu: Und sorg endlich dafür, dass die Nazi-Parteiabzeichen unter den Sofas weggefegt werden!

Gut gelaunt stapfte er dann aus dem Hintereingang des Lokals, um, was der eigentliche Grund unseres Zusammentreffens gewesen war, mir sein Haus in einem der Hamburger Elbvororte zu zeigen.

Während Fahrer Schleede uns langsam über die Elbchaussee chauffierte, sagte Rudolf, sein Grundstück auf der Elbhöhe sei so groß, dort könne man richtige Spaziergänge machen. Und auch im Haus selbst könne man stundenlang hin und her laufen. Außerdem gebe es ein schönes Schwimmbad.

Wir könnten doch gemütlich alle zusammen dort wohnen, sagte er mit einem kurzen Blick zu mir.

Alle zusammen? Wen meinst du damit?, fragte ich verwundert.

Sieh mal, es ist doch Platz genug, erklärte Rudolf daraufhin großzügig. Du bringst deine Freundin Andrea mit. Sie bekommt doch jetzt das Baby und hat in der Rappstraße ganz sicher nicht genügend Platz. Hier würde das alles gehen. Und ich hab dann wieder ein kleines Kind um mich.

Und was ist mit ihrem Mann?, fragte ich völlig verblüfft.

Ihr Mann, ihr Mann, antwortete Rudolf mit einer wegwerfenden Handbewegung. Der kann uns immerzu besuchen, wenn er will.

Das ist nicht dein Ernst, lachte ich.

Inzwischen hatte Fahrer Schleede ein weißes Eisentor geöffnet und fuhr einen von hohen Rhododendren umstandenen Weg entlang. Dann bremste er langsam auf dem Vorplatz einer stattlichen weißen Villa im skandinavischen Stil. Nie zuvor hatte ich ein derart ausladendes Reetdach gesehen. Eine Schrecksekunde lang erinnerte mich Augsteins Anwesen an Bilder von Hermann Görings Landhaus *Carinhall*.

Ich verwarf diesen Gedanken aber schnell wieder. Denn die Herausgebervilla war zwar luxuriös, aber nicht protzig. Fahrer Schleede schloss die mit einer Alarmanlage gesicherte Haustür auf und ließ uns allein.

Das Haus ist nicht eingerichtet, sagte Rudolf und bog nach links in eine große Garderobe ab, in der mindestens zwei Dutzend Kleiderbügel in einem offenen Wandschrank hingen.

Ich sah mich in der großzügigen Eingangshalle um, in der ein drei Meter langer antiker Refektoriumstisch aus edlem Holz stand, der offenbar als Ablage für Bücher und Zeitungen dienen sollte. Eine ausladende, dem Stil des Hauses entsprechende Holztreppe führte am Ende dieser Diele in das obere Stockwerk hinauf.

Durch eine offen stehende gläserne Flügeltür spähte ich in eine Art Ballsaal mit mattglänzendem Parkettboden, in dessen Stirnwand ein Kamin aus grünlich-schwarzem Marmor eingelassen war. Zwei zierliche Louis-Philippe-Sessel davor wirkten eigenartig verloren. Auf einem Seitentisch stand eine moderne Stereoanlage, gegenüber, an der langen Fensterfront, gab es zwei große Lautsprecherboxen. Ansonsten war der nicht allzu hohe Raum leer.

Ein anderer lichtdurchfluteter, zum parkähnlichen Garten ausgerichteter Raum schien das Speisezimmer zu sein. Wie auf einer Theaterbühne standen dort etliche grauweiße Louis-Seize-Stühle mit rosarotbezogenen Sitzflächen um einen großen Esstisch gleichen Stils. Zögernd ging Rudolf Augstein an mir vorbei in den leeren beeindruckenden Wohnraum und berichtete dabei von seinem fünfzigsten Geburtstag.

Warte mal, sagte er, und blieb stehen. Ja, vor genau elf Jahren war das.

Nachdenklich sah er zur Zimmerdecke hinauf: Gisela hat diesen Geburtstag für mich ausgerichtet, sagte er.

Es sei das schönste Fest gewesen, das er je erlebt habe. Für die Ausrichtung solcher Feste besitze sie wirklich Talent.

Alle seien sie da gewesen, begeisterte er sich, wirklich alle.

Wer alle?, fragte ich, während ich in dem Wohnraum umherging und durch eine der vielen bis auf den Boden reichenden Fenstertüren auf weite Rasenflächen hinaussah.

Nun ja, antwortete Rudolf. Alle, die ich damals kannte. Minister, Schriftsteller, Filmstars …

Kennst du die denn heute nicht mehr?

Kaum, antwortete Rudolf einsilbig.

Einmal mehr staunte ich, wie widersprüchlich Rudolf Augstein war. Einerseits wirkte er, als sei er aus jeder Form von gesellschaftlichem Leben ausgestiegen, um sich in einer eher bescheidenen Dachwohnung zu verbergen. Andererseits schien es, als trauere er lebhaft einem geselligen Leben in luxuriöser Umgebung nach.

Schwimmbad und Küche waren ebenfalls eindrucksvoll. Es schienen sogar eher zwei Küchenräume zu sein. Für den ganzen Kram hier kann ich nichts, erklärte Rudolf wieder, während wir an gläsernen Wandschränken mit französischem Fayence-Geschirr, reichlich vorhandenen Kannen, Schüsseln und Stapeln von Tellern und Tassen, vorbei zu einem kleinen Nebenzimmer gelangten. Es erinnerte mich an die Kutscherstuben, die ich aus alten Gasthöfen kannte.

In diesem Kämmerchen setzte Rudolf sich auf eine Eckbank unter halbhohen Fenstern. In eine weiße Schrankwand ihm gegenüber war ein großer altmodischer Fernseher eingebaut. Rudolf verschränkte die Unterarme auf einem antiken Holztisch und senkte den Kopf.

Das war mein Lieblingsplatz, erklärte er versonnen. Eigentlich war es als Stübchen für die Fahrer gedacht. Hier saß ich sehr oft, weil ich in Ruhe fernsehen konnte.

Auf einem antiken Bauernstuhl mit einer steilen Lehne sitzend, sah ich in hohe, inzwischen fast kahle Baumkronen. Hin und wieder segelte ein einsames Blatt herunter. Weil Rudolf nichts sagte, sagte ich auch nichts.

Irgendwann rief er laut: Schleede!

Fahrer Schleede kam hereingefegt, und Rudolf bat um ein Bier.

Möchtest du auch etwas trinken?, fragte er.

Nein, danke.

Der Fahrer stellte eine Flasche Bier auf den Tisch vor Rudolf und drei weitere Flaschen in den Kühlschrank neben dem Fernseher. Schleede schien mit einem längeren Aufenthalt zu rechnen. Unaufgefordert stellte er ein Glas und eine Flasche Mineralwasser vor mir auf den Tisch.

Langsam und sorgfältig öffnete Rudolf den Porzellanverschluss einer Bierflasche und trank sie mit großen Schlucken aus.

Ich nippte an meinem Wasserglas.

Schleede kam herein und meldete wie ein Feldwebel und mit rollendem r: Den Rasen hatte ich scha vor dem Regen noch gemäht, Chef.

Danke, sagte Rudolf aufmerksam aufhorchend. Gib mir noch ein Bier.

Soll scha noch mal wieder Regen geben, meldete Schleede, während er das Bier aus dem Kühlschrank nahm.

Ist gut, erwiderte der Chef.

Wenn ich hier wieder wohne, sagte Rudolf jetzt, lasse ich mir ein privates Kino einbauen. Das hätte ich von Anfang an gern gehabt.

Göring hatte auch eins, rutschte mir heraus. Rudolf sah mich nachdenklich an:

Wie kommst du denn darauf?

Ich habe gerade eine Göring-Biographie gelesen, antwortete ich verlegen.

Rudolf schwieg und fixierte die Tischplatte, indem er das rechte Auge zukniff.

Diese Kerle werden uns bis ins Grab verfolgen, meinte er und schwieg verbittert.

Ich könnte hier nicht wohnen, raffte ich mich zu einer Bemerkung auf.

Warum denn nicht?, fragte Rudolf in einer fremd klingenden Tonlage, fast so, als habe er vorher den Atem angehalten.

Mir wäre dieses Haus zu groß, zu unübersichtlich, antwortete ich hölzern.

Wieso denn?, fragte Rudolf mit immer noch fremder Stimme.

Ich lebe ja eher studentisch. Ich brauche eigentlich nur zwei, vielleicht drei Zimmer, antwortete ich.

Ich auch, nickte Rudolf und atmete wieder richtig durch.

Anfang der Sechziger habe man noch völlig anders gedacht, erklärte er und fixierte dabei die Zimmerdecke. Da war es Mode, zu repräsentieren. Die Wörter Mode und repräsentieren zog er besonders in die Länge. Nun ja, Zeitgeist, Zeitgeist ..., seufzte er dann.

Er gäbe mir aber recht, wandte er sich wieder mir zu. Tatsächlich sei dieses Haus schlecht zu sichern.

Einmal, seine Kinder seien noch sehr klein gewesen, sei in dieses Haus eingebrochen worden. Fast alle Gemälde habe man damals gestohlen. Noch heute dürfe er nicht daran denken, stöhnte er entsetzt. Nur das Kindermädchen sei bei den Kindern gewesen!

Ich hätte sie keinesfalls allein lassen dürfen. Allein! In diesem Haus! Das werfe er sich immer noch vor. Damals habe er sich rein gar nichts dabei gedacht. Aber es sei natürlich unverantwortlich gewesen.

In den Siebzigern wäre ihm so etwas ganz sicher nicht passiert, fuhr er nach längerem Schweigen nachdenklich fort. Vor allem nachdem die RAF Hanns Martin Schleyer ermordet hatte, sei ihm dringend geraten worden, dieses schlecht zu sichernde Haus zumindest für eine Weile zu verlassen.

Die Terroristen hatten mich ja auch auf ihrer Liste, berichtete er. Nur nicht ganz oben. Mehr unter ferner liefen. Die haben sich wohl gedacht, den brauchen wir noch. Wir haben im *Spiegel* ja dauernd über sie berichtet. Mussten wir ja.

Mir fiel mein Aufenthalt bei Rudolf in Frankreich im Sommer 1978 ein und wie er sich damals kaum hatte blicken lassen.

Hattest du Angst?, fragte ich ihn jetzt. Hattest du eine Pistole oder so etwas?

Angst?, rief Rudolf. Waffen? Aber nein doch! Bei mir im Haus gibt es keine Waffen. Der hätte das sicher gemacht seinerzeit. Mutig genug ist er ja. Im Auto hatte er in der Fahrertür eine schwere Taschenlampe mit einem langen Griff. Das war alles.

Lediglich im Leinpfad-Haus, erzählte er weiter, das er damals zum Umbau in Auftrag gegeben habe, seien die Fenster mit Panzerglas versehen worden. Und mit einer Türöffneranlage mit eingebauter Kamera. Dazu habe er sich schließlich doch noch überreden lassen.

Rudolf schüttelte den Kopf: Helmut Schmidt, nun ja … Der sei wirklich nicht zu beneiden. Ohne Bewachung könne der ja nirgendwo mehr hingehen. Mindestens zwei, wenn nicht drei Mann müsse Helmut Schmidt jetzt um sich dulden, und zwar rund um die Uhr. Die Tragweite seiner Entscheidung damals, diesen RAF-Leuten nicht nachzugeben trotz ihrer Androhung, Hanns Martin Schleyer umzubringen …, er hätte wirklich nicht mit ihm tauschen mögen.

Gib mir noch ein Bier, sagte er, offensichtlich erleichtert, dass ihm dieses Drama erspart geblieben war.

Doch, eine einzige Sache gebe es, um die beneide er Helmut Schmidt, meinte er dann. Rudolf öffnete langsam den Drahtbügel der Flasche und stellte sie dann vorsichtig zurück auf den Tisch. Helmut Schmidt, man traue es ihm kaum zu, spiele tatsächlich sehr gut Klavier. Natürlich sei er nicht wirklich virtuos und spiele fast nur vom Blatt. Doch könnte er durchaus auch Konzerte geben. Doch, ja, das könnte er.

Unvermittelt fuhr Rudolf fort: Ulrike Meinhof, in den sechziger Jahren Chefredakteurin der Zeitschrift *konkret*, die später Mitglied der RAF gewesen sei und deren linksextremistische Theorien sogar weitgehend mitverfasst habe, sei er hin und wieder auf kleinen Festen begegnet. Bevor sie sich zur Terroristin wandelte, habe er sie wirklich geschätzt. Damals, als sie noch vernünftig war. Eine intelligente, interessante Journalistin sei sie gewesen. Etwas zu apodiktisch in ihren Meinungsäußerungen, mit zu viel Sendungsbewusstsein außerdem. Und nicht ohne eine gewisse Überspanntheit, die ihm schließlich nicht so recht gefallen habe. Für den *Spiegel* sei sie ungeeignet gewesen. Nur dass sie sich derart habe radikalisieren lassen … Ihre Kinder habe sie ja in ein Palästinensercamp verfrachten lassen wollen. Nun ja, weiter als Sizilien sei man mit den Töchtern zum Glück nicht gekommen.

Niemand, beendete er seine Überlegungen, niemand, der die Meinhof aus Hamburger Zeiten gekannt habe, hätte das alles überhaupt voraussehen können. Er auch nicht. Die Sache mit dem Kasten, die habe man ihm später natürlich vorgeworfen.

Welchen Kasten meinst du?, fragte ich.

Wir haben im *Spiegel*, hervorgehoben durch einen vierspaltigen Kasten, Auszüge aus einem Tonband abgedruckt, das dem *Spiegel* zugespielt worden war. Darin standen Dinge wie *Die Bullen sind Schweine*. Dieser Abdruck war ein Fehler. Den hätte ich natürlich verhindern müssen. In diesem Kasten standen dann Meinhof-Zitate wie: *Der Typ in der Uniform ist kein Mensch, und so haben wir uns mit ihm auseinanderzusetzen. Das heißt, wir haben nicht mit ihm zu reden, und es ist falsch, überhaupt mit diesen Leuten zu reden, und natürlich kann geschossen werden.*

Ich hätte mich noch eingehender damit beschäftigen sollen, was die RAF vorhatte, meinte Rudolf fast schuldbewusst. Herbert Kremp, Chefredakteur der Tageszeitung *Die Welt*, hat den *Spiegel* dann kritisiert, erzählte Rudolf weiter. Er schrieb, wir, der *Spiegel*, hätten *durchaus authentische Revolutionstexte dieser Art veröffentlicht, die möglicherweise über den allgemeinen Wortsinn hinaus Signale und Anweisungen an verstreute Terroristengruppen enthielten.*

Über die mögliche Wirkung dessen, was wir den Lesern da vorführen, hätte ich mir tatsächlich im Klaren sein müssen, warf Rudolf sich vor und versank jetzt in düstere Sprachlosigkeit.

Schweigend betrachtete ich die kahlen Baumkronen, die in den wolkenverhangenen Himmel ragten.

Alle gestohlenen Gemälde seien übrigens nach wenigen Wochen wieder aufgetaucht, griff Rudolf dann plötzlich die Geschichte des Bilderdiebstahls in seiner Elbvilla noch einmal auf. Es habe sich schnell herausgestellt, dass einer der Einbrecher bei der Kripo als Spezialist für Kunstdiebstähle bekannt war.

Der wusste, wo er nach einem guten Picasso zu suchen hatte, lächelte Rudolf gedankenverloren und drehte die inzwischen gründlich geleerte Bierflasche prüfend vor seinen Augen hin und her. Er rutschte hinter dem Tisch hervor und befahl: Los, los, weiter jetzt! Weg hier!

Fahrer Schleede reinigte in einer Garage einige Gartengeräte, die er neben einem beigefarbenen chromblitzenden amerikanischen Luxusschlitten abstellte.

Ein echtes Traumauto, kicherte Rudolf verlegen. Ich glaube, den könnte man sogar noch fahren. Tue ich aber nicht mehr. Jetzt kauft sich Schleede alle zwei Jahre den teuersten Mercedes-Sportwagen, der auf dem Markt ist. Damit er etwas zu tun hat, spottete er gutmütig. Morgens fährt er das Auto aus der Garage raus und abends wieder rein.

Genau, lachte Schleede fröhlich.

Ich selbst lasse mich nur noch mit *Spiegel*-Autos fahren, erklärte Rudolf, während wir in nebligem Novembergrau um das mir nun erst recht endlos erscheinende Haus herumgingen. Schweigend betrachtete er einen schilfumstanden Teich und spazierte langsam über den Rasen in Richtung Elbe. Er hatte den Mantelkragen seines dunkelblauen, eine Spur zu engen

Wintermantels hochgeschlagen und hielt die Hände in den Taschen vergraben.

Irgendwann meinte er, mehr zu sich selbst als zu mir: Es gelingt einem ja nichts wirklich richtig.

Mhm?

Diese eine Sache, die hätte ich gern richtig gemacht, fuhr Rudolf nach längerem in sich gekehrtem Schweigen fort.

Mhm?

Eine Frau, die mit einem Kind auf dem Arm am Gartenzaun steht und hinter mir herwinkt, wenn ich zur Arbeit fahre. Das ist leider schiefgegangen.

Auf meine Nachfrage sagte Fahrer Schleede einige Tage später, er habe nach der Schleyer-Entführung sehr wohl eine Pistole bei sich getragen.

Der Chef ahnte das wohl auch, sagte er auf seine bedächtige Art. Wenn uns jemand angegriffen hätte, ich hätte natürlich sofort geschossen.

Während unseres Ausflugs in seine Villa am Elbufer war Rudolf in sich gekehrt, fast melancholisch gewesen.

Kurz darauf aber wurde er erstaunlich umtriebig. Er telefonierte ununterbrochen und war voller Tatendrang. Er wirkte optimistisch und sprühte vor Witz und Unternehmungslust. Plötzlich schien Rudolf sich daran zu berauschen, leidenschaftlich über sämtliche Einzelheiten einer Lektüre oder auch nur einer Alltagsbeobachtung zu reden. Ich fand es durchaus vergnüglich, ihm dabei zuzuhören. Seine Erzählungen, gemischt mit Erinnerungen an eine offenbar lustvoll erlebte Vergangenheit, schienen ihm urplötzlich zuzufallen. Wie seine Erlebnisse aber begonnen und später dann geendet hatten, blieb nicht selten rätselhaft.

In solchen Phasen liefen die Telefondrähte heiß. Womöglich nimmt er Aufputschmittel, unterstellten die einen und rieten:

Du musst Rudolf sorgfältig bewachen. Nimm ihm das Bier weg, sagten die anderen. Weder das eine noch das andere betrachtete ich als meine Aufgabe.

Der Chef ist doch wie immer, sagte Fahrer Schleede norddeutsch besonnen.

Dass Rudolf dann und wann unvermutet aufgekratzt wirkte, erklärte ich mir damit, dass er in irgendeiner Hinsicht einen Erfolg zu verbuchen hatte, über den er sich besonders freute.

Wieder einmal war ich mit ihm zum Mittagessen verabredet und kam hinzu, als er mit schmerzlich-süßem Timbre versuchte, eine Opernarie in sein Telefon zu singen. Nachdem er damit aufgehört hatte, lauschte er aufmerksam in den Hörer hinein. Mir war nicht ganz klar, ob sein Gesang ernsthaft oder als Scherz gemeint war.

Geduldig und mit tiefer Stimme sagte er: Aber Erich, warum weißt du das denn nicht? Du sitzt doch dauernd in der Oper. Pass auf, ich singe dir alles noch einmal vor.

Offenbar war Rudolfs Gesang von Chefredakteur Erich Böhme am anderen Ende der Leitung bereits mehrmals hintereinander ertragen worden. Denn kaum hatte Rudolf wieder zu schmettern begonnen, unterbrach er seinen Gesang und sagte gutmütig: Meine Sekretärin? Die weiß das doch auch nicht.

Sabine, mein Liebling, rief Rudolf dann überschwänglich. Wieder einmal bist du die Einzige, die Bescheid weiß. Aus welcher Oper stammt diese Arie?

Nach einigen weiteren Wiederholungen der Arie verband Sabine Schappien ihren singenden Chef mit einem Opernfachmann des Kulturressorts im siebten Stock. Dieser jedoch, nachdem er Rudolf ebenfalls zwei- oder dreimal angehört hatte, stellte eine Verbindung zum Erdgeschoss her, zu Opernfachleuten der Dokumentation. Dort wurde nach Rudolfs abermals vorgetragenem Gesang die Arie von den Dokumentaren offenbar noch einmal nachgesungen. Denn Rudolf lauschte längere Zeit höchst konzentriert in seinen Telefonhörer hinein. Endlich nickte er begeistert und rief: Sie retten mich! Sie haben es richtig gesungen! Die Arie des Cavaradossi! Tosca! Dieser unglückliche Maler in der Engelsburg: *Noch niemals hab ich so geliebt das Leben!* Dass ich darauf nicht gleich gekommen bin!

Es dauerte aber nicht lange, dann klagte Rudolf erneut: Wie einsam er sei und wie entsetzlich schlecht es ihm gehe. Andauernd zerre jemand an ihm herum und mache sinnlose Vorschläge. Ayurveda? Da koste jeder Tropfen Öl tausend Mark! Kaffee statt Bier? Was für ein Unsinn! Davon bekomme er Herzrasen. Er sei wach genug! Was ihm fehle, sei der erholsame Nachtschlaf. Und spazieren gehen könne er sowieso mit niemandem. Kaum setze er sich neben seine Begleitung auf eine Bank, sei er gleich wieder hunderttausend Mark los, weil er um irgendeine Leihgabe gebeten werde. Doch wolle er weder bedauert werden, noch müsse sich jemand um ihn kümmern Er komme sehr gut allein zurecht, murrte er trotzig.

Obwohl ich nicht mehr in Rudolfs Gästezimmer wohnte, trafen wir uns regelmäßig, und wie schon in den Wochen zuvor, Anfang der Woche gegen Abend in seiner Küche. Während eines dieser Treffen kam Rudolf, nachdem er langsam drei oder vier Biere zu sich genommen hatte, auf das *Geschlächtliche* zu sprechen. Das Wort geschlechtlich sprach Rudolf dabei schweizerdeutsch aus.

Warum ich mich eigentlich so anstellen würde? Dies könne weder er noch sonst irgendjemand verstehen. Das habe er ja überhaupt noch nie erlebt, so etwas Verrücktes, sagte er dann.

Als ich an einem dieser Abende eintraf, hörte ich, wie Rudolf ins Telefon rief: Sie macht es nicht! Sie will es einfach nicht: Das Entsetzliche!

Es sei wirklich unerhört, klagte er, ihm das Entsetzliche zu verweigern.

Ich fragte mich, ob er das Sexuelle aus reiner Rücksicht auf weibliche Gesprächspartner mit Wortfindungen wie *das Geschlächtliche* oder *das Entsetzliche* umschrieb.

Mich plagten Selbstvorwürfe: Von vornherein hätte ich wissen müssen, dass ein vom Erfolg verwöhnter Mann wie Rudolf Augstein nicht lockerlassen würde. Was hatte ich mir denn vorgestellt?

Es ist alles ein Missverständnis, wagte ich deshalb in Augsteins Küche den ersten Schritt, die Situation zu klären.

Was verstehst du denn nicht?, fragte Rudolf gutmütig.

Wie du dir das offenbar vorstellst, läuft es nicht. Mit mir läuft es jedenfalls nicht, stotterte ich herum.

Rudolf wartete schweigend weitere Erläuterungen ab.

Wir müssen unsere Positionen klären, sagte ich verklemmt.

Rudolf fuhr auf und sah mich mit großen Augen an: Was müssen wir klären?

Zum Beispiel, dass ich deine Angestellte bin, sagte ich einigermaßen hilflos. Und du bist schließlich mein oberster Chef.

Nach meinen Erfahrungen, erklärte Rudolf daraufhin unbeeindruckt, kehrt sich dieses Verhältnis innerhalb kürzester Zeit um.

Einen Augenblick lang war ich sprachlos.

Ich lege nun einmal Wert auf so etwas wie einen gleichberechtigten partnerschaftlichen Austausch, versuchte ich zu erklären. Und das sei mit ihm doch gar nicht möglich. So wie sich die Dinge nun einmal verhielten. Hierarchisch gesehen.

Hierarchisch! Hierarchisch … Hier ist von platonisch die Rede!, rief Rudolf und drehte wie so häufig seine Hand vor der Stirn, als drehe er an einer Kurbel.

Dass er es jemals mit einer Frau zu tun haben würde, die ihm ein platonisches Liebesleben abverlange! Nein, o nein! Niemals habe er sich das träumen lassen, ächzte er.

Er stand umständlich auf, öffnete den Kühlschrank und sagte

in gebückter Haltung in den Kühlschrank hinein: Eins musst du wissen. Ich bin nicht Onassis.

Schwungvoll warf er die Kühlschranktür zu, und ebenso schwungvoll öffnete er ein neues Bier. Der Bügelverschluss fiel klappernd auf den Flaschenhals.

Mein Magen knurrte. Ob ich mir wohl einen Apfel nehmen könne, fragte ich.

Aber natürlich, du kannst dir alle Äpfel dieser Welt nehmen, antwortete Rudolf, machte eine einladende Handbewegung in Richtung Obstschale und schob einen Teller nebst Obstmesser beiseite. Gleichzeitig nahm er einen genießerischen Schluck aus der Flasche.

Mit mir wird das nicht klappen, sagte er, nachdem er die Bierflasche abgesetzt und die Porzellankappe sorgfältig auf die Flaschenöffnung zurückgelegt hatte.

Was wird nicht klappen?

Einen Vertrag zu machen, wie Onassis ihn mit dieser Jackie hat! Entschlossen drückte Rudolf den Drahtbügel an den Flaschenhals.

Vorsichtig biss ich in meinen Apfel. Trotzdem gab es ein knackendes Geräusch.

Rudolf begann jetzt mit einem längeren Vortrag darüber, wie völlig unzurechnungsfähig Onassis gewesen sei, einen millionenschweren Ehevertrag abzuschließen. Und dies ausgerechnet mit der Witwe Kennedy, die dafür nichts, aber auch gar nichts liefern würde!

Ich legte das Kerngehäuse des Apfels vor mich auf den Tisch.

Nun ja, meinte Rudolf in mein Schweigen hinein, wir können es ja so machen: zweimal in der Woche. Wie Luther schon sagte, kicherte er in sich hinein.

Wie bitte?

Dass du dich zweimal in der Woche zum Entsetzlichen verstehen könntest, fuhr er gelassen fort.

Mit einem kratzenden Geräusch rückte Rudolf seinen Hocker zurecht. Gleichzeitig verschränkte er die Unterarme auf der kleinen Tischplatte, die dabei in beträchtliche Schieflage geriet. Der abgenagte Apfel, Rudolfs beiseitegeschobener Teller und das Obstmesser drohten abzurutschen.

Rudolf rettete seine Bierflasche und öffnete sie langsam.

Zweimal, beharrte er aufsässig. Das wird doch wohl nicht so schwierig sein.

Mit oder ohne Vertrag?, fragte ich spöttisch.

Ohne Notar, antwortete Rudolf fachmännisch.

Das finde nun wiederum ich völlig verrückt, sagte ich mutig und holte Luft.

Eine Liebesbeziehung mit ihm könne ich mir schon allein deshalb nicht vorstellen, erklärte ich dann, weil er, wie ich von allen Seiten hörte, von zuverlässiger Treulosigkeit sei.

Unbeeindruckt nahm Rudolf einen weiteren langen Schluck aus der Bierflasche.

Soweit ich es überhaupt beurteilen könne, hätten es Frauen mit ihm nicht gerade leicht, gab ich mich so locker wie möglich. Sein Leben wirke auf mich wie eine mir fremde, künstliche Welt. Für ihn gäbe es die vielen alltäglichen Schwierigkeiten nicht, mit denen man sich normalerweise herumplagen müsse. Er könne sich alles jederzeit kaufen. Du gehörst immer allen irgendwie, bist überall und nirgends wirklich zu Hause, behauptete ich. Er tausche anscheinend lieber seine Wohnungen, seine Angestellten, ja nicht zuletzt auch seine Frauen aus, um sich einem mühevolleren, normaleren Leben nicht aussetzen zu müssen.

Wie kommst du denn darauf?, fragte Rudolf überrascht.

Du bist immer und überall der Chef, stehst immer im Mittelpunkt, begann ich einen neuen Erklärungsversuch. Beim *Spiegel*, bei deinem Familienclan, bei deinen Fahrern, Hausmeistern und Haushälterinnen; die meisten Leute um dich herum wollen dir gefallen, beugen sich deiner Autorität, obwohl du es ihnen vielleicht gar nicht abverlangst. Im Gegensatz zu dir sind wir Angestellten abhängig. Von unseren Jobs bei dir, von deinem Wohlwollen … Ich weiß wirklich nicht, wie eine ganz normale Beziehung mit dir aussehen könnte.

Rudolf schwieg verblüfft und ächzte dann leise.

Mir war schrecklich mulmig. Ich sollte jetzt einfach aufstehen und gehen, dachte ich, blieb aber reglos sitzen.

Können wir nicht einfach abwarten, wie wir miteinander klarkommen? Vielleicht entwickelt sich ja mit der Zeit irgendetwas, hörte ich mich sagen.

Wie meinst du das?, fragte Rudolf und beäugte mich misstrauisch.

Ich weiß auch nicht. Irgendetwas Brauchbares. Etwas, mit dem wir *beide* etwas anfangen können, antwortete ich verlegen und dachte: Ade, *Spiegel*-Job.

Du bist naiv, erklärte Rudolf in die entstandene Stille hinein.

Es gibt ja auch noch meinen Freund in Bonn, sagte ich unbeholfen, als könne der mich jetzt aus dem Schlamassel befreien.

Rudolf richtete sich auf, stellte sein rechtes Auge mittig und musterte mich erstaunt.

Ja und?

Er ist seit über drei Jahren mein Freund, sagte ich mit Nachdruck.

Kannst du nicht mit zwei Männern leben?, fragte Rudolf ohne Umschweife.

Nein.

Warum denn nicht?, hakte er nach.

Entweder – oder, sagte ich.

Oder, schlug Rudolf vor, mit mir.

Dann müsste ich mich ja von meinem Freund trennen. Das will ich aber nicht.

Du bist kleinmütig, seufzte Rudolf gespielt schachmatt. Er wirkte alles andere als einsichtig.

Du meinst spießig, lachte ich. Na, wenn man bei dir eines wirklich nicht sein kann, dann spießig!

Hat er Geld?

Na ja, Millionär ist er nicht.

Wo ist die Suppe?, seufzte Rudolf.

Mir war nicht klar, ob das Seufzen meinem Freund oder der Suppe galt, die Rudolfs Haushälterin vorbereitet hatte.

Um Zeit zu gewinnen, holte ich umständlich den Suppentopf aus dem Kühlschrank und stellte ihn langsam und ebenso umständlich auf die Herdplatte.

Rudolf begann indessen heiter von früher zu erzählen, als es noch junge Frauen gab, die froh waren, einen Untermieter mit geheiztem Zimmer aufgetrieben zu haben, der ihnen Unterschlupf gewährte.

Und irgendwann sagte er ganz plötzlich: Es ist gemütlicher, wenn du hier bist.

Den besonderen Rhythmus einer *Spiegel*-Arbeitswoche kannte ich ja schon aus Bonner Zeiten. Ich lernte Druckfahnen herzustellen, auf denen jeder Buchstabe von strengen Damen und Herren aus der *Spiegel*-Dokumentation, die häufiger noch als *Spiegel*-Journalisten einen Doktortitel hatten, sorgfältig geprüft wurde.

Mit Schere und Leimflasche bastelte ich Umbruchseiten zurecht und stand so lange bei den Umbruchredakteuren herum, bis diese Zeilen, Absätze und Bildgröße auf den Leserbriefseiten nach einem mir undurchschaubaren System mit Hilfe von Rechenschiebern und geheimnisvollen runden Rechenscheiben zurechtgerechnet hatten.

Am Freitagabend hielt die Sekretärin unseres kleinen Ressorts einen dunkelbraunen Plastikeimer mit Eiswasser bereit, der von den Redakteuren mit mehreren Weißweinflaschen gefüllt wurde. Während wir gemeinsam mit den zuständigen Dokumentaren auf die Rückkehr der korrigierten Fahnen warteten, ging es nicht zuletzt aufgrund des dunkelbraunen Putzeimers in unseren Redaktionsstuben zunehmend lustiger zu. Nach und nach gesellten sich Redakteure aus anderen Ressorts hinzu, die ebenfalls auf die Rückkehr ihrer Fahnen warteten.

Diese Freitagabende, an denen mit verwegenem Witz darüber diskutiert wurde, was in der zurückliegenden Woche inner- und außerhalb des Hauses vorgefallen war, schienen mir eine Art anarchische Gegenveranstaltung zu den ernsthaften Konferenzen in der Chefetage zu sein. Mit meiner Arbeit in der Redaktion klappte es immer besser. Meine Kollegen tauten mehr und mehr auf. Sogar der stellvertretende Chefredakteur Hans K. Engel wurde mir gegenüber nachsichtiger. Seine Anmerkungen am Rand meiner Fahnen wie: den innehaltenden Gedankenstrich kennen wir in unserem Nachrichtenmagazin nicht, wurden seltener.

An einem Freitagabend, zufrieden mit mir und meinen, wie ich fand, gelungenen Leserbriefseiten, legte ich diese wie gewohnt Chefredakteur Böhme vor. Mit gespielter Strenge musterte er mich über seine Lesebrille hinweg. Gnädigste, sagte er, die Bube solle hier arbeite, nit den ganze Tag herumtanze.

Im Hinausgehen überlegte ich, ob der Chefredakteur wohl allen Ernstes mich für die manchmal überschwänglich gute Laune in unserem kleinen Personalienressort verantwortlich machte.

In meine Zelle zurückgekehrt, staunte ich nicht schlecht, als plötzlich Rudolf Augstein in meiner schmalen Bürostube saß. Hinter der offen stehenden Tür verborgen, hockte er abwartend auf einem meiner beiden Besucherstühle.

Besorg mir zwei Bier, sagte er statt einer Begrüßung.

Die aus der *Spiegel*-Snackbar georderten beiden Biere trank er schweigend und nachdenklich vor sich hin blickend aus.

Irritiert versuchte ich mich auf meine Fahnen zu konzentrieren.

Unbekümmert schneite einer meiner Kollegen herein und zuckte zusammen, weil hinter der Tür plötzlich die tiefe Stimme des Herausgebers ertönte: Was gibt's? Kommen Sie ruhig rein. Sie können mich alles fragen …

Der Kollege fragte nichts, stotterte lediglich Guten Abend! und zog dann die Tür hinter sich zu. Ich hörte, wie kurz darauf die Türen der anderen Büros ebenfalls ins Schloss fielen.

Rudolf Augstein stand daraufhin leise seufzend auf und meinte: Wir sehen uns dann ja im Leinpfad, oder?

Ja, gern, aber erst in der nächsten Woche, sagte ich. Ich fahre ein paar Tage nach Bonn.

Ist gut, antwortete er mit unvermuteter Scheu, mit der er mich auf der Stelle für sich einnahm.

Nach längerem verbarrikadiertem Stillhalten fragten die Kollegen verwundert, indem sie sich mit misstrauischem Blick hinter meine Zellentür davon überzeugten, dass die Luft rein war: Was wollte der Herausgeber denn hier?

Keine Ahnung, antwortete ich zögernd, vielleicht wollte er einfach nur mal dabei sein.

Als ich Rudolf Augstein Tage später danach fragte, sagte er ehrlich betrübt, er hätte gern auch mit den anderen herumgesessen. So wie früher. Das ginge aber schon lange nicht mehr.

Inzwischen hatte ich mir bereits mehrere, für mich viel zu teure Wohnungen angesehen, als eines Tages Henri Regnier im Büro anrief. Er müsse sehr dringend mit mir sprechen. Wir verabredeten uns in einem kleinen griechischen Restaurant in Eppendorf.

Mit dem Besitzer des Lokals radebrechte Henri zunächst einige Sätze Griechisch, weil er als junger Mann einmal versucht hatte, in Athen am Omonia-Platz ein Kino zu eröffnen. Schließlich wandte er sich auf seine komödiantische Art an mich: So gehe es nun wirklich nicht. Ich sei schließlich nach Hamburg bestellt, um Rudolf Augstein zu retten.

Der muss sich schon selbst retten, entgegnete ich lachend.

Rudolf sei drauf und dran, in seiner Nachbarvilla gemeinsam mit seiner Münchner Freundin eine Art Wohngemeinschaft aufzumachen, erklärte Henri nun.

Ach, sagte ich kaum überrascht. Diese Wohngemeinschaftsidee kam mir bekannt vor.

Wer soll denn dieses Mal alles bei ihm einziehen?, fragte ich daher.

Henri Regnier schürzte die Lippen und sagte mit maliziösem Unterton: Soweit ich weiß, Peter Zadek, und der bringt natürlich seine Schauspielertruppe mit. Das erträgt Rudolf keine zwei Stunden.

Gleich morgen besetzt du dieses Haus, sagte Henri und sah mich herausfordernd an. Am Wochenende werde er dann Rudolfs Freundin am Flughafen abfangen.

Na ja, sie wird natürlich ein bisschen weinen, spöttelte Henri ohne einen Anflug von schlechtem Gewissen. Ich nehme Taschentücher mit und bringe sie ins Hotel Atlantic. Ohne Tränen ist Rudolf Augstein nun mal nicht zu haben. Aber eine solche Wohngemeinschaft wäre sein endgültiger Untergang.

Bevor ich überhaupt zu Wort kam, rechnete Henri mir vor, wie teuer in Hamburg das Wohnen sei und wie viel ich zu zahlen hätte, wollte ich in einer Nobelgegend wie Rudolf Augstein wohnen.

Ich habe wirklich nicht vor …, versuchte ich ihn zu stoppen.

Du ziehst dort ein, bestimmte Henri.

Kann ich es mir noch ein bisschen überlegen?

Dazu ist keine Zeit, morgen früh ziehst du in dieses Haus, beharrte Henri.

Er bestellte sich selbst ein weiteres Glas Rotwein, mir einen griechischen Kaffee und begann, den Tavernenbesitzer in ein längeres Gespräch über die Spielleidenschaft der Griechen zu verwickeln. Dieser Leidenschaft werde in den Hinterzimmern seines Restaurants doch ganz sicher ebenfalls gefrönt.

Zunächst einmal saß ich ratlos herum und überlegte einerseits, wie ich mich am geschicktesten Henris Manöver entziehen könnte. Andererseits aber fand ich die Vorstellung, in Rudolf Augsteins leerstehender Backsteinvilla im Leinpfad zu wohnen, gar nicht so übel. An den Wochenenden war ich ohnehin selten in Hamburg. Außerdem, dachte ich, werde Rudolf über kurz oder lang sämtliche Pläne über den Haufen und mich aus dieser Villa hinauswerfen.

Noch am selben Tag rief ich Rudolf an.

Aber ja. Du kannst dort wohnen und tun und lassen, was du willst, meinte er großzügig. Kein Mensch braucht dieses Haus. Außer Hellmuth Karasek. Der benutzt dort manchmal das Schwimmbad.

Es stört dich wirklich nicht, wenn ich mich dort aufhalte?

Was doch, sagte Rudolf großmütig. Ich brauche das Haus höchstens einmal im Jahr. Du tust mir sogar einen Gefallen, wenn du es besetzt, meinte er gut gelaunt.

Und ich kann mich dort frei bewegen?, fragte ich noch einmal misstrauisch.

Aber ja doch, antwortete Rudolf, ohne zu zögern.

Hattest du nicht ganz andere Pläne?, hakte ich noch einmal nach, ohne zu verraten, wie viel ich von Rudolfs ursprünglichen Plänen, seine Münchner Freundin dort wohnen zu lassen, wusste.

Pläne?, fragte Rudolf. Nun ja, Pläne können sich ändern, sagte er.

Fahrer Schleede öffnete mir wenige Tage später die Tür zu Augsteins roter Backsteinvilla, die etwa hundert Meter von seiner von ihm selbst bewohnten weißen Villa entfernt war. In der repräsentativen Eingangshalle vermisste ich Rudolfs Satz: Für die Einrichtung könne er nichts.

Wenige wertvolle antike Möbelstücke wirkten achtlos abgestellt. Im Wohnraum der Beletage stand ein graues Eileen-Gray-Sofa, und vor deckenhohen Flügeltüren, die in einen Garten mit alten Bäumen führten, befanden sich einige abgewetzte schwarze Korbstühle. Die Fenstertüren zum Garten waren mit seidenen Faltrollos und offensichtlich leicht zu öffnenden Aluminiumhebeln versehen.

Deckenhohe leere Regalwände trennten den ausladenden Wohnraum von einem weiteren eleganten Zimmer mit Blick in den Garten. Ein Art-déco-Schreibtisch aus hellem Kirschholz, ein komfortables Bett, gemütliche weiße Sessel und dunkle Seidenvorhänge deuteten darauf hin, dass jemand dieses Zimmer stilvoll einzurichten verstanden hatte. Dem Bett gegenüber hingen zwei moderne Aktzeichnungen, womöglich Originale von Picasso.

Neben einem aufwändig ausgestatteten Bad entdeckte ich ein kleines Ankleidezimmer. Dort war das Fenster vergittert; zum Nachbarhaus waren es nur wenige Meter.

Ich werde mir ein Bett besorgen und hier schlafen, entschied ich und besänftigte meine aufsteigenden Ängste, nachts in diesem mir riesig erscheinenden leerstehenden Haus völlig allein zu sein. Falls Einbrecher kämen, überlegte ich, könnte ich hier das Fenster öffnen und Nachbarn zur Hilfe rufen.

Vor dem Schlafengehen schloss ich von nun an die Tür zu meinem kleinen Schlafzimmer besonders sorgfältig ab. Aber einmal, als ich spätabends den großen Wohnraum betrat, kam mir vom dunklen Garten her ganz plötzlich jemand entgegen. Erleichtert aufatmend, stellte ich aber fest, dass ich selbst diese Gestalt war, die sich im Glas der Terrassentür spiegelte.

Von Rudolf Augstein hörte und sah ich selten etwas. Wenn wir uns doch einmal trafen, wich unser etwas angespanntes Verhältnis neuerdings einer kollegial frotzelnden Offenheit, die mich an frühere Zeiten im Bonner *Spiegel*-Büro erinnerte. Rudolf schien sich selbst nicht so ganz im Klaren darüber zu sein, warum er mich jetzt in seiner Nachbarvilla wohnen ließ. Hin und wieder fragte ich ihn.

Was doch, antwortete er dann. Kein Mensch interessiert sich für dich. Du störst niemanden.

Ein anderes Mal bekam ich zu hören: Du bist mein Katalysator oder auch: Du bist mein Puffer, dann wieder: Du bist meine Übersetzerin.

Was soll ich denn übersetzen?, fragte ich erstaunt.

Nun ja, meinte Rudolf nach kurzem Nachdenken, die Leute verstehen mich manchmal nicht so richtig.

Komisch, wunderte ich mich, du drückst dich doch immer sehr präzise aus.

Wohl nicht immer, entgegnete Rudolf kurz.

Na ja, meinte ich, manchmal ist es gar nicht so einfach, deinen Gedankensprüngen zu folgen.

Du hast so eine letscherte Art, lenkte Rudolf ab und behauptete, du fragst nichts, du interessierst dich für nichts, willst doch auch gar nichts wissen. Mit dir kann ich mich also auch über nichts streiten. Das hat etwas kolossal Beruhigendes.

Das stimmt doch nicht, wehrte ich mich. Ich interessiere mich sehr wohl …

Nicht für mich, unterbrach Rudolf meinen Versuch, mich zu verteidigen.

Na ja, für dich interessiere ich mich mehr landwirtschaftlich, witzelte ich. Ich meine, mich interessiert deine Natur, verbesserte ich mich schnell, denn Rudolf machte zwar selbst gern Witze auf Kosten anderer, schnappte aber ziemlich schnell ein, wenn er selbst Zielscheibe von Scherzen war.

Landwirtschaft? Natur? Gibt's bei mir nicht. Damit bist du bei Schleede richtig, lachte er ungewöhnlich milde. Schleede ist ein freier Bauer. Er hat einen Hof jenseits der DDR-Grenze, bei Schwerin, sagte er.

Aber du bist doch frei, erwiderte ich, während ich kurz überlegte, wie frei Fahrer Schleede wohl tatsächlich war. Denn auch er wurde von unserem Chef am liebsten rund um die Uhr beansprucht. Den Begriff *freie Zeit* oder gar *Muße* schien Rudolf Augstein im Umgang mit seinen Bediensteten kaum zu kennen.

Frei? Ich? Ich bin euer Kettenhund, rief Rudolf aufgebracht.

Manchmal kam Schleede frühmorgens bei mir in der Villa vorbei und meldete: Der Chef möchte, dass Sie gleich mit ihm frühstücken.

Wenn ich dann bei Rudolf eintraf, saß er bereits mit seiner Münchner Freundin am Frühstückstisch und rief schon von weitem: Komm her, hier hörst du lustige Geschichten! Meistens verabschiedete ich mich aber sehr schnell wieder, weil ich die Leute, die in diesen Geschichten vorkamen, nur vom Hörensagen kannte und mir deren Wohl und Wehe eher gleichgültig waren.

Eines Morgens kündigte Schleede an, am Nachmittag würden einige Gemälde in der Villa abgestellt. Der Chef habe es angeordnet, das Haus sei doch leer. Platz genug also, um seine Bildersammlung hier unterzubringen.

Als ich am späten Abend aus der Redaktion kam, lehnten in der Eingangsdiele eine stattliche Anzahl augenscheinlich wertvoller, teilweise noch verpackter Gemälde an den Wänden.

Warum er diese schönen, wertvollen Kunstwerke nicht für seine eigene Wohnung haben wolle, fragte ich Rudolf während eines gemeinsamen Frühstücks. Wenn ich mich recht erinnerte, habe er doch auch eine Freundin, die Galeristin ist. Anna habe an diesen Gemälden ganz sicher mehr Freude als ich.

Anna, rief Rudolf, als höre er deren Namen zum ersten Mal. Er habe Anna einmal in ihrer Ferienwohnung an der Schlei besucht. Herrlich! Nicht ein Bild an irgendeiner Wand! Leere weiße Wände überall! Das schätze er! Sich so einzurichten, das sei wirklich geschmackvoll!

Ist das nicht gefährlich? So wertvolle Bilder in diesem fast leeren Haus? Sind die denn überhaupt versichert?, fragte ich, weniger um Rudolf Augsteins Kunstsammlung als um mich selbst besorgt.

Dauernd liege man ihm in den Ohren, doch seine Gemäldesammlung zu versichern, stöhnte er nun. Das komme überhaupt nicht in Frage. Auch eine Sicherungsanlage, die man ihm für diese Villa ständig andienen wolle, sei unpraktisch und völlig überflüssig!

Von ihm nämlich könne niemand verlangen, dass er, wie der Journalist und Kunstsammler Fritz J. Raddatz, nächtens auf dem Bauch zum Kühlschrank krieche. Unter irgendwelchen Lichtschranken durch. Aber der Raddatz, lachte Rudolf, von seiner Kühlschrankphantasie ganz offensichtlich angetan, der sei sowieso sehr beweglich. Haha. Der habe ja schon höchstpersönlich mit Goethe hinter dem Frankfurter Bahnhof gesessen, witzelte er und spielte damit auf einen Fehler an, der seinem Kollegen in einem *Zeit*-Artikel unterlaufen war und zu dessen Rauswurf geführt hatte.

Vielleicht kommt doch mal jemand auf die Idee einzubrechen, so wie damals in dein Haus auf der Elbhöhe, beharrte ich.

Was doch, wehrte Rudolf mit lässiger Geste ab. Ich tu dir doch nur einen Gefallen! Dann erlebst du endlich mal etwas. Tag und Nacht denkst du doch nur darüber nach, wie du es anstellen könntest, endlich einmal überfallen zu werden!

Von nun an bewohnte ich also eine Art Kunstgalerie.

An der Wand über dem Sofa hing ein großes Gemälde des surrealistischen Malers Paul Delvaux mit den für ihn typischen

Kurtisanen. Wie Marmorstatuen posierten vier weißhäutige nackte Schönheiten kühl und unnahbar auf einem dunkelroten Teppich. Im Hintergrund des Gemäldes öffnete sich ein roter Vorhang und gab den Blick auf eine ferne romantische Ruinenlandschaft frei. Am linken Bildrand, neben einer Säule stehend, blickte eine der Frauenfiguren in einen Handspiegel und kämmte ihr langes dunkles Haar.

Die zweite und wohl mächtigste Schöne war mit einer Art Blumenkrone geschmückt und schien aus der Mitte des Bildes auf den Betrachter zuzuschreiten.

Eine dritte Frau hielt klagend eine weitere Säule umschlungen, die den Blick auf zwei Figuren am äußersten rechten Bildrand lenkte: Eine gleichfalls junge Frauengestalt, ihr Kinn auf die linke Hand gestützt, saß auf einem roten Sessel neben einem Skelett, dem Tod, der eine ähnliche Geste machte.

Der Flurfunk in der Redaktion hatte inzwischen verbreitet, dass ich in einem Haus des Herausgebers wohnte. Hin und wieder fuhren meine Kollegen wie ertappt auseinander, wenn ich in eine der Redakteursstuben trat. Womöglich hatten sie sich gerade darüber ausgetauscht, ob ich nun Augsteins neue Geliebte sei und wann es wohl losgehe mit den weiblichen Intrigen. Mir gegenüber schwiegen sie darüber, und auch ich sagte zum Thema Augstein kein Wort.

An einem Tag Mitte Dezember 1984, kurz vor der Mittagspause, rief Rudolf bei mir im Büro an und bat mit seltsam belegter Stimme, ich möge sofort zu ihm in den Leinpfad kommen. Besorgt fragte ich, ob etwas Besonderes vorgefallen sei, er antwortete aber lediglich: Das erzähle ich dir gleich. Beeil dich.

Kurz darauf traf ich im Leinpfad ein.

Rudolf saß im weißen Bademantel in seiner Sofaecke und las.

In merkwürdigem Tonfall sagte er: Du musst mir den Wenders vom Hals halten.

Meinst du Wim Wenders?, fragte ich überrascht.

Ja, antwortete Rudolf einsilbig.

Gespannt wartete ich auf die versprochene Erklärung. Rudolf sah jedoch schweigend an mir vorbei durch die gegenüberliegende Fensterfront auf die leere Terrasse hinaus. Er hatte sein Buch neben sich auf das Sofa und die Hände fast schützend über die Brust gelegt. Er wirkte verunsichert, fast ängstlich. Nach wenigen Minuten klingelte es.

Los, geh hin und sag ihm, ich bin nicht da, sagte Rudolf und stöhnte ein bisschen.

Neben der Wohnungstür befand sich die Türöffneranlage, die mit einem kleinen Bildschirm ausgestattet war. Auf diesem Bildschirm erschien nun der Kopf von Wim Wenders.

Herr Augstein ist nicht da, log ich.

Ich weiß aber, dass er da ist, sagte Wim Wenders freundlich.

Er ist wirklich nicht da, log ich beharrlich und ärgerte mich zugleich, dass Rudolf übellaunig in der Sofaecke saß, statt mir die Möglichkeit zu geben, Wim Wenders einmal persönlich zu treffen.

Wim Wenders sagte: Okay. Wenn er jetzt keine Zeit hat … Ich komme in zwei Stunden wieder. Ich muss ihm dringend etwas sagen. Es ist alles ein Missverständnis. Ich möchte nicht, dass das zwischen uns so bleibt.

Sein Kopf auf dem Bildschirm verschwand.

Ist er weg?, fragte Rudolf, der angespannt zugehört hatte.

Was ist denn los?, fragte ich.

Ich will mit diesem Pack nichts mehr zu tun haben, knurrte Rudolf voller Zorn und nahm sein Buch zur Hand.

Er kommt in zwei Stunden noch einmal, richtete ich aus.

Siehst du, ächzte Rudolf, so sind die …

Ich geh dann wieder, unterbrach ich ihn schnell.

Du bleibst hier, befahl Rudolf. Du kannst mich doch hier nicht alleinlassen jetzt. Du musst ihn abwimmeln!

Wenders bringt doch gerade seinen neuen Film *Paris, Texas* raus, versuchte ich ein Gespräch über den Regisseur in Gang zu bringen.

Der will bloß Geld, giftete Rudolf.

Wenders sagte, es sei alles ein Missverständnis, wagte ich einen neuen Versuch.

Quatsch, sagte Rudolf. Was gibt es da wohl misszuverstehen …

Schließlich legte er das Buch neben sich. Mir fiel ein, wie 1975 in der Bonner Redaktion über die Hamburger Dreharbeiten des Wenders-Films *Der amerikanische Freund* alle möglichen Gerüchte die Runde machten, und ich wartete darauf, dass Rudolf jetzt eine längere Geschichte erzählen würde.

Er aber schwieg beharrlich und seine ohnehin schlechte Laune verdüsterte sich zusehends. Er wirkte tatsächlich verletzt.

Was ist daran so schlimm?

Diese Leute reduzieren dich nur aufs Geld, behauptete er.

Aber du hast doch auch viel Geld, meinte ich unbefangen.

Was doch, murrte Rudolf nach wie vor beleidigt. Ich bin nicht die Bank für jedermann. Ich brauche jeden Pfennig. Sonst kann ich meine Artikel nicht schreiben, wie ich es will. Ich muss unabhängig sein. Du verstehst natürlich nichts von der Psychologie der Reichen, sagte er gedehnt und wandte sich seinem Buch zu.

Wie geht die denn?, fragte ich erstaunt.

Sieh mal, erklärte Rudolf auf einmal ganz geduldig. Du hast meinetwegen hundert Millionen. Dann bist du zu einem Essen eingeladen. Und neben dir sitzt jemand, der hat zweihundert. Schon bist du wieder ärmer.

Ach so, sagte ich unbeeindruckt. Rudolfs Erkenntnisse über die Welt der Reichen waren mir in diesem Moment völlig egal. Ich ärgerte mich darüber, dass ich an einem hektischen Donnerstag, nur um Wim Wenders wegzuschicken, in der Redaktion hatte alles stehen und liegen lassen müssen. Ich stellte mir das Gemecker meines Ressortleiters vor. Mit welchen Argumenten sollte ich mich für mein langes Fernbleiben entschuldigen?

Ich werde im Büro gebraucht, sagte ich jetzt schnell und schickte mich an zu gehen.

Dich braucht kein Mensch, knarzte Rudolf, ohne aufzusehen.

Wo ist denn deine Haushälterin? Oder der Fahrer?, fragte ich ungeduldig.

Die haben Wichtigeres zu tun, sagte Rudolf grantig. Du bleibst hier.

Weil ich befürchtete, ihn nur noch weiterzureizen, widersprach ich nicht. Ich griff nach einer der Zeitungen, die auf dem Couchtisch lagen, und versuchte vergeblich, mich auf den Leitartikel zu konzentrieren. Rudolf verhält sich merkwürdig, überlegte ich. Sonst ist er doch sehr großzügig: Die *Deutsche Krebshilfe* bedenkt er immer wieder mit stattlichen Summen. Deren Gründerin, Mildred Scheel, Röntgenärztin und Ehefrau des ehemaligen Bundesaußenministers Walter Scheel, kenne er ja sehr gut, sagte Rudolf dann und schwärmte geradezu, wie gern er sich mit dieser fortschrittlich denkenden Frau unterhalte. Rudi Dutschke hatte er nach dem Attentat 1968, bei dem Dutschke lebensgefährlich verletzt worden war, sofort eine höhere Summe geschickt. Dem Journalisten und Philosphen Wolfgang Harich, einem der bekanntesten DDR-Intellektuellen, hatte er ohne Zögern eine schwere Herzoperation bezahlt. Auch Wolfgang Neuss ließ er einen größeren Geldbetrag zukommen, weil er sich sorgte, dem von ihm sehr geschätzten gleichaltrigen Kabarettisten könne es im Alter womöglich an finanziellen Mitteln mangeln. Und erst vor kurzem schenkte er einer jungen Geschichtsstudentin, die während einer offiziellen Essenseinladung neben ihm saß, spontan zehntausend

Mark: Denn selten habe er sich mit einer jungen Frau so interessant über historische Probleme austauschen dürfen.

Irgendwann schnarrte die Türklingel ein weiteres Mal. Wim Wenders' Kopf erschien auf dem kleinen Bildschirm.

Es tut mir wirklich sehr leid ..., begann ich vorsichtig.

Sagen Sie Herrn Augstein bitte, flehte Wim Wenders in das Mikrofon der Sicherheitsanlage, ich muss wirklich noch einmal mit ihm sprechen! Nervös nuschelte er in die Sprechanlage. Angestrengt versuchte ich herauszuhören, was genau er sagte. Ich verstand aber nur: Es ist wirklich sehr wichtig für mich. Der Film ist noch nicht fertig. Vielleicht kann Rudolf ... biiiitte ...

Dann verschwand sein Kopf vom Bildschirm.

Na?, lauerte Rudolf über sein Buch hinweg.

Vielleicht wollte er dich bitten, zu verhindern, dass sein Film vorgeführt wird. Ich habe ihn nicht richtig verstehen können. Jedenfalls müsse er irgendwann noch einmal mit dir sprechen, richtete ich aus. Und dass es für ihn wirklich sehr wichtig sei, versuchte ich Wenders' Worte wiederzugeben.

Aha, für *ihn* natürlich! Für *ihn* ist es wieder mal wichtig, höhnte Rudolf böse.

Am selben Tag veröffentlichte die *Süddeutsche Zeitung* eine Sonderseite über den Streit um Wim Wenders Film *Paris, Texas*, eine Auseinandersetzung um den von Wenders angestrebten Verkauf der Verleihrechte an den Berliner Filmverleih *Tobis Filmkunst.* Rudolf Augstein, mit 600 000 Mark am Filmverlag der Autoren beteiligt, hatte zuvor in einer Stellungnahme in der *Frankfurter Allgemeinen* erklärt, da der Filmverlag der Autoren nicht nur Verleiher, sondern gleichzeitig Mitproduzent sei, gehe es um den Produzentenanteil der Auslandsrechte. Die Aufführung des Films in Deutschland und Österreich verzögerte sich, woraufhin einer der Beteiligten von einem Vernichtungsfeldzug Augsteins sprach. Augstein wurde mit dem Satz zitiert: *Ich denke nicht daran, mir die Kopeken von einem Gehilfen des Genies aus der Tasche ziehen zu lassen.*

Am selben Abend berichtete die ZDF-Sendung *Aspekte* von heillosem juristischem Durcheinander und einer missglückten Aufführung des Wenders-Films im Hamburger *Holi*-Kino am Vormittag. Es hieß auch, Wim Wenders habe vergeblich versucht, mit Rudolf Augstein zu sprechen.

Monica und Erich Böhme geben ein Fest. Du kannst mich zu ihnen fahren, sagte Rudolf an einem Nachmittag im Frühjahr 1985. Monica will unbedingt, dass ich auch komme.

Ich kannte mich in Hamburg immer noch nicht besonders gut aus. Geduldig dirigierte Rudolf mich in einem dunkelgrünen Golf Cabrio, von dem er sagte, dass es sein altes Sylter Auto sei. Mich hat sie ja nicht herumgekriegt, lachte Augstein unvermittelt auf, während ich eine Straße nahe der Elbe entlangfuhr.

Wer?, fragte ich, während ich auf den Straßenverkehr achtete.

Na, Monica. Sie war ja eine Art Redakteurin bei uns und damals eigentlich an mir interessiert, plauderte Rudolf fröhlich drauflos.

Und du?, fragte ich etwas unkonzentriert.

Rudolf verbarg sein Gesicht in den Händen und schluchzte künstlich, o Gott, o Gott …

Die Ampel vor mir schaltete auf Rot. Ich bremste langsam und wartete.

Durchsetzungsstark ist sie ja, erzählte Rudolf nun. Sie hat doch tatsächlich einmal den Piloten eines Privatflugzeugs, als der gerade sein Flugzeug abstellte, so lange bearbeitet, bis der sie und Erich wenig später tatsächlich dorthin geflogen hat, wo sie hinwollten, lachte er.

Wie bitte?

Sie mussten irgendwohin und hatten sich verspätet. Daraufhin ist Monica einfach zum Flugplatz für Privatflugzeuge gerannt und hat vor dem Zaun so lange gerufen und herumgefuchtelt, bis der Pilot auf sie aufmerksam wurde, berichtete Rudolf. Er hörte sich durchaus beeindruckt an.

Die Ampel schaltete auf Grün.

Sie wollte mich unbedingt heiraten. Aber so eine herrschsüchtige Frau wie Monica kann ich nicht brauchen, fuhr er fort. Ausgeschlossen! Erich ist bei Monica gut aufgehoben. Er erträgt sie und sie ihn, lachte er wieder.

Wir sind gleich da, sagte Rudolf, bat mich, noch einmal abzubiegen und rief dann: Halt! Hier ist es!

Ich bremste vor einem weißen Stadtpalais.

Rudolf sprang sofort aus dem Wagen, klingelte an der Haustür und war wenig später verschwunden. Ich suchte erst einmal längere Zeit nach einem Parkplatz.

Das Hausmädchen, das mir anschließend die Tür öffnete, begrüßte mich: Herr Augstein wartet in der Küche auf Sie.

Dort saß Rudolf am Küchentisch und sah einigen Frauen bei ihrer Arbeit zu. Vor ihm stand ein Glas Bier.

Geh schon mal zu den anderen, sagte er, ich komme gleich nach. Aber sag allen, dass du mit mir hier bist, kicherte er hinter mir her.

In mehreren, teuer eingerichteten Räumen hatte sich viel Hamburger Prominenz versammelt. Es wurde Champagner gereicht. Etwas verloren wirkend, saß an einem kleinen Tisch der Schriftsteller Walter Kempowski, dessen Bücher ich gern las. Er sah aus dem Fenster und schien seinen Gedanken nachzuhängen. Vielleicht sollte ich ihn einfach ansprechen. Aber wie? Woran arbeiten Sie gerade? Unmöglich. Ich habe auch mal in einer Grundschule gearbeitet? Völlig unmöglich, überlegte ich.

In einem Nebenraum unterhielt sich Erich Böhme lachend mit einem jüngeren Mann in Turnschuhen, Joschka Fischer, inzwischen Umweltminister in Hessen. Die junge Frau mit blonden Locken, die neben ihm saß, schien etwas Lustiges zu erzählen.

Auch zu ihnen hinüberzugehen, traute ich mich nicht. Lachend winkte die Gastgeberin in meine Richtung. Ich winkte kurz zurück, war mir aber nicht sicher, ob dieses Winken tatsächlich mir gegolten hatte. Unschlüssig machte ich einige Schritte auf die Gruppe um Monica Böhme zu, kehrte dann aber lieber wieder um und ging in die Küche.

Dort war Rudolf Hahn im Korb. Mehrere Küchenfrauen umflatterten ihn lachend.

Komm rein, hier lernst du was, rief Rudolf gut gelaunt.

Ächzend stand er dann aber auf, hakte sich bei mir unter und verabschiedete sich charmant. Ganz offensichtlich hatte er die Küchenfrauen gut unterhalten.

Schnell durchquerten wir die Eingangsdiele in Richtung Haustür. Dabei warf Rudolf noch einen kurzen Blick in den Salon, in dem sich eine Gästeschar um einen soeben eingetroffenen Herrn mit rosig frischem Gesicht, glatt anliegendem Haar und Scheitel versammelte: den saarländischen Ministerpräsident Oskar Lafontaine.

Rudolf beschleunigte seinen Schritt.

O nein, da kommt gerade Oskar Lafontaine … der denkt, mit dem *Spiegel* ging's bei ihm schneller mit der Karriere … Und dort hinten sitzt Jürgen Flimm! Nein, nein, nein, ich will die alle nicht sehen. Los, ab jetzt, raunte er mir zu.

Oskar Lafontaine, nun gut. Warum aber Jürgen Flimm nicht?, fragte ich im Auto.

Weil der dann gleich wieder Geld für sein Theater verlangt, antwortete Rudolf und kicherte.

Ich weiß jetzt aber alles, was ich wissen wollte, lachte er dann zufrieden. Geduldig lotste er mich wieder durch die Straßen und fragte neugierig, wen ich denn alles getroffen habe.

Ich habe kurz mit Klaus von Dohnanyi gesprochen, antwortete ich.

Aha. War der auch da, nickte Rudolf. Hat der sich wieder rangewanzt, sagte er. Ich konzentrierte mich auf den Straßenverkehr.

Na ja. Eigentlich seien sie ja befreundet.

Du auch mit ihm?, fragte ich, weil ich mich wunderte, dass Rudolf dieses Mal nicht gesagt hatte, *er ist mit mir befreundet.*

Mehr noch mit seiner Frau Christa, antwortete Rudolf schnell. So mache ich das immer, erklärte er freimütig: Ich befreunde mich mit den Ehefrauen. Dagegen kann niemand etwas haben. Ha, sogar mit Hannelore Kohl!

Hannelore schicke ich hin und wieder Blumen oder auch sehr guten alten Cognac, lächelte er spitzbübisch. Dann ruft sie mich an, und wir reden.

Auch über den Kanzler?, fragte ich verblüfft.

Da ist sie natürlich vorsichtig. Muss sie ja sein. Ich frage auch nichts. Aber natürlich merke ich sofort, wenn irgendetwas nicht stimmt, sagte er selbstbewusst. Das können Frauen vor mir doch nicht verbergen. Auch mit Willy Brandts früherer Ehefrau Rut telefoniere er nach wie vor. Jetzt lebt sie mit einem dänischen Journalistenkollegen zusammen, lachte Rudolf in sich hinein und wirkte zufrieden wie ein Bruder, dessen Schwester zuvor einen zu ihr weniger passenden Mann gewählt hatte.

Vor allem aber musst du mit dem Hauspersonal reden, rief Rudolf vergnügt. Von dem erfährst du alles! Investigativen Journalismus nennt man das!

Das Wort *investigativ* flüssig auszusprechen gelang erst nach mehreren Anläufen. Er rutschte auf dem Sitz nach vorn, kramte umständlich in seiner linken Hosentasche und förderte einen Kamm und ein sorgfältig gefaltetes weißes Taschentuch zutage. Forschend wendete er das Taschentuch vor seinen Augen hin und her, schüttelte es ein wenig und langte dann noch einmal suchend in die andere Hosentasche.

Sein ganzes Geld sei weg, strahlte er gut gelaunt Dieses Mal sei das Honorar aber sehr gut angelegt. Das Wort sehr dehnte er dabei ins Unendliche. Er habe alles, wirklich restlos alles über seinen Chefredakteur Böhme erfahren.

Drei Jahre später erhielt Jürgen Flimm von Rudolf Augstein dann doch auf der Stelle 75 000 Mark, weil die Belegschaft des Hamburger Thalia Theaters die Sponsoring-Zusage des Rüstungskonzerns Messerschmitt-Bölkow-Blohm abgelehnt hatte.

Mitte Juni lud mich Rudolf ein, mit ihm ein Wochenende auf Sylt zu verbringen. Seine Freundin Anna fahre auch mit, sei dort aber dauernd verabredet. Er selbst wolle niemanden treffen, stattdessen arbeiten und mir einiges diktieren. Rudolf und ich flogen in einer kleinen Propellermaschine. Anna sei bereits auf Sylt, hatte Rudolf vor dem Start auf dem Hamburger Flughafen gesagt. Zum ersten Mal sah ich Nordfriesland aus der Luft. Bei klarem Wetter flogen wir in geringer Höhe über Nordstrand und die Insel Föhr hinweg. In der Ferne war Amrum sehr deutlich zu sehen.

Der alte Apfelbaumgarten hinter Rudolfs Sylter Anwesen erinnerte mich an meine Kindheit auf Nordstrand. Auf einer Wiese vor dem weißen reetgedeckten Friesenhaus grasten zwei zottige Islandponys.

Die kriegen ihr Gnadenbrot, lächelte Rudolf und streckte über den Zaun hinweg die Hand nach ihnen aus.

Ein friedfertiger Hofhund bewachte ein Dutzend Hennen mit plusterig-schwarzem Gefieder und rotem Kamm. Ein aufgereckt herumstolzierender prachtvoller Hahn vervollständigte die Bilderbuchidylle.

Anna begrüßte uns freundlich und schlug vor, gleich einen

Strandspaziergang zu unternehmen. Sie sei erst am späten Nachmittag verabredet. Das sonnige Wetter sei danach.

Am Strand blieb ich einige Schritte hinter Anna und Rudolf zurück. Die beiden unterhielten sich angeregt, blieben manchmal stehen, dann hakte sich Rudolf wieder bei Anna unter, und sie gingen gemächlich weiter.

Wenn ich Anna hin und wieder bei Rudolf angetroffen hatte, war sie zu mir nicht unfreundlich, aber doch sehr zurückhaltend gewesen. An diesem Vormittag auf Sylt aber hatte sie mich unbefangen und fröhlich in Empfang genommen. Vielleicht weiß sie inzwischen, dachte ich, dass ich es auf Rudolf als Liebhaber nicht abgesehen habe und keine Konkurrenz für sie bin. Vielleicht war sie sogar erleichtert, dass nicht sie an diesem Wochenende Rudolfs Diktate entgegennehmen musste, so wie sonst ab und zu.

Während ich das einträchtig vor mir herspazierende Paar betrachtete, fiel mir ein, dass Gisela mir vor einiger Zeit einmal deutlich gemacht hatte, Rudolf sei es seit Kindertagen gewohnt, von mehreren Frauen gleichzeitig umworben zu werden. Er sei schon als kleiner Junge stets Hahn im Korb gewesen. Seine vier älteren Schwestern hätten ihn verwöhnt und verzärtelt, und außerdem habe noch ein Kindermädchen um seine Aufmerksamkeit gebuhlt.

Seine Mutter, erzählte Rudolf gern, habe ihren großen Haushalt zu führen und für ihn nur selten Zeit gehabt. So richtig um ihn gekümmert habe sie sich nur dann, wenn er krank war.

Ich fragte mich, ob womöglich diese frühen Kindheitserfahrungen Ursache für Rudolfs heillose Angst vor dem Alleinsein waren. Oder doch eher die Tatsache, dass er als Achtzehnjähriger schon in den Krieg habe ziehen müssen. Trotz seiner Angst vor dem Alleinsein, die hin und wieder an Todesangst zu grenzen schien, wich er einer langen, verlässlichen Bindung an eine Frau offenbar aus.

Anna und Rudolf waren stehengeblieben. Sie betrachteten die frühsommerliche Wolkenbildung über dem Meer und lachten sich dabei zu.

Anna ist ihm seit etlichen Jahren ehrlich zugetan. Das müsste doch auch Rudolf längst klar geworden sein, dachte ich und überlegte, ob es ihm tatsächlich guttun konnte, wenn mehrere Frauen gleichzeitig darum stritten, welche von ihnen die Nummer eins sei. Amüsierten ihn ihre Aufgeregtheiten, wenn er sie gegeneinander auszuspielen versuchte? Gefiel er sich darin, sie um seinetwillen unglücklich zu sehen? Und welcher der Frauen dachte Rudolf dabei welche Rolle zu? Brauchte, ja genoss er auf diese Weise seine Macht auch im Privaten?

Anna und Rudolf hatten sich zu mir umgedreht und schienen auf mich zu warten. Als ich bei ihnen angelangt war, meinte Rudolf, er wolle am Sonntagnachmittag mit mir zu Henri Nannen fahren.

Wenn ihr mich mitnehmen wollt …, antwortete ich überrascht. Ihr beide seid doch sicher allein mit ihm verabredet?

Aber nein doch, bekam ich nun zu hören.

Sie hat natürlich wieder keine Zeit, behauptete Rudolf mit einer nachlässigen Kopfbewegung in Annas Richtung.

Ich warf einen fragenden Blick zu ihr hinüber. Sie sah aufs Meer hinaus und schien über etwas ganz anderes nachzudenken. Rudolfs Geste, die mir taktlos vorgekommen war, schien sie nicht bemerkt zu haben.

Er wolle Henri Nannen unbedingt wieder einmal sehen, hörte ich Rudolf jetzt sagen. Anmelden müsse er sich nicht. Er kenne Henri so gut, er könne ihn jederzeit besuchen. Ich solle ihn zu ihm fahren.

Auf der Insel waren erst wenige Gäste eingetroffen. Viele der stilvollen, mit Reet gedeckten Ferienhäuser schienen an diesem Wochenende trotz des sommerlichen Wetters noch nicht bewohnt zu sein. Im VW Cabrio lotste Rudolf mich durch die Dorfstraßen von Keitum und rief dann plötzlich: Halt, Halt! Hier ist es!

Ich bremste vor dem weißen Gartenzaun eines kleinen Friesenhauses. Den Rasen vor dem Haus schien bisher noch niemand gemäht zu haben. Das Gras stand hoch. Feldblumen und Löwenzahn blühten.

Henri, rief Rudolf gut gelaunt und rannte den schmalen Gartenweg zur Haustür hinauf. Henri! Wo bist du? Henri!

Ich hatte Rudolf noch nie rennen sehen.

Gestikulierend rannte er um das Reetdachhaus und rief: Henri, Henri, du bist umstellt! Komm raus!

Weder vor noch in Henri Nannens Haus rührte sich jemand. Aufgeregt sprang Rudolf hin und her, lugte durch die Fenster und rüttelte schließlich an der Haustür.

Irgendwann gab er auf. Enttäuscht zog er die Gartentür hinter sich zu. Das Schloss klemmte. Während er mehrfach versuchte, das niedrige Tor zu schließen, sagte er missmutig: Siehst du, so ist das eben jetzt. Früher kam ich hier an, und Henri saß gemütlich am Kaffeetisch im Garten.

Jetzt geistert er überall in der Welt herum, weil er immer noch meint, er müsse alles wiedergutmachen. Du weißt schon, 1983, die Sache mit den vermeintlichen Hitler-Tagebüchern. Tja … für 9,3 Millionen Mark hat der *Stern* damals zweiundsechzig völlig wertlose gefälschte Bücher aufgekauft. Es war der bisher größte deutsche Presseskandal.

Rudolf schüttelte bekümmert den Kopf: Woher hätte einer wie Henri das wissen sollen? Der versteht doch gar nichts davon. Der ist ein Kunstsammler, doch kein Historiker! Der *Spiegel* war ja auch hinter diesem Quatsch her, ärgerte er sich.

Ich habe allen sofort gesagt: Tagebücher? Vom Führer? Unmöglich! Hitler hat doch alle seine Unterlagen vernichten lassen. Goebbels! Ja. Bei dem wäre das natürlich etwas anderes.

Rudolf tippte sich mehrmals mit dem Zeigefinger an die Stirn: Tagebuch! Der Führer! So ein Unsinn! In der Festungshaft habe der über dem einzigen Buch gebrütet, zu dem er überhaupt fähig gewesen sei: Mein Kampf! Dieser größenwahnsinnige Mist! Ich kannte niemanden, der dieses Buch während der Nazizeit gelesen hat. In sich hineinlachend, schüttelte er sich ein wenig: Im Gefängnis ist Hitler ja erst zum Führer geworden.

Bekümmert betrachtete Rudolf den verwilderten Rasen vor Nannens Haus. Diese Tagebuchfälscher Gerd Heidemann und Konrad Kujau sind im vergangenen Jahr verurteilt worden. Vier Jahre und acht Monate Gefängnis. Das haben sie mindestens verdient. Zehn, zwölf Jahre hätte man denen aufbrummen sollen, meinte er zornig. Wenn mir nur ein Mensch gesagt hätte, dass die mit diesem Tagebuch-Quatsch schon lange beim *Stern* sitzen … Ich hätte Henri gewarnt. Wir sind doch schon so lange befreundet, seufzte er kopfschüttelnd und stieg ins Auto. Als wolle er etwas endgültig hinter sich lassen, zog er die Autotür fest hinter sich zu: Los jetzt. Weg hier. Zum Ellenbogen. Dort habe ich früher mal gewohnt, entschied er mit forscher Stimme.

Wir fuhren durch die weite Dünenlandschaft des Sylter Ellenbogens, bis auf einer der letzten Dünen am Wattenmeer ein zweistöckiges Friesenhaus aus rotem Klinker auftauchte: *Haus Üthörn.*

Rudolf stieg sofort aus und lief schnell die Warft hinauf.

Er zeigte auf ein kleines Fenster unter dem Reetdach: Das war mein Zimmer. Das habe ich mir an den Wochenenden gemietet, rief er begeistert. Über die Dünen hinweg konnte ich von dort aus das Meer sehen! Es war nur eine kleine Stube, erzählte Rudolf nun. Lore war oft bei mir, meine erste Frau. Sie hat meine Artikel auf einer kleinen Reiseschreibmaschine abgetippt. Wenn das Wetter schlecht war, na ja, dann haben wir uns ins Bett gelegt. Viel Platz brauchten wir nicht.

Rudolf ging still und gedankenverloren einen schmalen Fußweg zum Strand hinunter.

Irgendwann begann er wieder zu erzählen: In diesem Haus dort oben habe ich die Währungsreform 1948 miterlebt. Von Wirtschaft verstand ich ja kaum etwas. Also habe ich Radio gehört. Alle Kommentare. Alles, was Wirtschaftler und Politiker dazu von sich gaben. Ich habe es immer so gemacht: Ich habe mir Fragen gestellt, die andere sich nicht gestellt haben. Die habe ich mit meinen Überlegungen dazu sofort hingeschrieben. Dabei ist dann eben auch oft etwas anderes herausgekommen als bei den anderen.

Rudolf blieb stehen und überlegte kurz: Ich wusste damals noch nicht einmal, was Gewerkschaften sind. Das sind Handwerksbetriebe, hatte ich mir vorgestellt.

So habe er vieles völlig neu lernen müssen. John Jahr, einer der Gründer und Namensgeber von Gruner + Jahr, hat mir beigebracht, wie man ein Unternehmen führt, erzählte er. Ich war unerfahren, widerspenstig, stürmisch und vorlaut. Na, John hat mich vielleicht zurechtgestutzt! Seine Briefe an mich müsstest du mal lesen, erinnerte sich Rudolf vergnügt. Sie waren natürlich gerechtfertigt. Er hat uns aber auch gelobt und sich über jeden noch so kleinen Erfolg gefreut! Eines Tages werdet ihr das Geld mit Heugabeln aus dem *Spiegel* tragen, hat er immer wieder gesagt.

Wie feierst du eigentlich deinen Geburtstag? fragte ich Rudolf wenige Tage vor dem 5. November 1985.

Du bist nicht ganz dicht, murrte er. Den schlimmsten Tag meines Lebens werde ich nicht auch noch feiern.

Am Morgen seines Geburtstags saß Rudolf – wie häufig mit einem weißen Bademantel bekleidet – im Leinpfad am Kopfende des Esstischs.

Aber anders als sonst stand darauf kein Frühstücksgeschirr,

sondern ein runder, mit Wasser gefüllter Glasbehälter, in dem ein dicker Goldfisch hektisch hin und her schwamm.

Was ist das denn?, fragte ich überflüssigerweise.

Mein schönstes Geburtstagsgeschenk, stöhnte Rudolf. Ach, wäre ich doch als kloas Kind bei Langemarck gefallen!, witzelte er gequält und mit bayerischer Aussprache. Trübe starrte er auf den verstörten Fisch, der ziemlich gestresst in seinem Mini-Aquarium herumflitzte.

Wem ist denn das bloß eingefallen?, fragte ich.

Rudolf stand seufzend auf, wedelte hilflos mit beiden Händen und ächzte: Einer Freundin, damit ich nicht so einsam bin. Sie will immer nur das Beste für mich.

Kopfschüttelnd ließ er sich mit einer Flasche Bier in der Hand erneut vor seinem Geburtstagsgeschenk nieder. Das rechte Auge kniff er dabei zu. Mit dem linken beobachtete er das rastlose Tier und meinte zufrieden, jetzt wisse er wenigstens, warum Hans-Ulrich Klose geschieden sei.

Alle möglichen Leute hätten zur Scheidung des ehemaligen Hamburger Bürgermeisters alles Mögliche von sich gegeben. Irgendwann habe sich sogar sein Freund, der *Zeit*-Verleger Gerd Bucerius, eingemischt, um die Klatschpresse zu rügen. Das Wort rügen zog Rudolf genüsslich in die Länge.

Er rieb sich langsam und umständlich den Kopf, während er überlegte: Julian wird den Fisch nicht wollen. Zu viel Verantwortung.

Er habe in Julians Alter eine Schildkröte gehabt, sagte er und strich sich dabei die aufgestöberten Haarbüschel wieder glatt. Im Keller. Er habe sie zwei-, dreimal gefüttert, danach sei sie dann aber verhungert.

Rudolf verschränkte die Unterarme auf dem Tisch, senkte den Kopf und lächelte mitleidlos. Wer kümmert sich jetzt um den hier?, rief er laut und zeigte mit streng ausgestrecktem Zeigefinger auf den Goldfisch.

Weder Fahrer Schleede noch die ebenfalls anwesende Haushälterin antworteten.

Gib ihn doch einfach zurück, schlug ich vor.

Was doch, murrte Rudolf.

An einem der darauffolgenden Tage war das Geburtstagsgeschenk verschwunden. Auf meine Frage, wo der Goldfisch geblieben sei, brummte Rudolf hinter seiner Zeitung hervor: Der ist längst tot natürlich. Irgendjemand wird ihn irgendwo hingekippt haben.

Der Winter 1985 war außergewöhnlich kalt. Die Hamburger warteten darauf, dass die Außenalster zufrieren und von den Behörden für Spaziergänger freigegeben würde.

Ich fahre nach Sylt, sagte Rudolf an einem Tag im Februar. Du kannst mitkommen, wenn du willst.

Dieses Mal fuhren wir mit dem Zug. Während der Bahnfahrt saß Rudolf schweigend und verborgen hinter den Wochenendausgaben der Zeitungen. Ungeduldig schaute er kurz auf, wenn der Zug an einer der zahlreichen Bahnstationen hielt. Ich holte ein Buch aus der Tasche: *Wellen* von Eduard von Keyserling, was Rudolf mit der tadelnd klingenden Bemerkung quittierte, dieser Roman spiele doch in der Sommerfrische. Und zwar an der Ostsee. Dann verschwand er wieder hinter den Zeitungsseiten.

In Westerland stieg vor uns eine gebrechlich wirkende alte Dame aus.

Darf ich Ihnen helfen?, fragte Rudolf galant, nahm ihre Reisetasche und bot ihr seinen Arm.

Oh, ganz reizend, freute sich die alte Dame und hakte sich unter. Während Rudolf sie den Bahnsteig entlanggeleitete, erkundigte er sich, ob sie abgeholt werde und wo sie wohne. Am Bahnhof nahm uns Rudolfs Sylter Hausmeister in Empfang. Die alte Dame wurde von Verwandten erwartet.

Das Watt sei so gut wie zugefroren, berichtete der Hausmeister. Man kann bis zu den Seekühen laufen, nicht ganz, aber fast.

Zu den Seekühen? Das machen wir morgen, rief Rudolf begeistert.

Zu welchen Seekühen?, fragte ich.

Das sind hohe Betongebilde in der Blidselbucht. Mitten im Wattenmeer, erklärte Rudolf. Die Dinger haben vier oder sechs Füße und sind schon von weitem zu sehen. Früher wurden sie für Schießübungen der Luftwaffe benutzt. Die Sylter nennen sie heute Seekühe, lachte er.

Den Sonntagsausflug über das zugefrorene Wattenmeer nahmen Rudolf und ich gegen Mittag in Angriff. Obwohl die Sonne schien, war es eiskalt.

Seine Russenmütze sei echt, hatte Rudolf beim Anlegen seiner Winterausrüstung stolz gesagt und sich eine beeindruckende Pelzmütze mit breiten Ohrenklappen über den Kopf gezogen.

In einem bereits etwas abgewetzten Lammfellmantel und dicken gefütterten Stiefeln erinnerte er mich an Bilder von russischen Soldaten im sogenannten Großen Vaterländischen Krieg.

Auf schmalen Straßen, von denen ich fürchtete, sie könnten eisglatt sein, dirigierte mich Rudolf zur Blidselbucht. Er schien jeden Feldweg zu kennen.

Hinter der Vogelkoje parken, befahl er.

Rudolf marschierte sofort los. Fast schien es, als habe er sich vorgenommen, das Wattenmeer bis nach Dänemark zu überqueren. Längere Zeit gingen wir schweigend nebeneinanderher. Rudolfs Gesicht rötete sich im eisigen Wind.

Warum hinkst du eigentlich?, fragte ich irgendwann. Ist das eine Kriegsverletzung?

Nein, nur eine Arthrose im Knie, antwortete Rudolf knapp.

Die Kälte, sagte er dann unvermittelt, die Kälte sei damals sehr schlimm gewesen. Und auch der Hunger. Er sei aber von freundlichen Bauern in deren kleinem Gehöft aufgenommen worden. Während des Krieges in der Ukraine, als ihm seine Einheit abhandengekommen sei.

In der Ferne ragten dunkel die als Seekühe bezeichneten Gestelle im Wattenmeer auf. Rudolf hielt eisern Kurs auf die seltsamen Gebilde, die sich, je schneller wir voranschritten, immer weiter von uns zu entfernen schienen.

Brave Leute seien diese Russen gewesen. Keine Feindschaft. Nichts. Sie hätten ihn nicht verstanden und er sie nicht. Ohne auch nur eine Sekunde zu murren, hätten sie ihm ein großes Stück der einzigen Wurst, die sie im Haus gehabt hätten, zu essen gegeben. Auf ihrer warmen Ofenbank habe er schlafen dürfen. Die Bäuerin habe ihn wie ein Familienmitglied behandelt. Ich habe diese Leute nie mehr ausfindig machen können, sagte er nachdenklich. Und die Geschichte mit dem Pferd, die kennst du ja sicherlich.

Ich kannte sie nicht.

Rudolf war jetzt etwas außer Atem. Er hustete und wischte mit dem Handschuhrücken mehrmals unter der triefenden Nase hin und her. Nach einer Weile begann er eine längere Geschichte zu erzählen, in der eine trächtige Stute nebst einem Kanister Sonnenblumenöl vorkam.

Inzwischen hatten wir uns von der Küste schon ziemlich weit entfernt. Das dunkle Eis unter dem sich immer endloser ausdehnenden Wattenmeer glitzerte unter einer hauchdünn hingewehten Schneedecke.

Das Eis knackt so komisch. Bist du sicher, dass wir bis zu diesen Seekühen kommen?, fragte ich.

Das Heldentum treibt uns voran, antwortete Rudolf und schüttelte sich kichernd.

Das Eis unter uns krachte. Rudolf rutschte aus, fing sich aber sofort wieder und marschierte weiter.

Wie merkwürdig, sagte ich, die meisten Männer erzählen aus

dem Krieg eher komische Geschichten. Krieg stelle ich mir aber gar nicht komisch vor.

Das Eis unter uns krachte noch etwas bedrohlicher.

Ist er auch nicht, murmelte Rudolf und blieb stehen.

Ich glaube, jetzt wird es mir hier zu gefährlich, sagte ich und blieb ebenfalls stehen.

Was doch, sagte Rudolf.

Ich kehre um, sagte ich.

Ach, hätten sie lieber dich und nicht diesen Paulus nach Stalingrad geschickt, lachte Rudolf, wurde aber gleich wieder ernst.

Welchen Paulus denn?, fragte ich

Du weißt nicht, wer Paulus war? Generalfeldmarschall Friedrich Paulus? Na gut, du kannst ihn nicht kennen, antwortete Rudolf gutmütig. Ich erzähle dir nachher alles mal genauer.

Ganz offensichtlich freute es ihn, wenn sein pädagogisches Talent gefordert war. Rudolf blinzelte wieder in den Himmel, als wolle er den Sonnenstand prüfen.

Hattest du an der Front denn gar keine Angst?, wollte ich wissen, weil ich mich dafür sehr viel mehr als für Generalfeldmarschälle interessierte.

Rudolf nahm weiterhin entschlossen Kurs auf die schwarzen Gestelle im Watt: Ein einziges Mal, antwortete er. Wir wurden ganz plötzlich angegriffen. Rannten ungefähr hundert Meter bis zum Schützengraben. Die Kugeln pfiffen uns von überall her um die Ohren. Der Kamerad neben mir stürzte und blieb liegen.

Rudolf blieb abrupt stehen und schob seine Pelzmütze zurück.

Ungelenk tippte er sich mit dem behandschuhten Zeigefinger mitten auf die Stirn: Hier. Hier hatte er ein kleines Loch. Es blutete noch nicht einmal. Er war sofort tot.

Rudolf schien nicht zu frieren. Unbeirrt wanderte er über das bedrohlich knackende Eis.

Doch ja, wesentlich später, als man ihn 1962 während der *Spiegel*-Affäre wegen Landesverrat ins Gefängnis gesperrt habe, erinnerte er sich, da habe es manchmal Momente gegeben … Augenblicke, in denen er wohl so etwas wie Angst verspürte. Er habe ja keinerlei Informationen gehabt.

Ich war völlig isoliert, sagte er, fast entschuldigend. Ich habe meine Kameraden vermisst. Meine Kollegen, berichtigte er sich schnell.

Vor allem in den ersten Tagen hatte ich tatsächlich so eine Art Panik und habe geglaubt, jetzt ist alles aus. Der *Spiegel* ruiniert, ich selbst als Journalist für immer unglaubwürdig. Erst als der Gefängnisdirektor zu mir in die Zelle kam und sagte: Hören Sie die Leute da draußen? Die sind alle für Sie hier. Da habe ich begriffen, dass dies jetzt ein Protest der jungen Generation war. Dass durch den *Spiegel* die Leute auf etwas Wichtiges aufmerksam gemacht wurden. Dass der *Spiegel* diesen Unmut geweckt hatte.

Ich war ein Gefangener mit Privilegien, sagte Rudolf mehr zu sich selbst als zu mir, indem er zügig drauflosmarschierte. Trotzdem war ich innerlich angestrengt und konnte nicht schlafen. Schlaflosigkeit war immer schon das Schlimmste für mich. Auch an der Front sei er nur selten zur Ruhe gekommen, selbst wenn gar nichts los war.

Ob ich den Psychoanalytiker Alexander Mitscherlich kenne?, fragte Rudolf dann. Mitscherlich, der auch Mediziner war, habe ihm erklärt, die Kriegsgeneration müsse damit leider leben.

Womit? Mit Schlafstörungen?

Der eine mit Schlaflosigkeit, der andere mit Angstzuständen, der nächste mit plötzlichen Wutausbrüchen. An der Front zählte nur eisernes Durchhalten. Meinst du, da hätte nur einer mal gejammert? Gelacht haben wir, wenn es uns schlechtging. Witze gemacht … Na ja, so war das eben …

Augenblick mal, wann war das?, überlegte Rudolf dann

plötzlich. War es erst in den fünfziger, oder war es erst in den sechziger Jahren? Damals habe ich mich des Öfteren schlechtgefühlt, obwohl ich nach Meinung der Ärzte völlig gesund war. Aus heiterem Himmel habe er unter Drehschwindel gelitten, auch unter Magenschmerzen, die dann aber genauso schnell wieder vergangen, wie sie gekommen seien.

Ha, die Briefe, die Henri und Antonia Regnier mir ins Gefängnis geschickt haben. Die musst du unbedingt einmal lesen, riss sich Rudolf aus seiner Nachdenklichkeit. Die beiden haben mich gerettet! Seitdem sind wir Freunde!

Wenn er im Gefängnis nicht habe schlafen können, habe er diese Briefe gelesen. Oder an seine damalige bildschöne Freundin Maria gedacht. Wir haben dann später geheiratet, sagte Rudolf plötzlich ganz heiter. Wieder blieb er stehen und sah über die weite Eisfläche, die sich im späten Nachmittagslicht allmählich verdunkelte.

Während seiner Rückkehr von der Front habe er seine Einheit verloren und sich allein Richtung Bayern aufgemacht. Es seien die grauenvollsten Stunden seines Lebens gewesen. Stundenlang sei er in der völlig zerstörten Stadt Dresden herumgeirrt und habe sich durch den beißenden Brandgeruch gekämpft. Am schlimmsten sei der Geruch verbrannter Menschen gewesen. Der habe ihn lange noch nachts in seinen Träumen geplagt.

In Wahrheit war ich von Kindes Beinen an doch immer ein richtiger Feigling, lächelte er verlegen. Ich würde alles und jeden verraten, wenn man mich foltern würde. Und zwar auf der Stelle. Noch bevor die Folterknechte überhaupt loslegen könnten.

Am Auto angelangt, versuchte ich mit klammen Fingern das vereiste Türschloss zu öffnen. Rudolf stand wieder gedankenverloren an der Beifahrertür und trat abwartend von einem Fuß auf den anderen. Während ich schließlich den kalten Motor nach mehreren Versuchen startete, sah ich durch die Windschutzscheibe hindurch auf die dunklen Anlagen weit draußen im Wattenmeer. Aus der Ferne wirkten sie tatsächlich wie friedlich grasende Tiere. Einige Spatzen flatterten, Nahrung suchend, um das Auto herum. Rudolf beobachtete sie durch das Seitenfenster.

Was ich für den *Spiegel* gebraucht habe, das habe ich im Krieg gelernt, sagte er in das Geräusch des langsam warm laufenden Motors hinein.

Und was war das?

Das Wichtigste sind die Strukturen, antwortete er zögernd, und dann die Menschen.

Am *Dorfkrug* halten, befahl Rudolf auf der Rückfahrt und dirigierte mich in Kampen auf einen Parkplatz.

Auch in diesem Gasthaus schien Rudolf gern gesehen zu sein. Eine hübsche blonde Kellnerin begrüßte ihn freudig, und Rudolf steuerte einen Tisch am Fenster an.

Die Kellnerin rief: Wie immer?

Wie immer, antwortete Rudolf, setzte sich ans Kopfende des Tisches und wies mir mit ausgestrecktem Zeigefinger den Platz neben sich zu.

Bei mir muss man links sitzen. Rechts höre ich schlecht, sagte er.

Das war mir neu. Ich setzte mich links.

Die Kellnerin stellte das verabredete Bier auf den Tisch.

Wie geht es Ihrem Verlobten?, fragte Rudolf höflich und zog mit beiden Händen das Bier näher an sich heran.

Ich bin nicht verlobt, lachte die junge Frau. Das wissen Sie doch, Herr Augstein.

Hätte inzwischen ja sein können, sagte Rudolf. Er drehte das Bierglas mit der linken Hand in eine ihm offenbar angenehme Trinkhaltung und leerte es.

Was trinkst du?, fragte er, nachdem er es abgesetzt hatte.

Schokolade mit etwas Sahne, bestellte ich bei der von Rudolf wieder herbeigerufenen Kellnerin.

Mir noch eins, sagte er zu ihr und zeigte auf das leere Glas.

Rudolf verschränkte die Arme auf dem Tisch und sah lange aus dem Fenster hinaus auf die Dorfstraße.

Hier hat Alfried Krupp manchmal gesessen, nachdem er aus dem Gefängnis entlassen worden war, Anfang der fünfziger Jahre war das. Eigentlich hatten die Allierten seinen Vater angeklagt. Er war aber zu krank für die Verhandlungen im ersten Nürnberger Hauptkriegsverbrecher-Prozess.

Alfried Krupp hat hier den ganzen Tag nur einfach dagesessen und die vorbeifahrenden Autos gezählt. Viele werden es damals nicht gewesen sein.

Rudolf lachte ein tiefes Lachen und trank zügig das zweite Bierglas zur Hälfte leer.

Wenn Sie immer noch nicht verlobt sind, könnten Sie sich doch jetzt mit mir verloben, schlug er der aufmerksam herbeieilenden Kellnerin vor.

Ach, Herr Augstein, seufzte sie und sah verlegen zu mir hinüber.

Die verlobt sich in diesem Leben mit niemandem mehr, erklärte er ihr mit einem kurzen Kopfnicken in meine Richtung.

Die Kellnerin kicherte verlegen.

Sie sagen Bescheid, wenn Sie noch eins wollen?, fragte sie ihn und zwinkerte mir dabei verschwörerisch zu.

Noch eins, antwortete Rudolf.

Berthold Beitz, sagte er unvermittelt, der Krupp'sche Generalbevollmächtige, der habe ja viel besser ausgesehen als Axel Springer.

Die beiden, Rudolf dehnte *die beiden* ins Unendliche, hättest du früher mal erleben sollen. Hier. Auf Sylt.

Wenn einer der beiden ein Lokal betrat, in dem der andere

bereits saß, habe der Ankommende sich sofort auf dem Absatz umgedreht und das Lokal wieder verlassen.

Springer habe später immer anrufen lassen, ob Beitz schon irgendwo herumsitze. Rudolf lachte und hustete gleichzeitig.

Ich war einmal eingeladen, ich glaube, es war zusammen mit Anna, erzählte er dann, und dort saß schon der Zeichner Horst Janssen. Ich habe Anna zugeflüstert, wir bleiben nur zehn Minuten. Horst Janssen sagte, er müsse zum Zug jemanden abholen. Ich solle unbedingt dableiben, er komme gleich zurück. Anna und ich gingen trotzdem sehr schnell wieder weg.

Am darauffolgenden Tag habe die Hausfrau Anna angerufen und gesagt, Janssen sei nicht zurückgekommen. Sie hätten den Abend ohne Gäste verbracht. Rudolf lachte und hustete wieder.

Besaufen kann ich mich auch allein, sagte er, dafür brauche ich den Janssen nicht. Ein toller Kerl. Unerträglich natürlich. Er schreibt die schönsten Texte, die ich kenne.

In den vorangegangenen Monaten hatte der *Spiegel* in fast jedem Heft über eine neue gefährliche Krankheit berichtet: Aids. Rudolf schien von diesem Thema geradezu besessen zu sein.

Er sei ja längst tot, bevor irgendeine Lustseuche ihn überhaupt befallen könne, frohlockte er und zählte sämtliche Epidemien und Pandemien auf, die unsere Welt schon vor und auch nach Christus heimgesucht hätten. Bisher habe die Menschheit noch alle überlebt, stellte er fest. An diesem Virus aber werde sie zugrunde gehen. Nun ja, meinte er dann, ihn selbst betreffe das Aids-Problem ja nicht. Zum Glück sei *er* ja monogam.

Obwohl es mir schwerfiel, blieb ich ganz ernst und war gespannt, was ihm noch alles einfallen würde.

Niemand könne die Sache wirklich überschauen, erklärte Rudolf. Kein Mensch könne Genaues über diesen neuen Virus wissen. Die Ärzte schon mal gar nicht. Die Schwulen, ja, die hätten natürlich ein Problem. Das Wort Schwule zog er dabei besonders in die Länge.

Wer eigentlich im *Spiegel* auf diesen unsäglichen Ausdruck *Schwulenpest* verfallen sei, fragte er dann.

Ich hatte weder das Wort noch von dessen angeblichem Erfinder je gehört.

Ich hätte ihnen das Wort niemals durchgehen lassen, wenn ich diesen Artikel rechtzeitig gelesen hätte, stöhnte Rudolf. Dann griff er zum Telefon, um von den Chefredakteuren zu erfahren, ob ein weiterer Aids-Titel über die gefährliche Verbreitung der nach wie vor unheilbaren Immunschwächekrankheit geplant sei. Auch die zuständigen Redakteure der Wissenschaftsredaktion wurden um ausführlichen Bericht zur Lage gebeten.

Manchmal überlegte er angestrengt, wie dem Aids-Virus wohl beizukommen wäre, wenn dieser sich, was selbstredend kaum möglich sein könne, eines Tages womöglich doch auf ihn übertragen hätte. Ob schon ein Impfstoff gefunden sei?

Beunruhigt setzte er sich ans Telefon, rief die zuständigen Dokumentare an und diskutierte mit ihnen die neuesten wissenschaftlichen Erkenntnisse.

Waren wir im Mühlenkamper Fährhaus zum Mittagessen verabredet, wurde auch Kellner Sachs in die Aids-Thematik verwickelt. Waren wir im Restaurant Schmitz, versuchte Rudolf dessen Inhaber zu verunsichern: Mein lieber Freund, sagte er, Ihnen geht es jetzt an den Kragen. Sie sind doch Ihrer Frau bestimmt nicht treu. Geben Sie's zu!

So angesprochen, pflegte sich der Wirt verstört lächelnd in die Küche zurückzuziehen, von der aus er nur noch verstohlen durch eine Luke in sein Restaurant hineinspähte.

An mich gewandt, erklärte Rudolf: Im Gegensatz zu mir reise

er ja nirgendwo hin. Halt. Vielleicht einmal noch nach Russland. Nun ja, bis dort dieser Virus eingetroffen sei … Vorläufig handele es sich wohl hauptsächlich um ein Problem der USA, und dorthin fliege er sowieso nie mehr.

Als ich sagte, ich wolle doch nur nach Griechenland fahren, meinte er mit einer wegwerfenden Handbewegung: Die Griechen! Die seien die Schlimmsten, ja, die Gefährlichsten! Ein Volk von Seefahrern! Von dort käme ich ja auf jeden Fall sterbenskrank zurück.

Immer wieder überlegte er angestrengt, welche seiner Freundinnen ganz sicher nicht treu sei. Er nannte etliche Namen und nahm bei der Aufzählung die Finger seiner rechten Hand zu Hilfe.

Wie treu denn er eigentlich sei, fragte ich belustigt.

Ich?, rief Rudolf erstaunt. Ich bin wirklich treu!, beteuerte er.

Ach?

Wirklich, auf meine Weise …, fügte er nachdenklich hinzu.

Monatelang sah und hörte ich von Rudolf nichts. Erst im Frühsommer 1986 bestellte er mich einmal wieder nach Saint-Tropez, weil er, wie er mir von seinem Sekretariat hatte ausrichten lassen, an einem längeren Text arbeiten wolle. Er diktierte aber nicht, sondern las ein Buch von Alexander Solschenizyn: *Der erste Kreis der Hölle*. Bei strahlender Sonne saß Rudolf Tag für Tag lesend auf der Terrasse unter einem Sonnenschirm. Nur manchmal sah er nachdenklich über das tiefblaue Meer hinweg. Die gemeinsamen Mahlzeiten, bei denen er kaum etwas zu sich nahm, verliefen schweigend. Bleiern zogen sich die Tage dahin. Rudolf las und las. Allmählich fragte ich mich, wann endlich er mit seiner Lektüre zu einem Ende kommen und mir diktieren würde. Es geschah aber nichts dergleichen. Rudolf las und schwieg.

Am Tag vor meiner Abreise schlug ich vor, gemeinsam nach

Saint-Tropez zu fahren, um Zeitungen, Fisch und Gemüse zu kaufen.

Tatsächlich fuhr Rudolf bereitwillig mit. Ich hoffte, er würde während der Fahrt in den Ort etwas sagen. Doch Rudolf blieb unnahbar verdüstert. Dennoch wartete er geduldig, bis ich in den kleinen Läden eingekauft hatte. Er betrachtete die Auslagen in den Vitrinen, und doch war ihm anzumerken, dass er mit ganz anderen Dingen beschäftigt war. Abwesend lächelte er den Verkäuferinnen zu, wenn wir den Laden verließen.

Am Abend sahen wir uns gemeinsam die *Tagesschau* an. Es wurde über die Suche nach dem Mörder des schwedischen Ministerpräsidenten Olof Palme berichtet, der im Februar 1986 ermordet worden war. Rudolf hatte die Ellenbogen auf die Armlehnen seines Sessels gestützt und die Fingerspitzen vor seinen Mund gelegt. Er hörte still und konzentriert zu.

Das Schlimmste ist die Vergeblichkeit, sagte er leise, nachdem der Beitrag zu Ende war.

Danach schien es so, als wolle er nie wieder ein Wort sagen.

Fast täglich rief Rudolf jetzt wieder an, um sich mit mir entweder zum Frühstück oder zum Mittagessen zu verabreden. Er könne zwar auch den Fernseher einschalten, damit er ein Gegenüber habe, witzelte er, mit mir sei die Unterhaltung aber nicht ganz so einseitig.

Während eines dieser Treffen klagte er, wie fürchterlich es sei, andauernd zum Zahnarzt gehen zu müssen. Wenn das so weitergehe, habe er bald keinen einzigen Zahn mehr im Mund. Diese Ärzte hätten nichts anderes im Sinn, als ihn zu demütigen.

Obwohl, munterte er sich gleich wieder auf, jetzt kann ich allen immer sagen, dass ich nicht richtig sprechen kann. Vor allem Helmut Schmidt. Der will nämlich, dass wir uns einmal im Jahr treffen. Von Herausgeber zu Herausgeber. Hahaha. Dabei haben wir uns rein gar nichts mehr zu sagen. Meine Gespräche mit ihm laufen doch nur noch so: Ich sage, ich habe zugenommen. Er sagt, ich auch. Ich sage, der *Spiegel* wird auch immer dicker. Er sagt, die *Zeit* auch. Was soll das also.

Am Abend bat Rudolf mich häufig, mit ihm zusammen fernzusehen. Peter Falk, in der Rolle des immer etwas aufgelöst wirkenden Kommissars *Columbo* gefiel Rudolf besonders gut. Dessen Taktik, mit harmloser Miene die Verdächtigen zu befragen, war ihm ganz offensichtlich nicht fremd. Denn häufig lachte er kurz auf: Siehst du? So geht das.

Gefiel ihm das Fernsehprogramm nicht, wurden Videokassetten beschafft. *Vom Winde verweht* oder *Gilda* mit Rita Hayworth kannte er auswendig. *Schtonk*, Helmut Dietls Filmkomödie über die gefälschten Hitler-Tagebücher, schien ebenfalls einer seiner Kinofavoriten zu sein.

Dieser Götz George! Nicht zu fassen, rief Rudolf jedes Mal, wenn wir uns diesen Film ansahen. In dieser Rolle ist er einfach genial!

An einem trüben Montagmorgen im November schien Rudolf wieder einmal auf erdrückende Weise mit sich und der Welt zerfallen zu sein. Es war, als entgleite er sich selbst mehr und mehr.

Gerade hatte ich einige Erzählungen von Thomas Mann gelesen. Auch *Tod in Venedig*.

Du kommst mir vor wie Aschenbach, sagte ich.

Thomas Mann, sagte Rudolf, ohne aufzusehen. Den habe ich einmal besucht. Anfang der fünfziger Jahre. Auf dem Kilchberg bei Zürich. Zusammen mit meiner zweiten Frau Katharina.

Worüber habt ihr gesprochen?, fragte ich, neugierig geworden.

Eigentlich nur über seinen Bruder Heinrich, antwortete Rudolf wenig auskunftsfreudig. Warum der unbedingt in die DDR hatte übersiedeln wollen. Heinrich Mann sei für ihn immer der interessantere der beiden Brüder gewesen. Einer der wenigen wirklich wichtigen Schriftsteller mit einem scharfen politischen Verstand.

Rudolf lachte in sich hinein, lange Zeit hätten sich die beiden Brüder ja nicht sehr gut vertragen. Er lehnte sich in seinem Stuhl zurück und sah nachdenklich aus dem Fenster. Heinrich Mann war mit einer Trinkerin verheiratet, sagte er.

Ich muss etwas machen, meinte er nach einer weiteren nachdenklichen Pause.

Eine Kur vielleicht, schlug ich vorsichtig vor, denn Rudolf sah nicht nur ungesund aus, er schien sich fast nur noch von Bier zu ernähren.

Unsinn, knurrte Rudolf ungnädig.

Warum eigentlich nicht?, nahm ich meinen Vorschlag wieder auf. Das ist doch nichts Verwerfliches. Das machen doch sehr viele Leute, selbst jüngere als du.

In diesen Kurhotels lungert zu viel Prominenz herum. Ich will die alle nicht sehen. Die sind ja alle viel schlimmer dran als ich, murrte Rudolf unwillig.

Du wirst allmählich zu einem Professor Unrat, wagte ich einen neuen Anlauf.

Rudolf lächelte fast unmerklich in sich hinein. Er lehnte sich wieder in seinem Stuhl zurück, stellte sein rechtes Auge mittig und sah mich nachdenklich an.

Hast du Marlene Dietrich in dem Film *Der blaue Engel* gesehen?, fragte er. Ich hätte sie kennenlernen können. Im Pariser Hotel *Ritz* habe ich einmal in der Suite neben ihr gewohnt. In höchster Lautstärke plärrte den ganzen Tag nur eine einzige Schallplatte: Sag mir, wo die Blumen sind. Es war nicht auszuhalten! Ich habe ihr einen Zettel zukommen lassen: Ob sie mir noch etwas anderes als ihr eigenes Lied vorspielen könne. Unterschrift: Rudolf Augstein.

Auf einmal sei Ruhe gewesen. Rudolf schüttelte bekümmert den Kopf: Natürlich habe ich nichts mehr von ihr gehört.

Ich war hochmütig, sagte er betrübt. Das war natürlich ein großer Fehler. Ich bereue ihn heute noch.

Wenige Tage danach, es war an einem Abend, klingelte jemand stürmisch an der Haustür zu der von mir bewohnten Augstein-Villa. Ich war etwas erstaunt, weil ich keinen Besuch erwartete.

Trotzdem öffnete ich die Tür.

Schnurstracks ging Rudolf an mir vorbei, blieb abrupt in der Eingangshalle stehen und rief: Komm rein! Ganz so, als wäre er von mir herausgeklingelt worden.

Ich muss dir etwas erzählen, bekam ich zu hören. Mir ist etwas Großartiges eingefallen: Ich mache eine Kur, rief er.

Sehr gut, lobte ich, erstaunt darüber, dass Rudolf von dieser Idee plötzlich ganz begeistert zu sein schien.

Wann und wo denn?, fragte ich interessiert.

Er habe eine hinreißende Frau wiedergetroffen. Die Freundin einer früheren Freundin! Mit ihr fahre ich in ein Golfhotel am Wörthersee, schwärmte Rudolf, ohne meine Frage zu beantworten.

Du willst Golf spielen?, fragte ich ungläubig.

Was heißt hier Golf spielen?, lachte Rudolf vergnügt. Ich werde mich um meine Gesundheit kümmern! Er könne es noch gar nicht fassen, rief er. Eine Offenbarung sei diese Frau für ihn, ein Jungbrunnen geradezu!

Die Wahl des Landtages von Schleswig-Holstein sollte am 13. September 1987 stattfinden. Am späten Nachmittag des 11. September schwirrten erste Gerüchte über die Flure des *Spiegels:* In Kiel seien Wahlkampf-Sauereien im Gange, hieß es.

Während unserer spätabendlichen Freitagsrunde, die sich wie gewohnt um den mit Eiswürfeln und drei Weißweinflaschen bestückten Putzeimer versammelte, erfuhren wir schließlich Näheres: Das D-II-Ressort, zuständig für Landespolitik, daher auch für die Wahlberichterstattung aus Schleswig-Holstein, bereite mit Hochdruck eine Titelgeschichte über den Kieler CDU-Ministerpräsidenten Uwe Barschel vor: *Watergate in Kiel – Barschels schmutzige Tricks.*

Ein enger Mitarbeiter Barschels habe einem *Spiegel*-Redakteur gegenüber ausgepackt. Vor einem Hamburger Notar sei von dem Medienreferenten an Eides statt versichert worden, er hätte vom CDU-Spitzenkandidaten für das Amt des Ministerpräsidenten höchstpersönlich den Auftrag erhalten, mit Hilfe einer Detektei das angeblich ausschweifende Sexualleben seines angeblich homosexuellen SPD-Gegenspielers Björn Engholm auszuspionieren. Barschel selbst habe einen gegen Engholm gerichteten anonymen Brief entworfen und seinen Vertrauten beauftragt, eine Abhörwanze zu besorgen, damit deren Einsatz der SPD angelastet werden könne. Darüber hinaus sei Pfeiffer beauftragt worden, Engholms Steuererklärungen zu überprüfen. Das D-II-Ressort rotiere nun wie verrückt, um die Sache wasserdicht zu machen. Sollte sich nur ein Bruchteil der Anschuldigungen als richtig erweisen, so war uns allen klar, wäre Uwe Barschel weg vom Fenster.

Hoffentlich geht das gut, meinten meine Kollegen in unserer kleinen Personalienecke. Eine riskante Sache für den *Spiegel*. Und das Freitagnacht! Ein Ding der Unmöglichkeit! Hoffentlich wissen die da oben, was sie machen. Nicht auszudenken, wenn sie einem unseriösen Schwätzer auf den Leim gegangen wären. Dann ade Gewinnbeteiligung, seufzten die Kollegen sorgenvoll.

Ist Rudolf Augstein in die Sache eingeweiht?, fragten sie verunsichert. Reicht dieses notarielle Papier als Beweis? Ist es nicht viel zu riskant, einen *Spiegel*-Titel fast ausschließlich auf solche Aussagen zu stützen, ohne eine derart brenzlige Geschichte mit zusätzlichen stichhaltigen Beweisen zu untermauern?

Rudolf Augstein hat nun wirklich anderes zu tun, als sich

mit mir über knifflige Titelentscheidungen zu unterhalten, wich ich den Fragen meiner Kollegen aus. Außerdem ist er in Frankreich, wie immer im September. Tatsächlich war Rudolf Augstein Anfang September wie gewohnt mit dem Ehepaar Regnier in sein Haus nach Saint-Tropez gereist.

Die *Spiegel*-Titelgeschichte über Barschels Machenschaften erschien und löste ein politisches Erdbeben aus.

Mitte September veröffentlichte die *Zeit* ein langes, in Südfrankreich geführtes Gespräch mit dem *Spiegel*-Herausgeber, der darin zur Barschel-Affäre Stellung bezog und die Arbeit seiner Redakteure verteidigte. Das Gesprächsfoto zeigte einen dynamisch aussehenden Rudolf Augstein.

Die Aufregung um die *Spiegel*-Berichterstattung schien ihm nichts anzuhaben. Im Gegenteil, er wirkte, als sei er wieder an seinem Platz: in vorderster Linie.

Laufend machten im *Spiegel* die unterschiedlichsten Gerüchte die Runde.

Der Flurfunk raunte, der Herausgeber sei wegen des Barschel-Titels mit der Chefredaktion und den zuständigen Ressortleitern zerstritten. Es würden Köpfe rollen, tuschelte man. Rudolf Augstein wolle die Zügel wieder straffer in die Hand nehmen.

Die obersten Etagen der *Spiegel*-Hierarchie ächzten unter dem ungewohnt aktiven Herausgeber, war zu hören. Von früh bis spät traktiere er Chefredakteure und Ressortleiter mit Hausmitteilungen und immer neuen Ideen. Er trinke nicht einen Tropfen, wusste der Flurfunk. Inzwischen sehne man schon den Tag herbei, an dem er nicht mehr zu dieser Hochform auflaufe. Ja, man wünsche sich geradezu, dass er seinen Tatendrang mit einigen Bieren dämpfe.

Seit dem Matrosenaufstand von 1918, meldete das ZDF, habe Kiel *nicht so viel Interesse auf sich gezogen* wie nach den *Spiegel*-Veröffentlichungen über das schleswig-holsteinische *Water-*

kantgate – ein Wort, das laut Deutschlandfunk *in die Geschichte der Bundesrepublik eingehen wird.* Auch die gewöhnlich auf CDU-Kurs eingeschworene *Frankfurter Allgemeine*, die den Skandal zunehmend kritisch begleitet hatte, ließ Uwe Barschel endgültig fallen.

Die Zeitung urteilte, diese Affäre nehme *täglich neue* und für *Barschel zumeist unerquickliche Wendungen* und *stets führe eine Art Ariadnefaden in die Kieler Staatskanzlei.* Die CDU rückte von ihrem Kandidaten für das Amt des Ministerpräsidenten in Schleswig-Holstein ab. In ihrem Mitgliederblatt hatte sie einige Wochen zuvor bereits verkünden lassen: Solche *Munition* wie das Thema *Unzucht* dürfe die CDU nicht nur einfach verscharren, *weil sie schmutzig ist.* Es werde jedoch *ganz entscheidend darauf ankommen, wie man es handhabt, damit man sich nicht selbst schmutzig macht.*

Am 18. September trat Uwe Barschel in einer Pressekonferenz vor die Fernsehkameras. Auf mich wirkte er überfordert und sichtlich verstört, als er mit kaum noch vorhandener Selbstkontrolle sagte: *Über die Ihnen gleich vorzulegende eidesstattlichen Versicherungen hinaus gebe ich Ihnen, gebe ich den Bürgerinnen und Bürgern des Landes Schleswig-Holsteins und der gesamten deutschen Öffentlichkeit mein Ehrenwort – ich wiederhole: Ich gebe Ihnen mein Ehrenwort! – dass die gegen mich erhobenen Vorwürfe haltlos sind.*

Mit den Untergrundoperationen seines Referenten Reiner Pfeiffer habe er nichts zu tun.

Eine Woche später trat Barschel zurück.

Am Nachmittag des 11. Oktober 1987 verbreitete die Nachrichtenagentur AP eine Eilmeldung: Nach Angaben der Polizei in Genf sei Uwe Barschel in einem Hotel tot aufgefunden worden.

Rudolf Augstein hielt sich zu diesem Zeitpunkt gerade in New York auf. Seine Sekretärin Christa rief ihn an und sagte: Barschel hat sich erschossen.

Rudolf habe sehr lange geschwiegen, berichtete uns Christa kurz darauf.

Das haben wir nicht gewollt, habe er irgendwann tonlos gesagt und aufgelegt.

Nach seiner Rückkehr aus den USA traf ich Rudolf in gedrückter Stimmung. Vor ihm lag der *Spiegel* mit dem Enthüllungstitel über die Schleswig-Holstein-Wahl.

Das hat doch wirklich niemand vorhersehen können, murmelte er unglücklich. Als er gehört habe, Barschel habe sich erschossen, sei ihm zuerst dessen Fernsehauftritt mit dem Ehrenwort eingefallen!

Ein Ehrenmann! Ein Ehren-Selbstmord, habe er gedacht. Zunächst sei das für ihn die einzig mögliche Erklärung gewesen.

Womöglich hat er immer noch unter den Folgen dieses Flugzeugabsturzes gelitten, überlegte er. Nach diesem Unglück habe ich Uwe Barschel sofort ein Fernschreiben geschickt: *Lieber Herr Barschel, auf solche Weise wollen wir keine Wahlen gewinnen. Ihr bestürzter Rudolf Augstein.* Ich habe ihn ermuntern wollen, sich zu schonen, sagte Rudolf beklommen.

Mein Pilot, der mich meistens nach Sylt fliegt, erzählte Rudolf weiter, ist bei diesem Absturz umgekommen. Ich kann wohl sagen, dass wir befreundet waren. Dessen Kopiloten, der ebenfalls umkam, habe er nicht gekannt. Barschel habe sich retten können: Im Rumpf der Maschine war ein Loch. Er hatte sich ein paar Rippen und Wirbel gebrochen und war noch in der Lage auszusteigen.

Bis heute kann ich nicht verstehen, warum mein Pilot nachts, bei schlechtem Wetter, ohne Instrumentenanflug, trotzdem geflogen ist, klagte Rudolf. Er war ein verantwortungsvoller Mann. Der Flughafen in Lübeck-Blankensee ist natürlich winzig, nur fünfzehn Kilometer von Barschels Haus in Mölln entfernt …

Zudem frage er sich, ob die Journalisten des *Sterns* sich richtig verhalten hätten, das Foto des toten Barschel zu veröffentlichen, sagte Augstein dann und beantwortete sich seine Frage gleich selbst: Wäre er in dieser Situation gewesen, hätte er zunächst einmal Hilfe geholt, um nachzuprüfen, ob man Uwe Barschel noch retten könne. Ein Foto zu machen, hätte er der Polizei überlassen.

Das Ganze werfe ein schlechtes Licht auf den *Spiegel,* überlegte er weiter. Es sieht aus, als hätten wir für die SPD Wahlkampf machen und eine Kampagne gegen Barschel starten wollen.

Man wird natürlich erwarten, dass ich dafür die Verantwortung übernehme, murmelte er gereizt. Der Justiziar hätte mir das Titelbild vorher zeigen müssen. Ich hätte zumindest ein Fragezeichen hinter dieser Titelzeile verlangt, sagte er vorwurfsvoll und tippte immer wieder auf die Titelzeile des *Spiegel*-Heftes *Barschels schmutzige Tricks.*

Warum nur haben sie mich nicht unterrichtet? In solchen Fällen bin ich doch auch *nachts* erreichbar, haderte er mit sich und der Redaktion. Da bin ich wie Genscher. Einmal nur klingelt bei dem das Telefon. Dann ist er sofort dran und auch sofort hellwach. Das ist bei mir doch genauso!

Sie haben ein zu großes Rad gedreht, murmelte Rudolf. Ich sollte sie alle rausschmeißen.

Das geschah aber nicht. Stattdessen veröffentlichte der *Spiegel* einen langen geharnischten Artikel, in dem Rudolf Augstein sein Blatt in Schutz nahm und mit heuchlerisch sich gebärdenden Journalistenkollegen anderer Zeitungen und Zeitschriften ins Gericht ging. Die Überschrift des Artikels lautete: *Der Fall Barschel und die Rolle des Spiegel.*

Als Motto hatte Rudolf ein Zitat aus dem Rilke-Gedicht *Todes-Erfahrung* vorangestellt:

Noch ist die Welt voll Rollen, die wir spielen.
Solang wir sorgen, ob wir auch gefielen,
spielt auch der Tod, obwohl er nicht gefällt.

Nach diesen Zeilen fuhr er fort: *Man hört derzeit viel Sprücheklopferei, wie etwa, daß man in der Politik anders und menschlicher miteinander umgehen müsse. Aber wer sich so salbungsvoll sorgt, hat meist den Fuß zum nächsten Tritt schon erhoben … der SPIEGEL, fehlbar wie jede andere Institution, hat sich in diesem Fall Barschel ohne Fehl und Tadel verhalten. Auch das Gegenteil wäre ja möglich gewesen. Aber da müßten wir schon arge Pharisäer sein, wenn wir bei uns selbst nicht mehr reinen Tisch machen könnten.*

Augstein zählte die Vorwürfe auf, die dem *Spiegel* von Presse und Politik gemacht werden könnten, wobei er ironisch bemerkte: *den Dauerbrenner »linke Kampfpresse« lassen wir als zu geißlerisch beiseite, er wäre schon beim Bau der Pyramiden als veraltet zurückgewiesen worden.*

Die Bedeutung des SPIEGEL, so er eine habe, sei damit zu erklären, *daß er auf Parteiungen und Wahlen eben keine Rücksicht nimmt. Eine ihm offenbarte »Schweinerei« zu unterdrücken oder auch nur zu verzögern, wäre aus einleuchtenden Gründen für den SPIEGEL tödlich.* Die Vorwürfe, *der Spiegel habe die Wahlen beeinflussen wollen,* wies Augstein zurück: *Daß dieser plakative SPIEGEL-Titel, erst am Montag nach der Wahl im Handel, die Wahlen beeinflussen könnte, sei eine bis dato durch keinerlei Erfahrung gedeckte Idee, auf die mithin auch der SPIEGEL nicht verfallen konnte … Da es aber die Aufgabe des SPIEGEL nicht ist, Wahlen zu beeinflussen, wird jeder skandalträchtige Artikel gedruckt in dem Moment, wo er wasserdicht ist. Dieser hier, wie man sieht, war es.*

Die Frage, ob *eine Kampagne gegen einen Politiker in Wahlkampfzeiten zulässig sei*, beantwortete Augstein mit: *Selbstverständlich. Die Parteien tun nichts anderes. Aber hier gab es keine*

Kampagne gegen einen bestimmten Politiker, sondern eine Kampagne gegen bestimmte Praktiken der Politik …

So muß sich keineswegs der SPIEGEL fragen lassen, wie er künftig mit den Politikern umgehen wird, führte Rudolf Augstein aus. *Er wird es weiterhin auf seine bewährte Art tun, menschliches Versagen eingeschlossen. Es müssen sich vielmehr die Politiker fragen, ob sie dem SPIEGEL und anderen Presseorganen weiterhin die Gelegenheit geben wollen, sie als das anzuprangern, was sie inzwischen geworden sind: rücksichtslose Macht- und Postenjäger. Es stimmt, die »Kampfpresse« sucht sehr wohl Einfluß und Macht. Aber sie kann, anders als die Politiker, Einfluß und Macht nicht usurpieren.*

Der hier schreibt, hatte selbst Gelegenheit, jene Rücksicht am eigenen Leibe zu verspüren, mit der Christdemokraten unter Bruch jeden Rechts gegen politische Gegner vorgehen. Mein damals 13jähriges Kind hat mir 1962 ins Gefängnis geschrieben, warum ich denn nicht bei ihm sei. Meine Frau wurde für eine Nacht zu Nutten und Kleinstdieben in eine Zelle gesperrt. Ich wäre damals nicht auf die Idee gekommen, daß man meiner Familie unrecht tut. Ich hatte auch kein zu enges Berufsbild. Sehr wohl machte ich mir Gedanken, wie ich den Untergang des SPIEGEL beruflich überleben würde.

Naturgemäß hat sich dem SPIEGEL viele Jahre lang die Frage gestellt, die jetzt pikanterweise von Blättern des Springer-Konzerns aufgeworfen worden ist: ob nämlich der Gebrauch politischer und publizistischer Mittel durch jeden Zweck geheiligt werde.

Nach etlichen sarkastisch wirkenden Einlassungen zu der von verschiedenen Journalistenkollegen anderer Blätter aufgeworfenen »Schuldfrage« an dem wahrscheinlichen Selbstmord Uwe Barschels, kam Augstein zu der Erkenntnis: *Nichts, wie gesagt, wird sich ändern: die Politik nicht, die Politiker nicht, die Zeitungen und Zeitschriften nicht. Man wird Besserung geloben, aber mit schon gespanntem Knie für den nächsten Tritt.*

Kurz nachdem dieser Artikel am 19. Oktober 1987 veröffentlicht worden war, wurde Rudolf plötzlich auf einem ganz anderen Gebiet, als Immobilieninvestor, tätig: Er erwarb das neben seiner weißen Villa stehende, nicht ins Straßenbild passende Haus im Stil der sechziger Jahre und ließ es wenig später abreißen.

Wir sind hier nicht in London, begründete er diese Maßnahme. Unerträglich, wenn diese Ölscheichs wie in London mit goldenen Rolls-Royce auftauchten, um solche Häuser in ihren Besitz zu bringen.

Rudolf bat mich, einen Architekten ausfindig zu machen, der für die so entstandene Baulücke ein neues Haus entwerfen sollte.

Ich will keinen Zuckerbäckerstil, machte Rudolf diesem Architekten zur Auflage. Und dass unbedingt die schöne hohe Birke erhalten bleibe, in deren Blätterkrone er von seiner Sofaecke aus hineinsehen und den Wechsel der Jahreszeiten beobachten könne.

Sorgfältig wurde das neue Haus um die Birke herum geplant. Alle übrigen Vorschläge genehmigte der Bauherr, ohne auch nur einen Blick auf die vorgelegten Bauzeichnungen zu werfen. Stattdessen bot er dem Architekten das Du an und verabredete sich mit dessen Frau zum Skat. Der Hausbau wurde zügig in Angriff genommen. Das Dach wolle er bis zur Hälfte aufschieben können, eröffnete Rudolf dem Architekten kurz vor dem Richtfest. So ein Schiebedach sei ihm vor kurzem bei Bekannten in deren Haus aufgefallen. Er wolle wie jene in den blauen Himmel sehen können, ohne einen Schritt nach draußen tun zu müssen.

Aus Kupfer wurde ein technisch aufwendiges Gewölbedach gebaut, der Stolz aller damit befassten Baumeister. Rudolf ließ sich das fast geräuschlose Auf- und Zufahren der beiden Dachhälften ein einziges Mal vorführen. Nachdenklich betrachtete er den langsam sichtbar werdenden regengrauen Hamburger Himmel. Dann richtete er seine Blicke ebenso nachdenklich auf den sehr hellen edlen Teppichboden unter seinen Füßen und sagte: Tja.

Geöffnet wurde dieses Dach danach nicht mehr.

Während der Weihnachtsfeiertage 1988 lag ich mit Fieber, Husten, bösen Hals- und Ohrenschmerzen mit einer Wärmflasche, in Decken gewickelt, bei meinem Freund in Bonn auf dem Sofa.

Das Telefon klingelte, und Rudolf meldete sich.

Ich kann nicht sprechen, krächzte ich.

Kein Mensch will etwas von dir hören, rief Rudolf aufgebracht ins Telefon. Hast du eine Versicherung?

Ja klar, hustete ich und dachte an meine Krankenversicherung.

Da kannst du froh sein, rief Rudolf noch immer aufgebracht. Sag denen, du schuldest mir zwei Millionen Mark!

Ich rang endgültig nach Luft.

Dein Architekt, rief Rudolf ins Telefon, den *du* mir hier angeschleppt hast, der ist ja noch wahnsinniger als Gaudí!

Welche Gaudí, krächzte ich.

Es ist nicht zu fassen! Du hast nur das eine im Kopf! *Der* Gaudí!

Deiner hier baut seit siebzehn Jahren an einem einzigen Haus herum. Wie Gaudí an seinen Kirchen! Und wem eigentlich ist dieser Quatsch eingefallen, mir eine Brücke über das Schwimmbecken zu bauen! Eine *Seufzerbrücke* fehlt mir zwar schon lange, bestellt habe *ich* sie aber nicht!

Diese Schwimmbadbrücke hatte ich weder gesehen, geschweige denn bestellt.

Ich auch nicht, hustete ich daher und war froh, kein weiteres Wort herauszubringen.

Komm sofort her und regle das! Wo bist du überhaupt?

Zu Hause, krächzte ich.

Was heißt hier zu Hause. Zu Hause! Du hast doch gar kein zu Hause! Komm jetzt sofort hierher!

Ich bin krank.

Haha! Alle sind krank! Das sagen sie mir andauernd. Soll ich dir meinen Arzt schicken?

Eine herrliche Idee, hustete ich.

Dann versagte mir die Stimme.

Du bist ja tatsächlich krank, sah Rudolf schließlich ein.

Na gut, wenn du morgen früh wieder gesund bist, kommst du sofort zu mir! Und vergiss nicht, die zwei Millionen mitzubringen, rief er und legte auf.

Kurz nach Neujahr trafen wir uns im Mühlenkamper Fährhaus. Rudolf wirkte seltsam versteinert.

Er werde immer betrogen. Hereingelegt. Man räubere ihn aus, beschwerte er sich, kaum dass ich mich gesetzt hatte.

Wer räubert dich aus?, fragte ich, durchaus ahnend, dass er sich über die hohen Kosten seines Neubaus ärgerte und seine Entscheidung, sich eine neue Villa bauen zu lassen, inzwischen bereute.

Alle! Halt! Nein. Die Frauen eigentlich nur, antwortete Rudolf jetzt.

Er räubere die Frauen ja auch aus, sagte ich daraufhin ungerührt.

Rudolf stellte blitzschnell sein rechtes Auge mittig: Du bist verrückt.

Du raubst ihnen Lebenszeit.

Haha. Die Unschuld womöglich auch noch, rief Rudolf und stemmte sich mit ausgestreckten Armen gegen die Tischkante.

Meine Zeit, beispielsweise, erklärte ich ungerührt, beanspruche er ja auch immer wieder mit größter Selbstverständlichkeit.

Auf Knopfdruck müsse man für ihn da sein oder tätig werden. Ein Privatleben hätte ich dadurch nicht.

Ein Privatleben? Duuuu? Du vegetierst doch nur, rief Rudolf, indem er jede Silbe betonte und kopfschüttelnd seine Augen mit beiden Händen bedeckte.

O Gott, o Gott, o Gott …, stöhnte er, stützte die Arme auf den Tisch und vergrub den Kopf vollends.

Ob er mit Männern eigentlich auch so umgehe, unterbrach ich sein fortwährendes Gestöhne verärgert.

Rudolf verzog den Mund und sah mich an. Sorgsam legte er die Hände nebeneinander auf den Tisch und sah an mir vorbei in das Restaurant hinein.

Männer tragen Verantwortung, sagte er und betonte dabei jede Silbe.

Und Frauen können bekanntlich keine Quadrate zeichnen, sagte ich spöttisch.

Rudolf lächelte gönnerhaft.

Zu gern hätte ich ihm jetzt gehörig die Meinung gesagt: Mir war aber klar, dass Vorwürfe zu gar nichts führen würden. Allenfalls zu kränkendem Hin-und-her-Gerede, bei dem er ohnehin das letzte Wort behalten hätte.

Ein Natursteinmaurer in Griechenland, plauderte ich daher möglichst unbefangen, habe mir einmal erzählt, um zu lernen, wie eine solide Steinmauer zu bauen sei, müsse man die Technik von anderen stehlen: Mit den Augen und mit dem Verstand, um allmählich ein Idee von den verschiedenen Formen der Steine, ihren Ecken und Kanten, zu entwickeln. Und dies mache er, Rudolf, doch fortwährend.

Was für eine Technik stehle er, hahaha. Von den Frauen? So ein Unsinn! Deren Mauern brechen doch schon nach einer Minute zusammen!

Die Frauen um dich herum sind aber alle ziemlich stabil.

Haha.

Und ideenreich.

Ideenreich? Die Frauen? Die haben doch nur eine Idee im Kopf. Mein Geld!

Damit legst du die Frauen ja auch rein. Du bist ein Fallensteller, sagte ich.

Haha! Du bist doch wirklich nicht ganz dicht! Rudolf schob energisch den vor ihm stehenden Teller mit getrüffelten Spaghetti, die er kaum angerührt hatte, weit von sich. Trotzig verschränkte er die Arme auf der Tischplatte.

Du bist entlassen, knurrte er wütend und sah grimmig nach rechts zur Theke hinüber.

Umso besser, sagte ich, stand auf und nahm meine Handtasche. Dann brauche ich nicht zu kündigen.

Sachs, schreckte Rudolf mit zorniger Stimme den Kellner auf, der hinter dem Zapfhahn den Anschein erweckt hatte, als sei er mit nichts anderem als mit Bieren beschäftigt.

Sie ist streng beleidigt, rief Rudolf ihm zu. Er wies mit der rechten Hand an seiner Brust vorbei mit ausgestrecktem Zeigefinger auf mich: Ich habe sie gerade rausgeschmissen, aber gleich wieder eingestellt. Wir zanken uns sonst nämlich nie.

Rudolf hörte sich an, als wolle er sich bei Kellner Sachs entschuldigen.

Dann ist ja gut, sagte Kellner Sachs und lächelte milde. Dabei stellte er mit elegantem Schwung ein frisches Bier vor Rudolf ab.

An mich gewandt, fragte er höflich: Einen Espresso für Sie?

Na gut.

Ich setzte mich wieder. Obwohl ich immer noch wütend war, weil Rudolf mir seinen Schwarzen Peter zuschieben wollte.

Sachs eilte herbei und schob mit diskretem Lächeln einen doppelten Espresso und eine zierliche Etagere mit einer doppelten Portion Petits Fours zu mir hinüber.

Das ist aber sehr aufmerksam, bedankte ich mich bei ihm.

Rudolf lehnte sich entspannt zurück und nickte versöhnlich: Sag ich doch immer: Frieden.

Rudolfs Freund Henri Regnier starb im Mai 1988 ganz plötzlich nach einem Schlaganfall.

Ich hatte immer entsetzliche Angst davor, dass er vor mir sterben würde, sagte Rudolf, als wir uns einige Wochen danach trafen. Er könne sich absolut nicht vorstellen, wie er ohne Henri überhaupt noch zurechtkommen könne.

Dann schwieg er längere Zeit. Schließlich gab er sich einen Ruck und fragte: Wer begleitet mich jetzt nach Lans zur Kur?

Die Wahl fiel auf einen Hamburger Schiffskaufmann, den Rudolf nach vielen Jahren zufällig wiedergetroffen hatte.

Quintus, wie er ihn nannte, beeindruckte Rudolf vor allem deshalb, weil dieser in jungen Jahren auf einem Flug in die Karibik die Fernsehmoderatorin und einstmalige Stewardess Sabine Christiansen kennengelernt und sie mit dem Kosenamen Sahne-Biene bedacht hatte. Außerdem stammte Quintus' Familie auch aus Bingen, und er war jederzeit bereit, Rudolf in seinem komfortablen Geländewagen überallhin zu fahren.

Im Januar 1990 ließ Rudolf bei mir anfragen, ob ich ihn und Quintus nach Lans begleiten würde. Mir war klar, was ein solcher Kuraufenthalt bedeutete: Auf strenge Diät gesetzt, würde Rudolf entweder endlos schweigen oder, was noch anstrengender war, den Niedergang der Welt beklagen. Trotzdem sagte ich zu.

Am Tag vor Rudolfs Ankunft fuhr ich mit dem Zug nach Innsbruck und holte ihn dort am nächsten Tag in der kleinen Flughafenhalle ab.

Warum bist du mit dem Zug gefahren, du hättest mit mir fliegen können, sagte er freundlich. Blass und übernächtigt, versuchte er, sein augenscheinliches Unwohlsein vor mir zu verbergen.

Wir fahren gleich *Zum wilden Mann*, schlug er vor. Das Gepäck kann der Taxifahrer abgeben.

Kaum hatten wir uns in der urigen Gaststube im *Wilden Mann* in einer Ecke an einen Tisch gesetzt, stand schon ein frischgezapftes Bier vor Rudolf.

Wie es ihm denn ginge, fragte ich, obwohl das meiner Wahrnehmung nach eine völlig überflüssige Frage war.

Ich sterbe bald, antwortete er.

Echt? Wie bald?, spöttelte ich.

Gleich, sagte er ernst. Nach diesem Bier.

Rudolf starb nicht. Stattdessen wurde es Abend.

Die Kuranstalt wird um zweiundzwanzig Uhr geschlossen. Bis dahin kannst du noch trinken. Dann ist endgültig Schluss damit, erklärte Rudolf düster nach etlichen weiteren Bieren, die er langsam und mit Genuss geleert hatte.

Wir verließen den *Wilden Mann* um halb zehn.

Rudolf verabschiedete sich von der österreichischen Gastwirtsfamilie mit *Grüezi, bis zum nächsten Mal* und fragte mich: Hast du ein Taxi bestellt?

Es sei doch nur ein paar Schritte den Berg hinauf, antwortete ich, die könnten wir doch laufen.

Wenn du noch laufen kannst, sagte Rudolf.

Ich hatte einige Gläser Wein getrunken, sie aber vorsichtshalber mit Wasser verdünnt, so dass ich durchaus fest auf den Füßen stand.

Rudolf hingegen schwankte etwas.

Es war eiskalt, stockdunkel, und es hatte ziemlich stark geschneit.

Kennst du den Weg?, fragte Rudolf zweifelnd.

Einfach den Berg hinauf, antwortete ich zuversichtlich. Man kann das Hotel doch vom Dorf aus sehen.

Wir werden uns verirren, sagte Rudolf.

Wieso das denn?

Haha, du warst noch nie in Russland.

Der Hügel, den wir Schritt für Schritt hinaufstapften, wurde zusehends steiler.

Kannst du noch?, rief ich Rudolf zu.

Ich?, rief Rudolf zurück. *Du* wirst gleich nicht mehr können.

Nach wenigen Schritten hing ich mit meiner Jacke an einem Stacheldraht fest.

Keinen Schritt weiter! Wir kehren um, rief Rudolf im Befehlston.

Nachts! Im Dunkeln! In fremdem Gelände! Bei diesem Schnee! Wusste ich's doch!, rief er triumphierend. Ach, hätte ich lieber gleich die Führung übernommen!

Kopfschüttelnd stapfte er zügig den Berg hinab auf die befestigte, beleuchtete Dorfstraße zu. Nach einem kurzen, nur leicht ansteigenden Spaziergang, von künstlich erregten Vorwürfen begleitet, strebte er vor mir in die warme Hotelhalle.

Am Morgen tauchte Rudolf ungewöhnlich früh im Restaurant des Kurhotels auf, um mit Quintus und mir zu frühstücken. Er wirkte überanstrengt und niedergeschlagen, als habe er in der Nacht kein Auge zugetan. Er begrüßte uns freundlich und schwieg dann vergrübelt.

Mir kam der Verdacht, dass Rudolf, wahrscheinlich auf Anraten des Kurarztes, versuchte, mit einem anderen als seinem gewohnten, vielleicht sogar ganz ohne Schlafmittel auszukommen. Dies schien für ihn eine Tortur zu sein.

Unternehmungslustig schlug Quintus eines Morgens vor, vom nahe gelegenen Wintersportort Seefeld aus eine Spazierfahrt in einem Heißluftballon zu unternehmen. Wetter und Stimmung seien doch wie geschaffen für solch einen Ausflug.

Rudolf beugte sich zu mir herüber und flüsterte hinter vorgehaltener Hand: Dann fallen wir hier in den Bergen runter und brauchen in Hamburg nicht von der Köhlbrandbrücke zu springen.

Ich wehrte mich heftig gegen diese Unternehmung. Rudolf aber schien das Montgolfière-Abenteuer eine willkommene Abwechslung zu sein. An einem der darauffolgenden Tage kam in einem Ferienort bei Innsbruck auf freiem Feld der Ballonführer auf uns zu. Er begrüßte uns launig und machte uns mit einer Dame bekannt, die aus der Gegend von Gelsenkirchen kam. Sie klang auch so und trug eine hellblaue selbstgehäkelte Wollmütze.

Rudolf meinte daraufhin, beiseitegesprochen, wie gut, dass diese nette Frau dabei ist. An sie können wir uns in letzter Sekunde klammern, wenn wir es uns doch noch anders überlegen und nicht aus dem Korb springen.

Die Reise werde eine, höchstens zwei Stunden dauern, versicherte der Ballonführer und half uns mit sportlichem Schwung in das bereitstehende Flugobjekt. Über dem etwa vier Quadratmeter großen Korb schwankte der riesige bunte Heißluftballon, in den voller Elan der Ballonführer Gas hineinpumpte. Knatternd loderte eine helle Stichflamme auf. Langsam und sacht schwankend, hob der Korb ab. Den sicheren Boden verließen wir um halb elf.

Der Himmel war strahlend blau. Still stieg ihm das bunte Gefährt entgegen, hin und wieder fauchte dynamisch die Gasflamme. Nach einigen hundert Metern blieb der Ballon in der Luft stehen. Urplötzlich schien es völlig windstill zu sein.

Und jetzt?, fragte ich erschrocken. Meine Mitfahrer betrachteten scheinbar seelenruhig die unter uns liegende Landschaft.

Ein Zischen und Knattern, und der Ballon nahm wieder Fahrt auf.

Sieh mal da unten, lauter Hochspannungsleitungen, sagte Rudolf und zeigte auf eine weitgeschwungene Kette von Leitungen tief unter uns.

Das Gefährt trieb mit gehörigem Tempo auf eine mächtige Felswand mit zackigen, schneebedeckten Berggipfeln zu.

Die Karwendelspitze, rief Quintus begeistert.

Du kennst dich aber aus in der Bergwelt, meinte Rudolf mit gespielter Bewunderung.

Ich kauerte inzwischen auf dem Boden des Korbes und verwünschte den Augenblick, in dem ich eingestiegen war.

Na ja, tja, hörte ich Rudolf nachdenklich sagen.

Quintus hingegen schwärmte: Ist das nicht herrlich, ist das nicht wunderbar?

Die Dame mit der Wollmütze sagte nichts.

Diese Farben! Diese Berge!, rief Quintus lebensfroh.

Der Ballonfahrer pumpte weiterhin laut knatternde Flammen in den Ballon, der immer höher und höher stieg. Ein leichtes Schwanken, ein leises Schaukeln, und plötzlich schien er wieder stillzustehen.

In der Öffnung des Ballons zischten und brausten die Gasflammen.

Können wir bitte zurückfliegen?, rief ich panisch.

Es heißt fahren, sagte Rudolf mit beruhigendem Unterton. Ein Ballon fährt. Wie steht der Wind?

Lautes Knattern verwehte die Frage.

Über den Korbrand hinweg erspähte ich irgendwann tief unter uns einen See, in den eine kleine herzförmige Halbinsel hineinragte.

Sieh mal, das Herz! Das ist der Walchsee, jubelte Quintus.

Sind Sie auf so einem herzigen See schon einmal gelandet?, erkundigte sich Rudolf bei dem Ballonführer.

O, ja. Allerdings auf einem, der zugefroren war, antwortete der Ballonfahrer seltsam atemlos.

Tja, sagte Rudolf, dieser hier ist aber nicht zugefroren. Wo ungefähr wir uns denn befänden, fragte er weiter.

Der Angesprochene blickte mal in den Himmel hinauf, mal über den Korbrand hinunter und antwortete, dass wisse er gerade auch nicht so genau.

Na, Sie sind mir ein Führer, sagte Rudolf und sah giftig zu Quintus hinüber, der fragend die Schultern hob.

Der Ballonführer kramte an der Innenseite des Korbes herum.

Karten habe ich keine dabei, stellte er fest.

Sie ziehen mit uns in den Krieg und haben keine Karten dabei?, fragte Rudolf, und seine Stimme bekam den mir wohlbekannten gefährlichen Unterton.

Hektisch griff der Ballonführer nach einem Walkie-Talkie. Er versuchte, seine Ehefrau zu erreichen, die unsere Ballonfahrt in ihrem Auto auf einer Landstraße begleiten sollte. Das Walkie-Talkie rauschte. Die Gasflammen über uns loderten. Unser Himmelsgefährt bewegte sich nicht einen Meter. Rudolf seufzte so herzzerreißend, dass die Dame aus Gelsenkirchen ihn in den Arm nahm und tröstend sagte: Aber die Landschaft ist doch wunderschön.

Um die Landschaft zu bewundern, brauchen wir aber nicht sinnlos hier oben in diesem Korb herumzustehen, entgegnete Rudolf und entwand sich der mütterlichen Geste.

Wir sind jetzt in Bayern. Das glaube er jedenfalls, eröffnete uns der Ballonfahrer um vier Uhr nachmittags, nachdem ein schwacher Wind uns langsam fortbewegt hatte.

Rudolf raunte in meine Richtung: Kein Wind, keine Karte und keine Ahnung, wo wir uns befinden. Das ist vielleicht ein Reiseführer!

Dann können Sie ja gleich auf dem Obersalzberg landen, schlug Rudolf vor.

Wo ist denn der Obersalzberg?, fragte der Ballonführer.

Das wissen Sie also auch nicht, antwortete Rudolf und dehnte das Wort *auch* ins Unendliche.

Plötzlich drang die Stimme der Ehefrau aus dem Walkie-Talkie.

Der Gasvorrat hält noch eine halbe Stunde, wurde sie vom Ballonführer informiert.

Tolle Leistung! Heldenorden erster Klasse, stöhnte Rudolf, nachdem er sich von dieser Meldung erholt hatte.

Die Sonne verzog sich hinter die Bergspitzen.

Kein Alpenglühen, stellte Rudolf wortkarg fest und trat ungeduldig, aber vorsichtig von einem Fuß auf den anderen.

Unter uns finsterster Tannenwald, für den Ballon keinen Auftrieb mehr. Stattdessen sank unser Korb immer schneller den spitzen Baumwipfeln entgegen. Schließlich trieb der Ballon nur wenige Meter über endlos sich ausbreitende Wälder hinweg.

Ich befand mich kurz vor dem Herzstillstand. Kaltblütig sah Rudolf über den Korbrand in die Tiefe und rief wie Sindbad der Seefahrer: Land in Sicht, Land in Sicht! Los jetzt! Sofort runter! Hier! Sofort!

Aber da ist kein Platz zum Landen, schrie der Ballonführer entgeistert.

Runter hier, befahl Rudolf eisern.

Der Mann gehorchte und zog mit kräftigem Ruck an der Reißleine.

Wie ein Stein raste der Korb über die Baumwipfel hinweg auf einen Waldweg zu, streifte die Schneedecke, rumpelte etliche Meter über den Waldboden und kippte schließlich ganz langsam zur Seite. Schneewehen hatten unsere Bruchlandung abgefedert.

Einigermaßen geschockt stiegen wir aus dem im Schnee feststeckenden Gefährt, während der Ballonfahrer erfolglos mit seinem Walkie-Talkie herumfuchtelte.

Ich habe ein Handy, ganz neu, sagte Quintus stolz wie ein Schuljunge.

Dann ruf mal an, sagte Rudolf.

Wo denn? Wen denn, wie denn?, fragte Quintus.

Na, damit endlich Rettung naht. Du musst rauf auf einen Baum. Da hast du Verbindung. Ich kenne mich damit aus. Ich war mal Funker, witzelte Rudolf.

Inzwischen war es später Nachmittag. Frierend standen wir auf dem Waldweg im Schnee und warteten und warteten auf die Ehefrau des Ballonführers, die mit ihrem Auto auf irgendwelchen Waldwegen herumirrte.

Grimmig durch hohe Schneewehen stapfend, begab sich Rudolf schließlich mit mir auf die Suche nach einem Wegweiser. Ich fror und hörte mir wortlos seine Verwünschungen *dieser unfähigen Marschierer* an. Schließlich fanden wir ein kaum lesbares geschnitztes Hinweisschild: Zur *Bärenwand.*

Bärenwand!, rief Rudolf begeistert, da sind wir richtig!

Weißt du denn, wo die ist?

Ach wo denn, irgendwo bei Rott am Inn wahrscheinlich. Dort jedenfalls wohnt Strauß!

Jetzt hat die Ballonführersfrau natürlich keinen Schlüssel für die Wegschranke und muss erst einmal den Waldhüter aus irgendeiner Kneipe ziehen, vermutete Rudolf auf unserem beschwerlichen Rückmarsch und hatte damit offensichtlich recht.

Es war es fast stockdunkel, bis sie und ein Waldarbeiter uns schließlich fanden. Wir waren im Berchtesgadener Land niedergegangen.

Von diesem Ausflug am Ende doch wohlbehalten zurück, verbrachte Rudolf die Abendstunden und auch die darauffolgenden Tage damit, in langen Telefonaten ausführlich zu schildern, wie er bei dieser Ballonfahrt nur ganz knapp dem Tode entronnen sei. Der amtierende Chefredakteur Werner Funk ermahnte mich daraufhin mit durchaus ernsthaftem Unterton: Sie sind hier aber dafür angestellt, den Herausgeber von derartig gefährlichen Ausflügen abzuhalten.

Den Urheber dieser Unternehmung, Quintus, ließ Rudolf ungnädig wissen, in Zukunft möge der ihn mit Vorschlägen gleich welcher Art verschonen. Unsinnige Abenteuer könne er sich nicht leisten. Im Gegensatz zu ihm, Quintus, werde *er* nämlich noch gebraucht.

Offenbar trug dieser heil überstandene Ausflug aber dazu bei, dass Rudolf sich auf einmal sehr schnell erholte. Mir jedenfalls fiel auf, dass sein häufiger Flirt mit scherzhaft geäußerten Todeswünschen unvermutet heiterer Zuversicht gewichen war.

Der fortwährende Lärm auf der Baustelle neben seiner Villa sei für ihn unzumutbar, erklärte Rudolf wenige Wochen später. Unaushaltbar sei dieses Gelärme um ihn herum. Er könne sich auf nichts mehr konzentrieren.

Nun brauche er die Villa, in der er mich bisher habe wohnen lassen, für sich und seine Freundin, die zukünftige Professorin, mit der er von nun an wieder zusammenleben wolle. Es habe aber alles keine Eile, meinte er langmütig und wirkte, als hoffte er, der Wohnungswechsel bleibe ihm vielleicht doch noch erspart.

An einem frühen Samstagmorgen im März 1990, inzwischen war ich aus der Leinpfadvilla ausgezogen, klingelte in meiner neuen Bleibe das Telefon.

Du musst unbedingt meinen Krimi aufschreiben, rief Rudolf ungewöhnlich aufgeregt in den Hörer.

Welchen Krimi?, fragte ich überrascht. Dann fiel mir ein, dass Rudolf vor wenigen Tagen erst Ernst Jüngers Kriminalroman *Eine gefährliche Begegnung* über den grünen Klee gelobt hatte.

Rudolf bat mich, so schnell wie möglich zu ihm zu kommen. Ich wunderte mich, dass er mich nicht in die Backsteinvilla, sondern in seine Dachwohnung in der benachbarten weißen Villa bestellte.

Ich bin wieder hier, begrüßte er mich freudig. Drüben kann ja kein Mensch wohnen! Dort wird man ja überfallen!

Ach wirklich? Davon habe ich immer geträumt, spöttelte ich.

Mach hier keine Witze, hörte ich jetzt. Seine Freundin und

er hätten es nämlich tatsächlich mit zwei Ganoven zu tun bekommen. Am helllichten Dienstagnachmittag! Nachdem er vom Essen im Restaurant zurückgekommen sei, berichtete Rudolf, habe er sich in sein schönes bequemes Bett gelegt, um einen Mittagsschlaf zu halten, in dem zum Garten hin gelegenen Schlafzimmer, in dem sein kleiner Schreibtisch stehe und die beiden Picassos hingen.

Plötzlich sei er aufgewacht, weil er von ferne ein Klirren hörte. Das sind die Gärtner, habe er gedacht und sich im Bett noch einmal umdrehen wollen.

Da sah ich doch auf einmal diese beiden Kerle bei mir am Fußende des Bettes, berichtete Rudolf geradezu begeistert.

Im Ernst?, erschrak ich und war heilfroh, dass mir solche Erlebnisse erspart geblieben waren.

Einer von denen hat mich gefragt: Wo ist Ihr Tresor, erzählte Rudolf erstaunlich munter weiter. Leute, die mich nach meinem Tresor fragen, habe er sofort geschaltet, das sind Gauner!

Einen Augenblick. Der Tresor ist oben. Ich bringe Sie sofort hin, habe ich zu denen gesagt, um Zeit zu gewinnen.

Dann sei er in aller Ruhe aufgestanden, habe sich seinen Bademantel angezogen und sei mit den beiden Kerlen über die Wendeltreppe in die obere Wohnung hinaufgestiegen.

Seine Freundin, wenn sie denn gerade in der oberen Wohnung sei, studiere ja schließlich seit hundert Jahren Kriminologie, habe er sich währenddessen gedacht. Die wird schon wissen, wie man mit Kriminellen verfährt.

Zum Glück sei seine Freundin ausnahmsweise auch einmal da gewesen. Sie habe sich natürlich ganz fürchterlich erschrocken, erzählte Rudolf weiter, denn plötzlich stand ich mit diesen beiden Gestalten vor ihr.

Der eine habe sofort ein Messer gezückt, als er die Freundin gesehen habe.

Halt, halt, habe Rudolf versucht, ihn abzulenken, jetzt trinken wir erst einmal ein Bier.

Das ist nicht wahr. Das hast du wirklich gesagt?, staunte ich.

Doch, doch, nickte Rudolf. In so einer Situation muss man die Nerven behalten. Die beiden Gauner hätten strikt abgelehnt. Er aber habe sich erst einmal ein Bier aus dem Kühlschrank geholt.

Das Dumme sei nur gewesen, dass einer der beiden Gauner, der mit dem Messer, sich inzwischen seine Freundin gegriffen hätte.

Haha, rief Rudolf. Da hatte sich das ganze Studium endlich einmal gelohnt! Der hat vielleicht auf Granit gebissen!

Seine Freundin habe sofort richtig geschaltet und den Kerl in ein Gespräch verwickelt. So in dem Sinne, denken Sie doch an Ihre Freundin. Was würde die jetzt sagen … Haha. Sehr, sehr schlau sei das gewesen, begeisterte Rudolf sich. Der Dummkopf hat daraufhin gesagt, er habe keine Freundin.

Rudolfs Freundin wiederum habe daraufhin gemeint, das sei aber sehr bedauerlich. Da sei er ja ganz allein! Ob das nicht schrecklich traurig für ihn sei und so weiter. Weich wie Butter sei der Kerl auf einmal geworden!

Der andere Gauner habe daraufhin angefangen, sich mit seinem Kumpel herumzustreiten: Was das solle, ob er eine Freundin habe oder nicht. Der Tresor sei jetzt wichtig!

Ha! Das ist toll, erzählte Rudolf genüsslich. Gauner, die sich streiten! Mit denen ist nichts anzufangen!

Nun werdet euch erst einmal einig, habe er daraufhin mit sehr, sehr lauter Stimme gerufen und dabei gehofft, dass irgendeiner seiner Hausangestellten ihn hören würde.

Und?

Natürlich hat Diana mich gehört, sagte Rudolf. Seine Haushälterin habe ja nichts zu tun. Tag und Nacht stehe sie hinter jeder Tür und passe auf, was er mache. Sie ist doch Italienerin und kennt sich aus mit Mafiosi, behauptete Rudolf stolz. Diana jedenfalls habe auf seine mit sehr lauter Stimme gerufenen Sätze sofort gemerkt, dass im oberen Stockwerk etwas nicht in Ordnung sei. Sofort habe sie seine Sekretärinnen alarmiert. Mit der Haushälterin am einen Ende des Telefons und seinem Sekretariat am anderen habe sie eine Standleitung in den *Spiegel* hergestellt.

Ja und ihr beiden da oben?

Davon wussten wir natürlich nichts. Der eine Gauner wollte dauernd von uns wissen, wo denn der Tresor ist, antwortete Rudolf. Das sei knifflig gewesen. Der andere fuchtelte ja immerzu mit dem Messer herum. Da musste ich klug sein, sagte Rudolf und schien sich in der Rolle des Helden sehr zu gefallen.

Wie viel Geld er eigentlich von ihm wolle, habe er den einen Kerl dann erst einmal gefragt, erzählte Rudolf weiter.

Der aber sei so fertig gewesen, dass er wieder seinen Kumpel um Rat fragen musste. Zwischen den beiden sei es dann wieder hin und her gegangen. Fünfzigtausend Mark, habe dann der mit dem Messer gefordert. Der andere wollte achtzigtausend.

Rudolf schien diese Einbrecherposse immer mehr zu gefallen: Achtzigtausend Mark! Achtzigtausend Mark!, habe ich sofort sehr, sehr laut gerufen, steigerte er sich in seine Erinnerung hinein. Aber ja doch! Er müsse nur kurz mit seiner Bank telefonieren, dann kriegten sie achtzigtausend Mark!

Na, du kannst dir denken, wie Diana, die mich da unten dauernd achtzigtausend Mark rufen hörte, zusammengezuckt ist, kicherte Rudolf. Geizig, wie die nun mal ist!

Daraufhin habe er ganz kurz nur mit der Chefredaktion telefoniert und lediglich gesagt: Schickt mir achtzigtausend Mark. Keine Polizei.

Die Chefredakteure wussten gleich Bescheid, sagte Rudolf sehr zufrieden mit dem Verlauf seines Abenteuers.

Dienstagabends sind natürlich alle Banken zu, erzählte er weiter. Es wurde alles Geld zusammengesucht, das im *Spiegel* zu finden war. Es reichte aber nicht. Also wurde bei *Gruner + Jahr* angerufen. Die haben natürlich sofort alles Geld geschickt, das sie irgendwo auftreiben konnten. Schweizer Franken hatten sie im Tresor! Hahaha. Alles in allem kamen dann aber nur etwas mehr als fünfzigtausend Mark zusammen.

Und ihr, was habt ihr inzwischen gemacht? Und was war mit dem Messer ..., fragte ich ehrlich gespannt darauf, wie dieser Überfall ausgegangen war.

Na, ich war froh, berichtete Rudolf, dass ich es erkennbar mit den dümmsten Gaunern zu tun hatte, die in Hamburg herumliefen.

Wenn das Geld da ist, wollen wir Ihr Auto, habe der etwas Schlauere von beiden verlangt. Der mit dem Messer hat nur stumm genickt und sich an meiner Freundin festgehalten, kicherte Rudolf in sich hinein.

Mein Auto, habe ich da gesagt, aber gern doch. Das könnt ihr sofort haben. Nur werdet ihr damit nicht sehr weit kommen! Das ist ein knallroter Ferrari mit der Nummer HH – A 1, habe er ihnen vorgelogen. Den kennt in Hamburg jeder. Damit kämen sie nicht einmal um die nächste Ecke.

Die beiden wussten natürlich nicht, dass in der Garage mein dunkelgrauer Mercedes Cabrio stand, lachte Rudolf auf. Erst einmal haben sie sich jedenfalls wieder ordentlich gestritten: Wie sie wohl wegkommen würden, wohin sie wohl rennen sollten, ob getrennt oder zusammen und so weiter.

Inzwischen sei dann auch das Geld da gewesen. Der *Spiegel*-Geschäftsführer habe es in einer Tasche unten durch die Haustür geworfen, die Diana ihm einen Spaltweit aufgehalten hatte.

Na ja, und damit sind die beiden Gauner dann abgezischt, endete Rudolfs Bericht.

Mit deinem Auto?

Was doch, zu Fuß natürlich!

Und hast du dann sofort etwas gegen die beiden unternommen?

Warum denn? Ich war doch heilfroh, dass diese Dummköpfe gar nicht wussten, welchen Fisch sie da an der Angel hatten!

1993-2002

Ende März 1993 starb Wolfgang Eisermann, der im zwölften Stock das *Büro des Herausgebers* leitete, plötzlich an Herzversagen.

Drei Wochen später erhielt ich einen Anruf von *Spiegel*-Geschäftsführer Karl Dietrich Seikel: Herr Augstein lässt fragen, ob Sie bereit wären, den Job von Herrn Eisermann im zwölften Stock zu übernehmen, sagte er.

Das überrascht mich jetzt aber, antwortete ich. Denn von Rudolf Augstein selbst hörte ich nur selten.

Sogar während der aufregenden Tage und Wochen des Berliner Mauerfalls im Winter 1989 hatte Rudolf an einem frühen Morgen mich nur einmal sehr kurz angerufen und mit ungewöhnlich glücklich klingender Stimme gesagt: Eigentlich war es *eben doch* mein Freund, dem wir das alles zu verdanken haben. Als früherer Außenminister kannte *er* die wichtigen, einflussreichen Politiker doch *alle* seit vielen Jahren. Ha! Einer wie *Genschman*, wie Rudolf Hans-Dietrich Genscher scherzhaft zu nennen pflegte, ein Sachse aus Halle! Der habe natürlich einen ganz anderen Draht zu der Sache!

Eigentlich hatte ich vor, meine Wochenarbeitszeit zu verringern, antwortete ich dem Geschäftsführer zögernd. Es war ja alles schon besprochen.

Das passt doch sehr gut, sagte der Geschäftsführer mit sonorer Stimme, es ist sowieso eher ein Halbtagsjob. Rudolf Augstein ist doch kaum noch im Hause. Aber Sie können es sich gern noch überlegen.

Wenige Tage später rief ich Karl Dietrich Seikel an, um ihm mitzuteilen, dass ich den mir inzwischen zugegangenen Vertrag als Redakteurin im *Büro des Herausgebers* unterschreiben wolle.

Kann ich vorher vielleicht noch meinen restlichen Urlaub nehmen?, fragte ich dann. Es sind noch ungefähr drei Wochen.

Der Geschäftsführer versprach, sich gleich wieder zu melden.

Wenige Minuten später begrüßte Rudolf mich am Telefon mit der Frage: Wieso willst du schon wieder in Urlaub? Du hast doch den ganzen Tag Urlaub! Wohin fährst du denn schon wieder?

Nach Griechenland.

Und wann bist du wieder da?

Ende April.

Das ist gut. Dann kannst du ja am Tag der Arbeit bei mir oben anfangen, nicht, witzelte er und wünschte mir fast übermütig schöne Ferien.

Die drei Sekretärinnen im zwölften Stock waren ein wenig älter als ich und arbeiteten seit Jahrzehnten mit Rudolf Augstein zusammen.

Rudolf machte sich offenbar Gedanken darüber, wie ich mit seinen Sekretärinnen zurecht kommen würde.

Ihr vier Frauen so untereinander, geht das denn?, fragte er während eines gemeinsamen Mittagessens im Mühlenkamper Fährhaus.

Wir sind Kolleginnen, keine Konkurrentinnen, beruhigte ich ihn. Wir wollen dich ja nicht heiraten, nur mit dir arbeiten.

Rudolf stellte sein rechtes Auge mittig und sah mich mit kindlicher Verwunderung an: Ist wahr, lächelte er.

In meinem Vertrag steht auch nicht, dass ich Büroleiterin sein soll, merkte ich an.

Euer Büroleiter bin ja auch ich, nickte Rudolf alles andere

als überrascht. Ohnehin arbeite er viel lieber mit Frauen als mit Männern zusammen. Er verschränkte die Arme auf der Tischplatte und senkte den Kopf. Du bist nur für mich zuständig, sagte er dann, kniff das rechte Auge zu und fixierte den Teller Spaghetti, den der Kellner gerade vor ihm abstellte.

Sind die auch heiß?, fragte Rudolf misstrauisch.

Selbstverständlich, sagte der Kellner höflich und stob gleich wieder davon, um einen Gast am Nebentisch zu bedienen.

Hoffentlich bin ich nicht auch noch für deine Häuser zuständig und alles, was damit zusammenhängt. Ich möchte auch nie mehr mit der Aufgabe betraut werden, einen Architekten für dich ausfindig zu machen. Und mit deiner Gemäldesammlung möchte ich sowieso nichts zu tun haben, sagte ich entschieden.

Wo denkst du hin?, rief Rudolf und hob abwehrend beide Hände. Dafür eignest du dich doch nicht im Geringsten! Du beantwortest ein paar Briefe, sonst gibts nichts zu tun.

Er wickelte umständlich einen dünnen Spaghettifaden um seine Gabel, führte diese mit eckigen Bewegungen zum Mund und ließ sie sofort wieder klappernd auf den Teller zurückfallen.

Er schob den Teller zu mir hinüber und murrte: Sag ihm, diese Spaghetti sind eiskalt.

Aufmerksam beobachtete Rudolf den herumwieselnden Kellner, während er noch einmal bekräftigte: Du hast in diesem Büro wirklich gar nichts zu tun. Na ja, bis auf diese zwei, drei Briefe, die du beantworten kannst, wenn ich gerade mal nicht da bin. Die Sekretärinnen unterschreiben alles. Dafür haben sie ja den Kiepomaten, lachte er. Du weißt schon, Walther Leisler Kiep versuchte sich damals wegen der Flick-Spenden mit der Behauptung aus der Affäre zu ziehen, seine Unterschriften habe ein Unterschriftenautomat unter die Briefe gesetzt.

Und deine Texte? Eigentlich habe ich wenig Ahnung von

deinen Themen, Bismarck, Hitler und so weiter, gab ich zu bedenken.

Du bist Volksschullehrerin, sagte er, das reicht. Du gehörst jetzt zum verlorenen Haufe.

Zu welchem Haufen denn?, wunderte ich mich.

Haufe ist ein althochdeutsches Wort, lächelte Rudolf nachsichtig.

Bei den Franzosen sind es die enfants perdus, belehrte er mich nun. Der verlorene Haufe war im Gefecht die Vorhut. Sie wurde aus der zweiten Reihe noch vor die erste geschickt. Dafür musst du entweder todesmutig oder völlig verzweifelt sein. Besonders Letzteres ist dir ja gegeben.

Der Kellner eilte vorüber.

Meiner neuen Aufgabe eingedenk, rief ich ihm zu, Herr Augstein findet, die Spaghetti sind zu kalt.

Der Kellner stoppte seinen Laufschritt, zog mit einer eleganten Drehung den Spaghetti-Teller vom Tisch und knödelte: Aber bitte sehr! Die Spaghetti sind zu kalt, die Küche macht sie sofort wieder heiß. Und vorher noch ein Bierchen, schlug er vor.

Sagen Sie nicht dauernd Bierchen, sagte Rudolf grantig, ohne ihn dabei anzusehen. Ich will ein Bier.

Einen Kommentar zu einem aktuellen politischen Thema schrieb Rudolf für fast jedes *Spiegel*-Heft. Meistens meldete er ihn bereits Mitte der Woche in der Chefredaktion an. Manchmal waren es aber auch Buchrezensionen und, seltener, Titelgeschichten. Oft arbeitete er an zwei Artikeln gleichzeitig.

Früher hatte er mir hin und wieder einige Texte, auch Briefe diktiert. Vor allem hatte er mich aus Büchern und Zeitungen Artikel oder Zitate heraussuchen lassen.

Nun bestand meine Aufgabe darin, Textteile, die er meiner Mitarbeiterin Barbara Wielckens im *Büro des Herausgebers* telefonisch diktierte, mit Hilfe der für Rudolf Augsteins Texte zuständigen Dokumentarin zu verifizieren. Anschließend fügte ich diese Teile möglichst folgerichtig zusammen, so dass ihm schließlich eine vorläufige Fassung des Artikels vorlag. Mit dieser Fassung fuhr ich in der Regel zu ihm in den Leinpfad, um weitere Textteile oder Änderungen in der bereits bestehenden Fassung entgegenzunehmen. Handelte es sich um einen zweispaltigen Kommentar, bearbeitete er den Text oft auch mit mir oder meiner Mitarbeiterin nur am Telefon.

Bei längeren Artikeln legte ich ihm von den Bildredakteuren herausgesuchte Bilder vor. Rudolf sah sie sorgfältig an und wählte aus seinem Artikel zu den Fotos passende Bildunterschriften aus. Eine Überschrift stand manchmal schon fest, bevor er seinen Kommentar oder längeren Text in Angriff nahm. Nicht selten aber fiel sie ihm auch erst während des Diktierens oder nach reiflicher Überlegung ein. War der Artikel irgendwann mit Überschrift, Bildern, Bildunterschriften und häufig auch mehreren erklärenden Fußnoten versehen, gab Augstein ihn zum Abdruck frei. Am späten Freitagabend, wenn er sich sicher wähnte, dass ich das *Spiegel*-Haus verlassen hatten, stellte er dann große Teile des Textes wieder um.

Manchmal sagte er am darauffolgenden Montagmorgen vorwurfsvoll: Mit dem Artikel habe man ihn wieder einmal um seinen wohlverdienten Schlaf gebracht. Ein Schlussredakteur habe ihm stundenlang alles noch einmal vorlesen müssen. In mühevoller Kleinarbeit habe er das meiste umformuliert und in die von ihm ursprünglich vorgesehene Form zurückversetzt. Wer mir den Auftrag erteilt habe, Änderungen in seinem Artikel vorzunehmen, fragte er misstrauisch.

Da er es meistens selbst gewesen war, der mich angewiesen hatte, einige Sätze zu ändern, folgte dann eine mehr oder weniger heftige Auseinandersetzung, in der Rudolf immer das letzte Wort behielt.

Seit ich meinen Job als Redakteurin im *Büro des Herausgebers* begonnen hatte, nahm ich an einer Art Studium generale bei dem Privatgelehrten Rudolf Augstein teil.

Das Sommersemester, wie ich es nannte, widmete Rudolf 1993 dem Gärtner, Briefschreiber und Lebemann Hermann Fürst von Pückler-Muskau, dessen bemerkenswerter Lebenslauf es ihm besonders angetan zu haben schien. Eines Tages erzählte Rudolf, während er an einem längeren Artikel über den Fürsten arbeitete, am Morgen, nach dem Aufstehen, habe er aus dem Schlafzimmer in seinen schönen alten Garten hinuntergesehen. Dabei sei ihm aufgefallen, dass zwei weiße Gartensessel seltsam verloren auf dem Rasen stünden. Unverzüglich habe er seinen Fahrer in den Garten geschickt und ihm aufgetragen, diese beiden Sessel unter die große Rotbuche zu stellen. Denn dort erst stünden sie im richtigen Kontrast zu deren prächtigem dunklem Blätterkleid. Man identifiziert sich mit den Figuren, über die man schreibt, lächelte er fast ein wenig verlegen.

Der Artikel erschien wenig später, im Juli 1993, im Kulturteil des *Spiegels* unter der dort äußerst seltenen Rubrik *Gartenkunst*. Die Überschrift, die Rudolf gewählt hatte, lautete *Melancholicus der Familie.*

Wenige Wochen zuvor waren schon die ersten Interviewanfragen zu Rudolfs bevorstehendem siebzigstem Geburtstag am 5. November 1993 eingetroffen.

Was wollen diese Leute von mir?, fragte er nicht gerade begeistert. Man wäre doch froh, niemals geboren zu sein, grummelte er in sich hinein.

Du bist aber nun mal geboren und berühmt, versuchte ich ihn zu überreden.

Was heißt hier berühmt, bekam ich nun zu hören. Berühmt war ich früher einmal. Heute kennen mich bestimmte Leute noch, mehr nicht.

Als ich berühmt war, meinte er in sich gekehrt, habe ich das gar nicht begriffen. Da saß ich im Gefängnis. Wenn ich jetzt Fotos oder Fernsehaufnahmen von mir sehe, die damals gemacht wurden, denke ich immer, der dort zu sehen ist, ist jemand ganz anders.

Du hast jedenfalls anders gesprochen, sehr schneidig, fast militärisch zackig, in druckreifen und sehr langen, kunstvoll gedrechselten Sätzen. Das hört sich für uns heute merkwürdig an, sagte ich.

Das war damals aber bei allen so, verteidigte sich Rudolf. Du solltest dir mal die ersten Bundestagsreden von Kurt Schumacher anhören. Die Mikrofone damals waren doch technisch überhaupt nicht zu vergleichen mit denen von heute!

Ha, rief er dann plötzlich. Nachdem man mich aus dem Gefängnis entlassen hatte, ging ich eines Abends ins Theater. Ich traf mehr als eine Viertelstunde zu spät dort ein. Erst als ich auf meinem Platz saß, wurde es im Theatersaal dunkel, und der Vorhang ging auf. Das Theaterpublikum hat, ohne sich zu beschweren, abgewartet, bis ich da war, lächelte er versonnen.

So einer ist berühmt, sagte er dann. Alles andere ist Einbildung.

Für die *Zeit* hatte der renommierte Interviewer André Müller Augstein um ein Gespräch gebeten. Mitte Oktober sollte es erscheinen. Als ich Rudolf die Anfrage überbrachte, sagte er sofort zu. Wenn es nichts wird, meinte er erstaunlich friedfertig, kann man es ja wegwerfen. Er wolle den Journalisten aber nicht in seinem eigenen repräsentativen Büro, sondern an meinem Arbeitsplatz im zwölften Stock treffen, sagte er.

Daher überraschte es mich, dass er alles andere als freundlich gestimmt war, als er zum verabredeten Termin in meinem Büro eintraf. Seine Unlust, mit wem auch immer zu sprechen, machte sich sofort bemerkbar. Mit einer ruckartigen Kopfbewegung in André Müllers Richtung knurrte Augstein lediglich: Ist er das? Er gab seinem Gast nur sehr kurz die Hand, ohne ihn dabei anzusehen.

Nachdem er sich auf den zweiten Besucherstuhl in Müllers Nähe gesetzt hatte, wandte er seinem Gesprächspartner den Rücken zu. Ich überlegte kurz, ob ich Rudolf meinen Platz hinter dem Schreibtisch anbieten sollte, fürchtete aber, ihn womöglich noch mehr zu reizen. Meine Mitarbeiterin servierte Mineralwasser.

Auch André Müller schien etwas verunsichert zu sein. Dann stellte er übergangslos fest: Sie wollen auf Sylt beerdigt werden.

Wer sagt das?, knarzte Rudolf.

André Müller sah fragend zu mir herüber und antwortete wahrheitsgemäß mit einem kurzen Kopfnicken in meine Richtung: Sie.

Rudolf funkelte mich giftig an und ächzte. Dann schwieg er verdüstert.

Verlegen nippte ich an meinem Wasserglas und wünschte mich ganz weit weg.

Sie haben nichts dagegen, wenn ich jetzt das Tonband anstelle?, fragte André Müller fast unterwürfig.

Wir haben vereinbart, hörte ich mich in Rudolfs Richtung sagen, dass Herr Müller das Gespräch zunächst aufnimmt und es dir vorlegt, wenn er es fertig bearbeitet hat.

Du hast das vereinbart, sagte Rudolf übellaunig.

André Müller beschäftigte sich indessen mit seinem kleinen Tonbandgerät. Er schob es auf der Schreibtischplatte näher an Rudolf heran und begann seine Fragen zu stellen.

Herr Augstein, Sie sind der bekannteste, wohl auch bedeutendste Publizist in Deutschland. Sie schreiben seit fünfundvierzig Jahren politische Kommentare. Aber Sie haben schon früh geäußert, dass durch das Schreiben nichts zu bewegen sei.

Rudolf legte den Kopf etwas zurück und konzentrierte sich.

Es gibt in mir den Journalisten, der seine Arbeit tut, und

daneben den Viertelphilosophen, der weiß, dass er durch Journalismus substantiell nichts verändern kann, antwortete er langsam.

Obwohl Rudolf mürrisch blieb, nahm das Gespräch Fahrt auf und versprach interessant zu werden. Wie immer waren André Müllers Fragen ungewöhnlich. Rudolf Augsteins Antworten auch: Er sei nur der Prophet Amos, und das sei nur ein sehr kleiner Prophet, war eine solche: Gewaltsame Konflikte stehen bevor. Jugoslawien ist erst der Anfang. Wir werden unseren Eurozentrismus aufgeben müssen. Es wird zu Umverteilungskämpfen ungeahnten Ausmaßes kommen. Ich glaube nicht, dass wir die Instrumente haben, damit fertigzuwerden.

Nach fast zwei Stunden allerdings schien der Frager dem Befragten wieder auf die Nerven zu gehen.

Sie sind entsetzlich, rief Rudolf aufgebracht. Sie machen Ihre Interviews mit drei Wörtern: Tod, Selbstmord, Verzweiflung! Hitler hat zwei gebraucht!

Welche? fragte André Müller unbeeindruckt.

Mein Kampf!

André Müller lachte trocken auf.

Warum wollen Sie denn immer auf das Leiden hinaus?, rief Rudolf verärgert.

Ja, leiden Sie vielleicht nicht?, entgegnete André Müller.

Er ist nicht auszuhalten! Schmeiß diesen Kerl raus, raunzte Rudolf mich an.

Etwas angespannt sah André Müller zu mir herüber.

Ich hob fragend die Schultern.

Ich kann nicht mehr richtig gehen, weil ich Rheuma habe, erklärte Rudolf jetzt gereizt. Ich habe nur noch anderthalb Zähne, die kann ich Ihnen zeigen. Darunter leide ich, fuhr er mit gefährlichem Unterton in der Stimme fort.

Los jetzt, raus hier, herrschte er mich an, wobei klar war, dass er eigentlich Müller meinte.

Er sei auch am Ende, sagte André Müller daraufhin sofort und betonte das Wort auch. Während er langsam sein Tonband verpackte, bemerkte er spitz und ohne Rudolf anzusehen: Ihre Kommentare machen ja selten mehr als zwei Spalten aus. Interessiert Sie das alles überhaupt noch? Ist das nicht fürchterlich langweilig für Sie? Immer nur diese zwei Spalten ...

Sie langweilen mich, murrte Rudolf ungnädig in Müllers Richtung, der sich höflich, aber sehr knapp verabschiedete.

Nachdem André Müller hinausgegangen war, moserte Rudolf weiter: Das wird alles nichts werden.

Aber warum denn nicht?, wunderte ich mich, denn ich las André Müllers *Zeit*-Gespräche mit interessanten und berühmten Menschen immer mit großem Vergnügen.

Der Kerl ist ein Fälscher, der schreibt in die Gespräche hinein, was er will. Du wirst schon sehen.

Grußlos und grimmig ging Rudolf davon.

Am Wochenende, so hatte André Müller vorgeschlagen, würde er mir das druckreife *Zeit*-Gespräch mit Rudolf Augstein nach Hause faxen, so dass ich es lesen könne, bevor der Herausgeber es selbst zur Kenntnis nahm.

Am Samstagnachmittag faxte ich den Gesprächstext an Rudolf weiter mit der Bemerkung: Bitte möglichst bald lesen! Herr Müller wartet auf deine Antwort.

Kurz vor Mitternacht klingelte bei mir das Telefon.

Keinesfalls wird dieser Mist gedruckt, rief Rudolf. Ich ziehe das Gespräch zurück!

Um Zeit zu gewinnen, hustete und hüstelte ich anhaltend ins Telefon.

Soll ich dir meinen Arzt schicken?, fragte Rudolf bissig.

Hast du das Gespräch denn schon gelesen?, forschte ich nach. Rudolfs schon während des Gesprächs mit André Müller immer wieder aufkommenden Widerwillen konnte ich mir nicht erklären. Womöglich war jemand, der nicht zu André

Müllers Freunden zählte, dabei, Rudolf dieses Interview auszureden.

Ruf Peymann an, rief Rudolf jetzt aufgebracht ins Telefon.

Den Regisseur Claus Peymann? Warum denn Claus Peymann?, fragte ich erstaunt.

Du weißt nichts! Du liest nichts! Es ist entsetzlich, hörte ich jetzt.

Es ist mitten in der Nacht, ich werde Peymann nicht erreichen, versuchte ich Rudolfs mieser Laune zu entgehen.

Der ist Theaterdirektor! Theaterdirektoren sind *nur* nachts zu erreichen, behauptete Rudolf verbiestert. Los jetzt, ruf ihn an!

Und was sage ich ihm?

Du seist ein Opfer von André Müller. Rudolf kicherte kurz.

Du spielst auf diesen Skandal nach dem Peymann-Gespräch 1988 in der *Zeit* an, entgegnete ich, auch um zu beweisen, dass ich sehr wohl Zeitungen las. Auf Peymanns umstrittene Behauptung, der österreichische Bundespräsident Kurt Waldheim habe ihm anerkennend den Nacken geküsst … Im nächsten Satz hat Peymann aber sofort gesagt, es sei wie eine Vergewaltigung gewesen. Das steht so auch in dem Gespräch. Und dass die Kulturprominenz sich nach der Veröffentlichung als Opfer gebärdete und sich über dieses Interview aufregte … das war doch die reinste Selbstentblößung. Dieses Gespräch hat André Müller mehr genützt als geschadet, erklärte ich mit Nachdruck.

Es war alles gefälscht, beharrte Rudolf.

Das Gespräch mit *dir* hat aber genauso stattgefunden, wie es jetzt zu lesen ist. Ich saß doch die ganze Zeit dabei. Und ich finde, es ist richtig gut geworden, beharrte ich wiederum.

Du bist nicht ganz dicht, sagte Rudolf.

Diese eine Stelle allerdings, die würde ich streichen, meinte ich entschieden.

Welche denn?, fragte Rudolf neugierig.

Einen Augenblick, ich lese sie dir vor.

Rudolf ächzte ein wenig, wartete dann aber geduldig, bis ich das Manuskript herbeigeholt und die betreffende Stelle gefunden hatte.

Augstein, Doppelpunkt, las ich vor. Sie fragen mich, warum ich ohne Frauen nicht leben kann?

André Müller: Ja.

Augstein, Doppelpunkt, Ich kann doch nicht sagen, dass ich gern ficken möchte, oder wollen Sie das jetzt hören?

André Müller: Nicht unbedingt.

Rudolf seufzte übertrieben lange in den Hörer hinein.

Sei nicht so etepetete. Das ist die einzige Stelle, die man drucken kann, sagte er schließlich gedehnt.

Ach so. Also doch drucken?

Auf gar keinen Fall! Los jetzt, ruf die *Zeit*-Leute an, das Gespräch wird zurückgezogen.

Mit welcher Begründung?

Sag ihnen, du willst die Fickerei nicht. Rudolf lachte begeistert.

Ich halt's nicht aus. Sind wir jetzt auf dem Schulhof?, stöhnte ich genervt. Na gut, du bist der Boss.

Sei nicht so frech, sagte Rudolf und legte auf.

Claus Peymann rief ich nicht an.

Stattdessen telefonierte ich am Sonntagmorgen mit *Zeit*-Chefredakteur Robert Leicht. Es überraschte ihn, zu hören, Augstein habe sich gegen die Veröffentlichung des Gesprächs entschieden.

Das Gespräch sei doch sehr gelungen und auch sehr interessant. Mit einer Zurückziehung habe er zuallerletzt gerechnet, meinte Leicht fassungslos.

Ich fürchte, er hat es gar nicht gelesen, verriet ich ihm.

Aber warum denn nicht?

Er behauptet, das Peymann-Gespräch in der *Zeit* habe Müller gefälscht.

Er hatte es ursprünglich dem *Spiegel* angeboten, sagte Robert Leicht verdutzt.

Wirklich? Dem *Spiegel*? Das wusste ich nicht.

Dort hat man ihm abgeraten, es zu veröffentlichen. Er hat es dann an uns gegeben, und wir haben es gedruckt. Das Echo war sensationell, sagte Robert Leicht nachdenklich.

Dann sagte er eine Weile nichts mehr.

Wir sind unter Zeitdruck. Es wird jetzt sehr schwierig für uns, etwas anderes anstelle des Augstein-Gesprächs zu drucken, sagte er dann. Bitte, versuchen Sie, Herrn Augstein umzustimmen.

Das mache ich gern, versprach ich. Ich werde gleich morgen früh zu ihm gehen.

Als ich eintraf, frühstückte Rudolf mit seiner Münchner Freundin, die sich aber sehr bald verabschiedete.

Was willst du denn schon hier?, wandte sich Rudolf, nun überraschend gut gelaunt, mir zu.

Dein Okay für das Müller-Gespräch, antwortete ich.

Du bist grauenvoll.

Das ist mein Job, sagte ich unbeirrt.

Robert Leicht lässt dich grüßen, fuhr ich fort. Er ist einigermaßen entsetzt.

Aber warum denn bloß?, fragte Rudolf gespielt harmlos.

Weil du seine Arbeit torpedierst.

Haha.

Heute ist Montag. Morgen ist bei den *Zeit*-Leuten Redaktionsschluss. Sie haben zwei Seiten für das Gespräch freigeschlagen. Extra für dich. Und du sagst einfach ab. Auf den letzten Drücker. Das werden sie dir zu Recht übelnehmen, sagte ich vorwurfsvoll.

Was steht denn drin? Lies mal vor, und dann lasst mich alle in Ruhe damit, meinte Rudolf plötzlich unerwartet aufgeräumt.

Kaum hatte ich das Gespräch vorgelesen, ließ sich Rudolf mit *Zeit*-Chefredakteur Robert Leicht verbinden.

Nach einigem freundschaftlich klingenden Hin und Her hörte ich Rudolf sagen: Selbstverständlich können Sie alles drucken. Ich werde nur wenig ändern. Es wird heute noch fertig.

Dann kam er auf den Skandal zu sprechen, den das Peymann-Gespräch in Österreich ausgelöst hatte:

Haha, glauben Sie im Ernst, dieser elende frühere Nazi-Offizier hat ausgerechnet Peymann in den Nacken geküsst? Glauben Sie das wirklich? Das hat man Ihnen untergejubelt, hörte ich Rudolf in sein Telefon lachen.

Kaum war ich wenig später im Büro, richtete meine Mitarbeiterin bereits von weitem aus: André Müller möchte dich dringend sprechen!

Inzwischen dürfte doch wohl bei ihm angekommen sein, dass sein Gespräch gedruckt wird, meinte ich erstaunt.

Wenig später hatte ich André Müller am Telefon.

Ich bin gelähmt!, rief er unvermittelt in Thomas Bernhard'scher Manier in den Hörer. Ich kann mich nicht mehr bewegen! Er hat mich an den Rand meiner Existenz gebracht! Augstein war immer mein Vorbild. Jetzt nicht mehr! Es ist alles aus! Augstein war eine Art Vaterfigur für mich! Jetzt nicht mehr!

Seit einiger Zeit gehörten die Todesanzeigen in sämtlichen Zeitungen zu Rudolfs Lieblingslektüre. Nur zu gern rechnete er neuerdings nach, wie alt die oder der Verstorbene denn nun geworden sei. Dass er sich alles andere als klammheimlich freute, wenn er sie oder ihn wieder einmal um etliche Jahre überlebt hatte, stand in bemerkenswertem Widerspruch zu seinen sonst üblichen Klagen, am liebsten nie geboren worden zu sein.

Im Herbst 1993 war einer kleinen Zeitungsnotiz zu entnehmen, die Schauspielerin Joana Maria Gorvin sei im Alter von 71 Jahren gestorben.

Rudolf rief in unserem Büro an: Ich habe sie in allerbester Erinnerung. Sie hat vielleicht Glück! Sie ist jetzt schon im Himmel. Und ich muss hier immer noch Geburtstag feiern!

Dann diktierte er eine Registermeldung für den *Spiegel*: Gustaf Gründgens habe diese Schauspielerin entdeckt, und der bedeutende deutsche Regisseur Jürgen Fehling sei ihr Lebensmensch gewesen. Immer munterer fuhr Rudolf mit seinem Diktat fort: Er hängte ihr den Namen *erotische Nachtigall* an, doch wenn es schrille Nachtigallen gibt, dann war sie eine. Er machte aus ihr die Gorvin und wurde dann krank. Sie war, in einem, die große Dame der Gründgens-Ära in Hamburg, noch heute gefragt, wenn sie nur noch gekonnt hätte.

Ob ich diesen Satz etwas ändern, etwas verständlicher machen dürfe, fragte ich vorsichtig.

Was doch, bekam ich zu hören, diesen Satz versteht jeder. An dieser Meldung wird nicht ein Wort geändert.

Er habe der Schauspielerin *damals in Hamburg einen Geburtstag ausrichten dürfen,* diktierte er erinnerungsfroh *Es kam als erster und uneingeladener Gast der geniale Zeichner Horst Janssen.* Am Ende des Artikels tanzte *die Gorvin* auf dem Eis der Alster ihre Pirouetten und: Als Rudolf Augstein sich *an ihr festhalten wollte, klatschten wir beide in die schon tauende Eisdecke.*

Seid ihr richtig ins Eis eingebrochen? Wie seid ihr denn da wieder herausgekommen?, fragte ich.

Statt einer Antwort diktierte Rudolf unbeirrt weiter: *Unserem Auto konnten wir uns, nass, wie wir waren, nicht nähern, weil es von Polizisten umstellt war. Sie hatte vergessen, die Scheinwerfer auszuschalten. Lassen wir es dabei: Sie war, wie die ›Hamburger Morgenpost‹ schrieb, ›eine Dame mit silbriger Ausstrahlung‹.*

Dann knackte es in der Leitung. Rudolf hatte aufgelegt.

Rudolfs plötzliche Produktivität beeindruckte mich immer wieder. Trotzdem fragte ich hin und wieder scheinbar erschöpft: Kannst du uns nicht zwischendurch mal eine kleine Pause gönnen?

Was heißt hier kleine Pause zwischendurch, rief Rudolf tatendurstig. Los, weiter jetzt! Für Pausen haben wir keine Zeit!

Augstein-Artikel über den Ersten oder Zweiten Weltkrieg waren für mich immer schwierig, weil ich über wenig Detailwissen verfügte. Rudolf schien das aber nichts auszumachen. Das kannst du nicht wissen, pflegte er zu sagen und erklärte mir geduldig die Zusammenhänge.

Schon im ersten Heft des Jahres 1994 erschien seine Titelgeschichte: *1914/1994 Als die Lichter ausgingen* über *Wilhelm II. und die Zerstörung Europas.*

Dieser Koooohl, meinte er hin und wieder, während wir den Artikel bearbeiteten. Warum begreift er das nicht?

Um Kriegsschuld geht es heute nicht mehr. Vielmehr müssen wir uns fragen, was damals zu verhindern gewesen wäre und ob nach diesem Krieg ein vereintes Europa jemals möglich sein kann. Ist es nicht vielmehr auf den Schlachtfeldern von Verdun geblieben?

Wie immer war auch dieser Artikel mit vielen anschaulichen historischen Beispielen und Zitaten versehen.

Unbedingt müsse diese kuriose Postkarte gedruckt werden, die Wilhelm II. 1914 zu Kriegsbeginn zeige, ordnete er an. Auf dieser Karte nämlich sei der Satz zu lesen: *Vor Gott und der Geschichte ist mein Gewissen rein – Ich habe den Krieg nicht gewollt.*

Einmal mehr staunte ich über Rudolf Augsteins enormes Gedächtnis, in dem solch ein Bild gespeichert war. Jede Quelle, jeder Name, ja jedes Wort wurde von Dokumentaren und Schlussredakteuren wie gewohnt mehrfach überprüft. Mir fiel dabei die Aufgabe zu, Einwände der Dokumentare an Rudolf Augstein heranzutragen. Auch dieses Mal war es ein mühsames

Geschäft und führte zu längeren zähen Verhandlungen mit dem Autor. Nur mit der gleichen Zähigkeit war dieser Kampf um Sätze und Wörter zu bestehen.

Am späten Freitagabend war der Artikel schließlich fertig, und Rudolf rief mich kurz nach Mitternacht im Büro an.

Sind wir jetzt mit allem durch?, fragte er hundemüde.

Ja, es ist alles okay, antwortete ich. Du bist endlich entlassen.

Ganz kurz war es sehr still im Hörer.

Und wann werde ich wieder eingestellt?, fragte Rudolf dann listig und verabschiedete sich mit: Besorg dir schon mal ein paar Karl-May-Bücher. Und einen Berg Lexika. Karl May hat ja behauptet, er könne 1200 Sprachen und Dialekte. Haha, ein großartiger Lügenbold! Das wird eines meiner nächsten Themen.

Dass Rudolf sich nicht wirklich wohlzufühlen schien, bemerkte ich erst Mitte Oktober 1994, ohne einen Grund dafür nennen zu können. Mir fiel aber auf, dass er fahrig in seinen Zeitungen herumblätterte, ohne darin zu lesen. Als er ankündigte, er wolle Alexander Solschenizyn in Moskau treffen, hielt ich das für ein Zeichen, dass es ihm wohl doch gutgehe, und dachte nicht weiter nach. Ohnehin hätte ihn nichts und niemand von dieser neuerlichen Begegnung mit dem Nobelpreisträger abhalten können. Denn Rudolf bezeichnete den Schriftsteller Alexander Solschenizyn als *eine eindrucksvolle Persönlichkeit, einen Mann von ungeheurer Willenskraft, der keinen Widerspruch dulde.* Dessen Roman *Archipel Gulag* hielt er für ein *Meisterwerk*, dessen Romanserie *Das rote Rad* hingegen für *Mist,* wie er sich ausdrückte.

Das Gespräch mit Alexander Solschenizyn sollte Ende Oktober als *Spiegel*-Titel erscheinen.

Es war früher Nachmittag, als ich im Leinpfad eintraf, um

Rudolf die für dieses *Spiegel*-Gespräch vorbereiteten Unterlagen zu bringen. Er saß in seiner Sofaecke und sah aus, als habe er einen Boxkampf hinter sich. Seine Nase war geschwollen, das Nasenbein aufgeschürft und blutverkrustet. Er sei über den kleinen Büchertisch gestürzt, als er das Telefon auf seinem Schreibtisch abnehmen wollte, beantwortete er meinen fragenden Blick.

Aber so, wie du aussiehst, kannst du doch nicht zu Solschenizyn fliegen.

Issajewitsch? Der ist das von seinen Russen doch gewohnt. Der kennt das doch gar nicht anders, wehrte Rudolf gelassen ab.

Ich schloss daraus, dass Rudolf das eine oder andere Bier zu viel getrunken und sich dann verletzt hatte. Bevor ich ihn aber fragen konnte, stöhnte er: Sie wollen mich endgültig umbringen.

Wer? Die Russen?

Hoffentlich fällt das Flugzeug mit mir vom Himmel, bekam ich statt einer Antwort zu hören. Dann hätte sich die Sache erledigt, murmelte Rudolf. Um welche Sache es sich handelte, verriet er nicht.

Kurz darauf, es war an einem Sonntag, schreckte mich zu Hause ein Anruf von Augstein auf: Etwas Fürchterliches sei passiert. Ob ich ganz schnell zu ihm kommen könne.

Beunruhigt machte ich mich sofort auf den Weg.

Rudolf saß an seinem Schreibtisch und wandte mir den Rücken zu. Vor ihm lag aufgeschlagen sein privates Telefonbuch. Er hielt den Kopf in beide Hände gestützt und schien es gründlich zu studieren.

Ohne sich nach mir umzudrehen, meinte er, du kennst doch Frau Drechsler, meine Mieterin im Souterrain, die ich beim Kauf dieses Hauses übernommen habe.

Klar.

Deren Namen fängt doch mit D an.

Ja.

Diese Mieterin habe er gerade folgendermaßen angerufen, erzählte Rudolf nun zerknirscht: Bringen Sie mir doch bitte zwei Flaschen Bier aus dem Keller herauf.

Ja, gern, habe sie sofort geantwortet und gefragt: In welcher Straße wohnen Sie denn?

Machen Sie hier keine Witze, habe er sich daraufhin geärgert.

Sie mache keine Witze. Sie wolle nur in Erfahrung bringen, wo er gerade anzutreffen sei. Im Leinpfad vielleicht? Sie würde ihm das Bier sofort schicken lassen, habe er zu hören bekommen.

Wer von ihnen beiden jetzt besoffen sei, habe er gefragt. Er oder sie?

Er dürfe davon ausgehen, *ich* nicht, sei die höfliche Antwort gewesen.

Mit wem rede ich überhaupt?, habe er daraufhin argwöhnisch gefragt.

Und weißt du, was sie gesagt hat?, wandte Rudolf sich nach mir um und sah mich fassungslos an.

Dönhoff, stöhnte Rudolf und sah ehrlich verzweifelt auf sein Telefonbuch hinab. Was mache ich jetzt bloß?

Blumen, rief er dann aus. Natürlich! Blumen!

Von seiner sofort alarmierten Sekretärin wurde ein üppiger Blumenstrauß versandt.

Marion Dönhoff, die Rudolf – der sie verehrte – stets als *die Gräfin* zu bezeichnen pflegte, bedankte sich umgehend und sehr freundschaftlich.

Rudolf warf sich trotzdem immer wieder vor: Wie konnte ich nur die Telefonnummer der Gräfin mit der Telefonnummer von Frau Drechsler verwechseln!

Ich brauche neue Brillengläser, behauptete er, bis er sich irgendwann eingestand: Es liegt an meinen Augen. Ich sehe viel zu schlecht in letzter Zeit.

Dann lag der kleine Unfall neulich tatsächlich an seinen Augen, dachte ich, und nahm mir vor, ihn bei passender Gelegenheit darauf anzusprechen.

Die darauf folgenden Tage verbrachte Rudolf damit, sich von mir die Namen sämtlicher Redakteure aus dem roten, internen Ringtelefonbuch des Verlags vorlesen zu lassen. Offensichtlich handelte es sich um *die Sache*, die Rudolf erst vor kurzem angedeutet hatte: Er war auf der Suche nach einem neuen Chefredakteur.

Larry, du wirst es, witzelte er, als sein Fahrer Böhme, Schlees Nachfolger, ihm einige Unterlagen des *Spiegel*-Geschäftsführers übergab. Lustlos blätterte er die Papiere durch, schüttelte ratlos den Kopf und murmelte: Aber nein doch. So geht es auf gar keinen Fall.

Las ich ihm aus dem *Spiegel*-Telefonbuch den Namen einer Redakteurin vor, schlug er entsetzt die Hände vor sein Gesicht, schüttelte sich und behauptete: Frauen wollen doch so eine Verantwortung nicht! Die wollen drei Monate herumfahren und recherchieren und dann lange Geschichten schreiben.

Während ich ihm weitere Namen vorlas, wirkte er, als wolle er sich vergewissern, dass bei dieser Chef-Suche keinesfalls der eine oder andere *Spiegel*-Journalist übersehen würde, der seiner Meinung nach für diesen Posten geeignet sei.

Irgendwann sagte er entschlossen: Stefan Aust wird es können. Einer, der die Kinder von Ulrike Meinhof vor einem Palästinenserlager gerettet hat, wird auch den *Spiegel* in den Griff kriegen.

Mir war nicht klar, ob er diesen Satz ernst meinte. Wenige Tage später rief Rudolf mich gegen Mittag im Büro an und murmelte düster: Es geht los. Danach hängte er sofort ein. Er hatte sich angehört, als ziehe ein schweres Unwetter auf.

Tatsächlich brach im Haus ein Sturm der Entrüstung aus.

Fast alle Kollegen stemmten sich gegen die Abberufung des amtierenden Chefredakteurs Hans Werner Kilz. Der Flurfunk überschlug sich und meldete den Namen des möglichen neuen Chefredakteurs: Stefan Aust. Es wurden Unterschriften von Mitarbeitern gesammelt, die sich für den Verbleib von Hans Werner Kilz einsetzten. Vor dessen Haustür würden Blumen abgelegt, berichtete der Flurfunk. In den Redaktionsstuben schien es nur noch ein einziges Thema zu geben: Die Zukunft des *Spiegels*.

Meine Mitarbeiterin, die um die Mittagszeit ihren Hund Tobias, einen in die Jahre gekommenen Airedale Terrier, auszuführen pflegte, kam fassungslos von ihrem Spaziergang zurück: Im Aufzug sei sie von Kollegen angefeindet worden: Was sie sich denn *dabei* denke?

Als ob *ich* hier jemals etwas zu sagen gehabt hätte, empörte sie sich.

Wir Mitarbeiter haben hier jetzt alle mitzureden, spöttelte ich.

Die Aufregung hielt tagelang an, angefeuert durch Artikel in vielen Tageszeitungen. Am dritten Tag dieses Aufruhrs rief Erich Böhme, inzwischen Talkmaster der Sendung *Talk im Turm*, bei mir an und fragte lauernd: Ei, wie geht denn des jetzt aus? Wisse Sie's schon?

Wie es aussieht, läuft alles auf Stefan Aust hinaus. Mehr weiß ich auch nicht, antwortete ich wahrheitsgemäß.

Wie geht's denn unserem gemeinsamen Freund Rudolf?, fragte er mit listigem Unterton.

Meine Antwort, seit Tagen hätte ich von Rudolf weder etwas gehört noch gesehen, wartete er aber gar nicht erst ab. Er legte auf, bevor ich meinen Satz beendet hatte.

Ebenso unvermutet meldete sich Günter Gaus, der Ende der sechziger bis Anfang der siebziger Jahre selbst einmal Chefredakteur des *Spiegels* gewesen war: Bitte, sagen Sie Rudolf, zischelte er verschwörerisch in den Hörer, in mir hat er einen echten Freund. Den *einzigen*. Bitte, sagen Sie ihm das.

Dann hängte er ein.

Nach drei Tagen Stillschweigen meldete sich Rudolf telefonisch bei mir.

Ach, wär ich doch als kloas Kind bei Langemarck gefallen, jammerte er einmal mehr mit gespielter Verzweiflung. Wenn das so weitergeht, bin ich morgen früh tot. Ob ich zu ihm in den Leinpfad kommen könne, mit ihm gehe es nun zu Ende, stöhnte er.

Als ich bei ihm eintraf, saß er, mit seinem weißen Bademantel bekleidet, bleich und übernächtigt in seiner Sofaecke. Vor ihm auf dem Sofatisch lag ein Fax, das ich gleich als eine Unterschriftenliste der Mitarbeiter erkannte.

Ich kriege Aust nicht durch. Gerade war eine Abordnung hier. Die Ressortleiter sind dagegen, und die stellvertretenden Chefredakteure wollen ihn auch nicht, klagte er statt einer Begrüßung. Kilz sei im Hause sehr beliebt, hätten sie übereinstimmend gesagt. Rudolf wirkte tatsächlich hilflos.

Dann lass Kilz doch im Amt, schlug ich leichten Sinnes vor.

Du bist nicht ganz dicht, bekam ich zu hören, dann hätten sie wirklich allen Grund, *mich* rauszuschmeißen, murrte er. Der ganze Wirbel ist doch viel zu weit fortgeschritten. Liest du keine Zeitungen? Sie werden es bereuen, drohte er zornig. Wenn ich jetzt gehe, geht es mit dem *Spiegel* bergab. Noch brauchen sie mich. Vielleicht nur meinen Namen, aber der ist jetzt wichtiger als vorher.

Rudolfs Stimme nahm bald eine gefährliche Tonlage an: Denen gehört doppelt so viel wie mir. Die Hälfte des Unternehmens habe ich ihnen geschenkt! Geschenkt! Ich hätte damals auch abzischen und Kasse machen können, erklärte er.

Und warum bist du nicht gegangen?, fragte ich gespannt.

Nun ja, damals war doch dieser Achtundsechziger-Aufruhr

überall. Auch im *Spiegel*. Das war schwierig für mich. Viele Forderungen fand ich damals ja sogar richtig. Ach ja, Zeitgeist, Zeitgeist, seufzte Rudolf. Dann schwieg er längere Zeit.

Ich hatte immer einen Horror davor, Leute auszubeuten, sagte er schließlich. Und ich war immer der Meinung, Journalisten sollen ordentliche Gehälter bekommen. Damit nicht jeder Autohändler sie bestechen kann. Aber das sind doch alles keine Unternehmer, haderte er. Journalisten! Die können doch nicht einmal mit ihrem eigenen Geld richtig umgehen! Geschweige denn die Verantwortung für ein ganzes Unternehmen tragen! Wenn sie die Mitbestimmung aber so auslegen, bitte! Das können sie haben, murrte er vergrätzt.

Mir gehört ja nur noch das eine Viertel, sagte er und hörte sich fast wieder erleichtert an.

Er selbst habe in seiner ganzen Laufbahn nur ein einziges Mal eine Kündigung ausgesprochen, und zwar einer Sekretärin gegenüber, behauptete Rudolf dann. Bis zum Ende ihres Kündigungsquartals habe sie weiterhin ganz freundlich im Vorzimmer gesessen und wie immer ihre Arbeit gemacht. Auch an ihrem letzten Arbeitstag sei sie ganz ruhig geblieben: Keine Tränen, kein Gezanke, nichts …, kicherte Rudolf in sich hinein und erzählte weiter: Am gleichen Nachmittag saß ich mit Geschäftsführer Hans Detlev Becker zusammen, als plötzlich die Tür aufging und diese Sekretärin ihnen zurief: Na denn man Tschüss, ihr Blödmanner! Sie habe die Tür ganz leise wieder zugezogen und sei weggegangen. Becker und er seien völlig perplex gewesen. Rudolf lachte laut auf: Ich bin ihr dann hinterhergerannt und habe sie sofort wieder eingestellt.

Jetzt stieß er einen langen, tiefen Stoßseufzer aus, um sich danach gleich wieder zu beklagen: In den Zeitungen wird es natürlich heißen, Augstein feuert Kilz. Es ist entsetzlich.

Rudolfs Fahrer kam herein und drückte mir mehrere Blätter in die Hand, die gerade gefaxt worden waren.

Was ist das?, fragte Rudolf mürrisch.

Listen mit Unterschriften der Mitarbeiter.

Rudolf stöhnte herzzerreißend und schwieg verdüstert.

Ruf sie an! Sie sollen mich endlich mit diesem Quatsch in Ruhe lassen! Sie sollen sich um ihren Kram kümmern und nicht in Sachen einmischen, von denen sie nichts verstehen, rief er aufgebracht.

Erich Böhme hat sich bei mir gemeldet und auch Günter Gaus, versuchte ich Rudolfs Aufmerksamkeit auf die beiden früheren *Spiegel*-Chefredakteure zu lenken.

Die haben mir gerade noch gefehlt, rief Rudolf genervt.

Sie haben beide ausdrücklich gesagt, sie seien deine Freunde.

Haha. Mit solchen Freunden werde ich hier nichts!

Du rufst jetzt diese elenden Listenschreiber an, befahl er barsch.

Ich suchte das rote Telefonbuch und darin die Nummer des Redakteurs, der als Ansprechpartner auf der Liste stand. Er war sofort am Telefon.

Danke für die Liste, tastete ich mich vorsichtig heran.

Ich habe Herrn Augstein gerade weitere Listen gefaxt. Es sind noch sehr viele Unterschriften hinzugekommen, preschte der Kollege vor.

Er ist an diesen Listen, glaube ich, eher nicht interessiert, versuchte ich ihm Rudolfs Ärger zu vermitteln.

Sie sollten ihn aber interessieren, antwortete der Kollege kampfeslustig.

Ich fürchte, er ist im Augenblick mit Wichtigerem beschäftigt, als diese Unterschriftenlisten zu studieren, sagte ich nun schon etwas bestimmter.

Herr Augstein kann uns als Mitarbeiter doch nicht einfach beiseitelassen, als gäbe es uns nicht, beharrte der Kollege empört.

Also ehrlich, empörte ich mich gleichermaßen, ihr führt

euch auf, als wären wir hier auf der Pädagogischen Hochschule! Dort werden auch wegen allem und jedem Unterschriften gesammelt. Lassen Sie Herrn Augstein doch mit diesem Basis-Gemache in Ruhe!

Der Kollege am anderen Ende der Leitung gab nicht auf.

Das sehen Sie jetzt aber ganz falsch, begann er zu diskutieren.

Glauben Sie mir, ich sehe das völlig richtig. Ich muss jetzt Schluss machen, Herr Augstein will telefonieren.

In der Leitung knackte es. Schnell legte auch ich den Hörer auf.

Haha. Gut, gut, gut! Sie müssen dich fürchten und hassen! Dann hast du Macht, lachte Rudolf unerwartet heiter in seiner Sofaecke.

Ich muss wieder los. Ich werde im Büro gebraucht, sagte ich sehr viel weniger vergnügt. Seit Tagen ruft einer nach dem anderen bei uns an und will wissen, wer neuer Chefredakteur wird. Dauernd muss ich mir irgendetwas Hinhaltendes aus den Fingern saugen. Du entziehst dich einfach und lässt mich im Auge des Orkans sitzen.

Rudolf musterte mich kurz.

Aber dort ist es doch ganz still, sagte er listig und wirkte dabei wie sein Lieblingsdetektiv Columbo, der gerade den Täter hereingelegt hat.

Die Gerüchteküche war hochgradig angeheizt. Selten war unser Büro so gefragt wie in diesen Tagen. Sowohl *Spiegel*-Kollegen als auch Journalisten anderer Blätter bestürmten mich, um zu erfahren, wie es weitergehe an der *Spiegel*-Spitze. Einmal gelang es nicht, einen mehrfach bei mir auftauchenden *Spiegel*-Kollegen abzuschütteln. Einigermaßen ungeduldig sagte ich schließlich: Wenn ihr hier weiterhin diesen Terror veranstaltet, ist Rudolf Augstein ruckzuck weg.

Wie meinst du das?, legte sich der Kollege sofort auf die Lauer.

Wie ich es sage, versuchte ich auszuweichen.

Was heißt das denn genau, ruckzuck weg?, fragte der Kollege gespannt.

Rudolfs Rat eingedenk, wenn schon lügen, dann so, dass sich die Balken biegen, behauptete ich jetzt kühn: Ich war vorhin im Leinpfad. Rudolfs Koffer sind gepackt. Sie stehen bei ihm im Flur.

Der Kollege hielt den Atem an.

Er geht für immer nach Südfrankreich und schreibt seine Memoiren.

Er will sich wirklich zurückziehen? Für immer? Und das meint er ernst?, zweifelte der Kollege, nachdem er Luft geholt hatte.

Dieses Mal meint er es wirklich ernst, entgegnete ich möglichst gelassen. Es sei denn, man folgt seinem Vorschlag und einigt sich auf Stefan Aust.

Sofort sprang der Kollege aus dem Besucherstuhl auf: Wenn Augstein geht, wäre das wirklich nicht gut für den *Spiegel,* ereiferte er sich und stob davon. Als ich ihm nachsah, wurde mir klar, dass ich mich, ohne es zu wollen, in die Sache eingemischt hatte.

An einem der folgenden Tage wurde Stefan Aust schließlich doch zum Chefredakteur bestimmt, und erstaunlich schnell richteten sich an Bord des *Spiegel*-Schiffes die Kompassnadeln an dem neuen Mann auf der Kommandobrücke aus.

Eher nebenbei berichtete ich Rudolf, eine Freundin habe mir erzählt, Hans Werner Kilz sei kurz vor seiner Trennung vom *Spiegel* zu einem jungen Mann, seinem Schneider, gefahren, mit dem sie gut befreundet sei. Dort habe er ganz unaufgeregt mitgeteilt, der junge Mann solle am nächsten Morgen unbedingt Zeitung lesen. Da sei etwas Neues über den Chefredakteursposten zu erfahren. Dann habe er erst einmal in aller Ruhe den bestellten Anzug anprobiert.

Wie gut, dass ich das jetzt von dir höre, lachte Rudolf überrascht und schien ehrlich erleichtert zu sein. Nicht zu fassen!, rief er dann. Einer, der in so einer Situation noch in aller Ruhe zum Schneider geht, den müsste man doch gleich wieder einstellen!, rief er begeistert.

Er schlug beide Hände vors Gesicht und rief kopfschüttelnd: Dauernd habe ich vor mir gesehen, wie Kilz und ich im separaten Stübchen des Mühlenkamper Fährhauses zusammensaßen, und ich ihm gar nicht zu sagen wagte, dass wir uns trennen sollten. Wir haben schweigend unsere Suppe gelöffelt und auf meinen Mitgeschäftsführer Seikel gewartet. Der kam dann endlich, setzte sich und sagte über den Rand der Speisekarte hinweg: Seezungenröllchen könne er sehr empfehlen. Da ist Kilz ganz ruhig aufgestanden und hat gemeint: Dann ist wohl alles besprochen, was zu besprechen ist. Ich werde hier wohl nicht mehr gebraucht.

Rudolf lachte ungläubig in sich hinein und wirkte dabei, als sei er selbst der Kandidat gewesen, der sich dieser Situation habe aussetzen müssen. Immerzu sind mir diese Worte im Kopf herumgegangen: Ich werde hier wohl nicht mehr gebraucht! rief er. Es hörte sich an, als lache und schluchze er gleichzeitig.

Nachdem Stefan Aust den Chefredakteursposten angetreten hatte, schien sich Rudolf zunächst entspannt zurückzulehnen. Versuchte der eine oder andere Ressortleiter, sich bei ihm über Austs zielstrebige Entscheidungsfreude zu beklagen oder darüber, dass der neue Chefredakteur Ratschläge bewährter Kollegen missachte, ließ Rudolf ausrichten, mit *diesem* Chefredakteur seien *alle* sehr gut bedient. Er selbst sei früher genauso gewesen, ja viel anspruchsvoller noch als Aust.

Am zweiten Weihnachtsfeiertag 1994 starb Rudolfs wichtigster Gesprächspartner in Sachen Euro und Europapolitik, Professor Karl Schiller, der von 1966 bis 1972 Bundeswirtschaftsminister und 1971 bis 1972 zugleich Bundesfinanzminster gewesen war.

Rudolf hatte mit ihm häufig stundenlang telefoniert. Danach berichtete er nicht ohne Stolz, auf diese Weise erhalte er eine Art Privatvorlesung. Und inzwischen sei er von Schillers Argumenten gegen den Euro ebenso überzeugt wie der Professor selbst: Es wird innereuropäische Verteilungskämpfe geben, einen tiefen Graben zwischen der westeuropäischen Währungsunion und den beitrittswilligen mittel- und osteuropäischen Reformstaaten. Ein Superstaat ohne parlamentarische Kontrollen, der unsere nationale Verfassung bricht, führe zu nichts. Die wirtschaftlichen Unterschiede zwischen den einzelnen Mitgliedstaaten seien schlichtweg zu groß.

Warum triffst du dich eigentlich nie mit Karl Schiller?, fragte ich Rudolf einmal.

Warum sollte ich?, antwortete er erstaunt. Er wohnt doch gleich nebenan.

Um seinen Nachbarn trauerte Rudolf auf seine eigene Art. Bereits am Tag der Todesnachricht ließ er gleich mehrere Artikel zum Euro in den zuständigen Ressorts anmelden und begab sich danach lustlos an seinen Schreibtisch im Leinpfad. Hin und wieder seufzte er: Es hilft nichts, ich muss weiterhin mindestens zweimal im Monat im *Spiegel* vorkommen. Ich kann Aust jetzt nicht alleinlassen.

Beim Thema Euro blieb Rudolf unbeeinflussbar. In der Redaktion wurde die Einführung der neuen Währung heftig diskutiert. Es erschienen immer wieder lange Artikel und Titelgeschichten.

Ihr könnt meinetwegen schreiben, was ihr wollt, ich halte den Euro für unausgereift. Er wird ein Desaster, teilte Rudolf den Redakteuren der zuständigen Ressorts mal schriftlich, mal mündlich mit. Er selbst schrieb einen Euro-kritischen Kommentar nach dem anderen und hielt unbeirrt an den Auffassungen seines verstorbenen Beraters Karl Schiller fest.

Warum er eigentlich derart entschieden gegen die Abschaffung der Mark sei, fragte ich ihn einmal, nachdem er einen langen geharnischten Artikel zu diesem Thema diktiert und mich angewiesen hatte, strikt darauf zu achten, dass darin nicht eine Silbe geändert werde.

Sieh mal: Wenn du zehn Millionen Mark auf der Bank hast, dann hast du nach der Umstellung nur noch die Hälfte, also nur noch fünf Millionen, erklärte Rudolf brummig.

Aber der Wert bleibt doch gleich, versuchte ich das Problem zu verstehen.

Haha, das denkt ihr *jetzt*! Ihr werdet schon sehen, was ihr von diesem Quatsch habt. Ihr werdet sie alle durchfüttern müssen.

An den Fingern zählte er auf, wen er mit *sie* gemeint hatte: Deine Freunde, die Griechen, eine Schifffahrtsnation, ein Volk von Auswanderern, die Bevölkerung verteilt auf Tausende von Inseln! Wiege der Demokratie hin, Wiege her, die Griechen sind unregierbar. Portugal, ein reines Agrarland, ist wirtschaftlich zu schwach, Italien von der Mafia unterwandert. Wer beschäftigt sich heute schon noch mit der Geschichte Europas?, fuhr Rudolf fort. Mit der *Lateinischen Münzunion* beispielsweise, die im neunzehnten Jahrhundert von Frankreich, Italien, Belgien und der Schweiz gegründet wurde. Schon die hat nicht funktioniert. Die Kriege der Zukunft werden auf dem Feld der Wirtschaft geführt, meinte er. Darauf solltet ihr euch jedenfalls schon einmal einstellen. Zum Glück werde ich das alles nicht mehr erleben.

Die Sekretärinnen im zwölften Stock waren inzwischen daran gewöhnt, dass unser Chef vor oder nach einem Diktat zum Thema Euro zu stöhnen pflegte: Dieser Koooohl bringt mich endgültig ins Grab. Der versteht doch nichts von Wirtschaft!

Hatte er sich noch im Juli 1990 mit einem Kommentar zur Wiedervereinigung mit einem *Glückwunsch, Kanzler!* vor Kohl verneigt, warf er ihm im Februar 1996 vor, mit seiner Europolitik verschaffe er den Deutschen keine Freunde, sondern verhelfe ihnen dazu, sich verhasst zu machen.

Wir sind es nicht, mahnte er die *Spiegel*-Leser, *die vor Bismarck, Wilhelm und, Gott behüte, Hitler gewarnt werden müssen, wie Kohl sich und anderen weismacht ... Wir machen uns europäisch wichtig. Unser Punkt ist nicht der Nationalismus, da haben die Engländer, Schotten, Iren, Korsen, Belgier und Basken mehr zu bieten. Vielmehr, wir wollen nun mit Gewalt durchsetzen, was man uns, dank Kohl, mehr oder weniger aufgezwungen hat.*

Wenn das Diktat eines solchen Kommentars beendet war, stöhnte er ab und zu: Immer wieder überlege ich mir, wann ich aufhören soll, im *Spiegel* zu schreiben. Aber zuerst muss dieser Kohl weg. Danach habe auch ich das Ende der Fahnenstange erreicht und werde den *Spiegel* verlassen.

Im September 1995 hatten wir Rudolf Augstein bereits mittags den ersten Teil seines Kommentars zugefaxt. Es ging um Pläne der französischen Regierung, das atomwaffenfreie Deutschland unter deren atomaren Abschreckungsschirm zu locken. Es war umstritten, ob Deutschland sich darauf überhaupt einlassen und wie weit die nukleare Zusammenarbeit mit Frankreich gehen könne.

Nachdem wir mehrere Stunden gewartet hatten, rief ich im Leinpfad an, wann wohl mit dem Rest des Textes zu rechnen sei. Das Fax sei angekommen, der Chef sei aber nicht da, hörte ich von seiner Haushälterin. Wir warteten den ganzen Nachmittag. Am frühen Abend kam ein Kollege aus der Personalienredaktion vorbei, brachte eine Flasche Weißwein mit, und wir begannen uns die lange Wartezeit zu vertreiben.

Weil mir noch einige Arbeit an Rudolfs Artikel bevorstand, trank ich vorsichtshalber nur ein Glas. Der Kollege hatte seinen

Artikel bereits fertig und leerte munter den Rest der Flasche. Gegen zwanzig Uhr wurde sein Artikel von der Chefredaktion zum Abdruck freigegeben, und er verabschiedete sich fröhlich. Meine Mitarbeiterin und ich warteten sehr viel weniger gutgelaunt weitere Stunden, bis auch meine Kollegin gegen zweiundzwanzig Uhr in den Feierabend aufbrach.

Der Chef vom Dienst, die Schlussredakteure und auch die Chefredaktion drängten irgendwann, der Kommentar müsse nun aber endlich fertig werden. Alle warteten darauf, die entsprechenden Seiten abschließen zu können.

Es war fast Mitternacht, als Augstein endlich den fehlenden Teil seines Artikels diktierte. Inzwischen ungeduldig und um den Arbeitsgang abzukürzen, bearbeitete ich die Endfassung nicht langsam und handschriftlich auf der Druckfahne, sondern, weil dies viel schneller ging, gleich am Bildschirm.

Den in meinen Augen fertigen Artikel faxte ich Rudolf zu und rief dann seine Haushälterin im Leinpfad an. Der Chef sei zwar bereits zu Bett gegangen, sagte sie, versicherte aber, zuverlässig wie immer, sie werde den Text sofort zu ihm bringen.

Kurz darauf verließ auch ich das Büro. Rudolf wird wie sonst auch mit den Schlussredakteuren telefonieren, dachte ich.

Samstag früh um halb sieben schreckte mich das Telefon aus dem Schlaf. Es war Rudolf.

Jetzt krieg nicht gleich einen Herzinfarkt, sagte er vorsichtig und zunächst durchaus freundlich. Für deinen Kommentar, den du da abgeliefert hast, fuhr er dann allerdings sehr viel weniger freundlich fort, musste ich heute Nacht alle Druckmaschinen anhalten lassen.

Verschlafen, wie ich noch war, fiel mir nichts anderes ein als: Echt?

Da ihn sein gesundes Misstrauen ununterbrochen und Gott sei Dank auch des Nachts plage, erklärte Rudolf, habe er, nachdem er gegen drei Uhr aufgewacht sei, seinen Kommentar natürlich auf der Stelle sehr gründlich gelesen. Bei dem Satz *»Freiwillig« haben wir auf Atomwaffen nicht verzichtet. Strauß wollte sie nicht …* habe ihn fast der Schlag getroffen!

Wegen Strauß und dessen Mist habe ich monatelang im Gefängnis gesessen, sagte Rudolf, und seine Stimme nahm eine gefährlich Färbung an. Auf einmal komme ich in meinem Artikel mit diesem Blödsinn daher, Strauß habe die Atomwaffen *nicht* gewollt! Die Leute denken ja, ich bin verrückt geworden! Gerade *er* war es doch, der die Bundeswehr mit Atomwaffen ausstatten wollte!

Das ist mein Aus im *Spiegel*, dachte ich entgeistert und versuchte verzweifelt, mich an den verunglückten Satz zu erinnern. Rudolf hingegen wirkte plötzlich, als finde er trotzdem sein Vergnügen an der ganzen Sache. Als erfahrener Marschierer, der er nun mal sei, berichtete er nicht ohne Stolz, habe er ohne Rücksicht auf Verluste sofort im *Springer*-Druckhaus in Ahrensburg angerufen. Er habe sich gar nicht erst lange mit den Pförtnern aufgehalten, sondern gleich selbst die Durchwahlnummer des Leiters der Herstellung gewählt.

Einen Augenblick lang stellte ich mir vor, wie Rudolf, aufgebracht im Bett sitzend, selbst im internen Telefonbuch des *Spiegels* nach der Nummer des Herstellungsleiters fahndete, statt sich, wie sonst immer, von einer Sekretärin mit seinem Gesprächspartner verbinden zu lassen.

Augstein, habe er sich bei diesem gemeldet, erzählte Rudolf nun weiter. Der Herstellungsleiter habe natürlich sofort geschaltet. In meinem Kommentar in Absatz acht ist das Wort *nicht* falsch. Das muss da raus. Das hat mir mein Pippelchen dort reingeschrieben, will Rudolf gesagt haben und kicherte jetzt hörbar belustigt in sein Telefon.

Ich kündigte. Allerdings nur innerlich. Mich unter diesen Umständen mit Rudolf Augstein anzulegen war nicht gerade erfolgversprechend.

Erschrocken habe der Leiter der Herstellung daraufhin geantwortet, fuhr Rudolf mit seinem Bericht fort, es seien aber längst etliche zehntausend Exemplare gedruckt! Davon habe er sich aber nicht im Geringsten erschüttern lassen, lobte Rudolf nun seine eigene Nervenstärke. Diese Hefte könnt ihr nach Grönland, nach Südindien und nach Costa Rica schicken, habe er angeordnet. Dort kenne ihn kein Mensch. Niemand lese dort seine Kommentare.

Ich erholte mich aus meiner Schockstarre und staunte wieder einmal über Rudolfs Geistesgegenwart.

In einigen tausend Heften des *Spiegels* habe man das Wort *nicht* unkenntlich gemacht. Für die restliche Auflage, also für über eine Million Hefte, habe man vor Andruck die wenigen Buchstaben aus dem Druckzylinder herausgeätzt. Es sei dadurch zwar eine Lücke in seinem Text entstanden, die aber werde wohl kaum jemand bemerken.

Der finanzielle Schaden allerdings, sagte Rudolf und machte eine kurze nachdrückliche Pause, tja, der sei natürlich riesig. Den bezahlst du natürlich. Das ist ja klar.

Was kostet mich das denn?, fragte ich entgeistert.

Das wirst du schon sehen, meinte Rudolf gelassen, das sind einige zigtausende. Die Rechnung schickt dir mein Mitgeschäftsführer, kicherte er schadenfroh. Nun ja, ein paar Jahre ohne Gewinnbeteiligung, mehr wird es nicht werden, witzelte er gönnerhaft, um dann etwas mürrischer fortzufahren: Viel teurer komme die ganze Sache ihn natürlich zu stehen. Er habe wieder einmal seine Gesundheit geopfert. Im Gegensatz zu mir habe er schließlich kein Auge zugetan.

Meine Kolleginnen versuchten mich damit zu trösten, keiner der Schlussredakteure, auch kein Chefredakteur habe diesen Fehler bemerkt.

Es half aber nichts. Nach wie vor mit schlechtem Gewissen rief ich Rudolf am frühen Montagmorgen an und bat, ihn aufsuchen zu dürfen. Mir war klar, dass bei einem so schwerwiegenden Fehler eine Entschuldigung fällig war.

Ganz offensichtlich hatte er meinen Kniefall auch erwartet. Allerdings wirkte er nun sehr viel weniger gelassen als während unseres Telefonats am Samstag.

Wie konnte dir das nur passieren?, stöhnte er vorwurfsvoll.

Zögernd gestand ich, dass ich am Freitagabend mit meinem Kollegen ein wenig geplaudert und dabei Wein getrunken hatte, wenngleich nur ein Glas.

Dein Fehler war so irrsinnig, so betrunken kannst selbst du nicht gewesen sein, sagte Rudolf plötzlich etwas milder.

Es hat so ewig lange gedauert, bis du endlich den Rest des Artikels rausgerückt hast, versuchte ich zu erklären.

Du bist wirklich nicht ganz dicht, brummte Rudolf.

Dann schwieg er und betrachtete mich misstrauisch.

Inzwischen kannte ich seine Art, die Antennen auszufahren. In solchen Situationen witterte er selbst feinste Risse in der Haltung seines Gegenübers und tastete sie mit einer Art Suchscheinwerfer ab. Er musterte mich, als unterstelle er mir, ihm etwas Wichtiges zu verbergen.

Schließlich rückte er mit seinen Hintergedanken heraus: Er habe sich ernsthaft gefragt, sagte er nämlich und beobachtete mich dabei weiterhin sehr genau, ob ich ihn habe sabotieren wollen.

Wieso sabotieren? Was denkst du von mir? Es war ein Blackout, sagte ich erschrocken und hoffte, er werde mir diese etwas hilflose Erklärung abnehmen.

Rudolf seufzte künstlich lange, unvermutet entspannt.

Ein Blackout! Nicht zu fassen, rief er dann. Also gut, meinte er schließlich langmütig, Blackouts kommen ja auch bei Helmut Kohl vor. *Wir* können uns das aber nicht leisten.

Mir war nicht ganz klar, ob er mit wir nun uns beide oder den *Spiegel* meinte.

Nach diesem Gespräch verabschiedete sich Rudolf, indem er mir freundlich die Hand reichte, eine Geste, die sonst zwischen uns nur sehr selten stattfand.

Während ich in die Redaktion fuhr, dachte ich erleichtert und fast ein wenig übermütig: Die Überschrift, die war wenigstens richtig.

Sie hatte gelautet: *Der vertrackte Freund.*

Von nun an wartete ich eisern ab, bis Rudolf seine Artikel Satz für Satz geprüft und zum Abdruck freigegeben hatte. So ein Fehler sollte mir nicht noch einmal passieren, schwor ich mir.

Allmählich traute ich mir auch wieder zu, den einen oder anderen Vorschlag zu machen, ein Wort oder gar einen Satz zu ändern. Irgendwann schlug ich ihm einen Schlusssatz für einen seiner Kommentare vor.

Wir fassen nicht zusammen, und wir ziehen kein Resümee. Das überlassen wir der *Zeit* und Theo Sommer, bekam ich da zu hören.

Eines Tages sagte einer der Redakteure in der Montagskonferenz, den Kommentar des Herausgebers habe er überhaupt nicht verstehen können. Was er daraus habe lernen sollen? Ob *Spiegel*-Leser solch einen kryptischen Kommentar überhaupt begreifen könnten?, fragte er forsch in die Runde.

Weil Rudolf an Montagskonferenzen nur noch selten teilnahm, berichtete ich ihm von dieser Kritik.

Kein Mensch müsse seine Kommentare verstehen, sagte er grimmig. Und schon gar nie habe er vorgehabt, irgendjemanden zu belehren. Dafür sei die FAZ zuständig. Seine Artikel schreibe er für zwei oder drei Leute, behauptete er, und diese hätten ganz sicher sofort begriffen, was er ihnen habe beibiegen wollen. Alle anderen könnten ja in die Archive gehen und sich dort über die Zusammenhänge informieren.

Sag diesen Kritikastern beim nächsten Mal, trug er mir auf,

ihre Bibelkritik sollen sie besser auf ihre eigenen Artikel anwenden.

Hin und wieder trug ich Rudolf schon mal die Beschwerde einer *Spiegel*-Autorin oder eines *Spiegel*-Autors vor, die den Vorzug hatten, Artikel unter ihrem Namen zu veröffentlichen. Der zuständige Ressortleiter, so deren Klage, habe unzulässigerweise gewagt, ihren Text zu korrigieren! Ob Rudolf Augstein wohl seinen fachmännischen Blick darauf werfen könne.

Sofort ächzte Rudolf mit gespielter Verzweiflung: Sie sollen im Himmel anrufen. Schreibgenies wie sie können nur vom lieben Gott redigiert werden.

Im November 1995 war Berthold Beitz, ehemaliger Generalbevollmächtigter von Alfried Krupp und seit dessen Tod 1967 Testamentsvollstrecker und Chef der Stiftung *Alfried Krupp von Bohlen und Halbach* zu einem *Spiegel*-Gespräch mit dem Leiter des Wirtschaftsressorts Gabor Steingart bereit, obwohl er sonst äußerst selten Interviews gab. Das Gespräch könne nur unter der Voraussetzung stattfinden, dass Rudolf Augstein daran teilnähme, hatte er zur Auflage gemacht.

Augstein bat darum, dieses Gespräch auf Sylt führen zu können. Weil er an einem längeren Artikel über die Einführung des Euro arbeitete, hielt auch ich mich dort auf.

Berthold Beitz, Gabor Steingart und *Spiegel*-Redakteur Rüdiger Jungbluth trafen gegen elf Uhr ein. Das Gespräch fand in ungezwungener Atmosphäre statt. Augstein und die Redakteure saßen zusammen mit Berthold Beitz am großen Tisch des Esszimmers. Im Hintergrund sitzend, hörte ich zu. Zunächst ging es um die Mitspracherechte der Krupp-Familie und um die Beziehung zwischen dem Generalbevollmächtigten und dem Konzernchef. Beitz beantwortete die gestellten Fragen erfrischend schnörkellos, wie überhaupt dessen lockeres Auftreten in erstaunlichem Gegensatz zu seiner formvollendet eleganten Erscheinung stand. Auf die Frage, warum er die Aussöhnung mit den Staaten Osteuropas stets erkennbar vorangetrieben habe, antwortete Berthold Beitz, dies habe mit seinen Erfahrungen während des Zweiten Weltkriegs in Polen zu tun gehabt. Dort habe er mit ansehen müssen, wie nachts kleine Kinder verladen wurden, die ihn mit großen Augen anschauten; in gestreiften Anzügen und kahlgeschoren.

Am frühen Nachmittag waren alle Fragen gestellt und ausreichend beantwortet. Die Haushälterin war davon ausgegangen, dass die Herren sich anschließend zu einem Essen in ein Sylter Restaurant begeben würden. Niemand machte jedoch Anstalten, die Runde aufzuheben, so dass Rudolf in meine Richtung fragte, ob im Haus wohl etwas zu essen zu finden sei.

Die Haushälterin war verschwunden, offenbar um einzukaufen, denn der Kühlschrank war bis auf die von Rudolf bevorzugte Leberwurstsorte leer.

Ich könne ein paar Schwarzbrote mit Leberwurst herrichten, schlug ich daher vor.

Sehr schön, rief Berthold Beitz erfreut, die schmecken doch besser als jedes Kaviarbuffet.

Während der rustikalen Mahlzeit, zu der etwas Wein und von Rudolf Augstein schwarzer Tee getrunken wurde, erzählte Berthold Beitz von seinen Jugendjahren, die er in Greifswald verbracht hatte, und dass er nach dem Abitur eigentlich habe Medizin studieren wollen. Die Weltwirtschaftskrise zwang ihn stattdessen zu einer Banklehre in Stralsund, berichtete er. Berthold Beitz' norddeutsch gefärbter munterer Art, aus seinem Leben zu erzählen, hörten wir anderen gebannt zu. Beitz fühlte sich ganz offensichtlich wohl in der kleinen Journalistenrunde.

Wie kam es eigentlich dazu, dass du damals mehrere hundert jüdische Zwangsarbeiter retten konntest?, fragte Rudolf Augstein ungewöhnlich vorsichtig, als Berthold Beitz eine Pause machte, um den herzhaften Broten zuzusprechen.

Während des Interviews hatte Beitz angedeutet, dass er in Polen zwischen 1941 und 1944 für Shell und andere Firmen die Ölförderung in Borysław bei Lemberg geleitet hatte.

Beitz schwieg und schien zu überlegen, ob er diese Erfahrung aus dem Zweiten Weltkrieg preisgeben solle. Darüber spreche er nicht gern, sagte er schließlich. Es sei kein Verdienst, in einer Position, in der er sich damals befunden habe, verzweifelten, vom Tod bedrohten Menschen zu helfen.

Außerdem habe sich seine Frau Else damals tagtäglich in einer sehr viel gefährlicheren Lage befunden, weil sie jüdische Kinder versteckte. Es seien die Kinder der Gefangenen gewesen, die er nach und nach als Arbeiter für seine Ölfirmen anforderte. Die Ölförderung sei natürlich kriegswichtig gewesen, erklärte Beitz. Deshalb habe er für deren Rekrutierung die Genehmigungen der Nazi-Behörden in vielen Fällen erhalten. Selbstverständlich habe er sich aber auch immer wieder Schwierigkeiten eingehandelt.

Da musste man dann als strammer Deutscher auftreten, erzählte Beitz weiter und richtete sich kerzengerade in seinem Stuhl auf. Dann sind diese Burschen eingeknickt. Er habe nicht aufgegeben und seinen jüdischen Arbeitern am Ende zur Flucht verholfen. Bis zum Ende des Krieges hätten sie sich in den Wäldern der Umgebung verstecken und so den Konzentrationslagern entkommen können.

Manchmal fragte einer von uns Jüngeren etwas nach, weil wir uns das Gehörte kaum vorstellen konnten. Augstein hingegen stellte nicht eine weitere Frage. Er hörte sehr aufmerksam zu und schwieg.

Es war bereits dunkel, als wir uns voneinander verabschiedeten.

Berthold Beitz hatte ich mir aber ganz anders vorgestellt, sagte ich, nachdem die Herren gegangen waren. Dass er viele polnische Juden gerettet hat, wusste ich nicht.

Wie alt ist Berthold jetzt, zweiundachtzig? fragte Rudolf, ohne sich auf meine Bemerkung einzulassen. Zehn Jahre älter als ich, sagte er nachdenklich. Zehn Jahre sind ein Unterschied … Ich bin 1942 eingezogen worden … Beitz war damals schon an leitender Stelle. Seine Frau Else ist beeindruckend, meinte er dann noch, bevor er sich schweigend in sein Wohnzimmer zurückzog.

Anfang April 1996 hielt sich Rudolf, wie immer um diese Jahreszeit, in Sils Maria auf. Er arbeitete dort an einer Titelgeschichte über Troja. Diesen Stoff kenne er seit seiner Schulzeit, hatte er vor seiner Abreise gesagt, und ich wunderte mich daher nicht, dass er kaum Literatur anforderte. Die Arbeit an diesem Artikel verlief erstaunlich glatt. Die Titelgeschichte sollte wegen der Feiertage bereits am Samstag vor Ostern erscheinen.

Meine Mitarbeiterin und ich nutzten Rudolfs Abwesenheit und die freien Tage für einen Kurztrip nach Andalusien. Als ich Rudolf von unserem Vorhaben unterrichtete, meinte er gut gelaunt: Anfang der sechziger Jahre wäre das eine sehr schöne Reise gewesen. Nun aber verderbe natürlich der Tourismus diese Gegend, wie überall. Er empfahl uns, unbedingt die Kathedrale von Córdoba zu besuchen. Es sei das interessanteste klerikale Bauwerk, das er kenne, im 8. Jahrhundert nach Christus als Moschee erbaut, werde sie nun von der römisch-katholischen Kirche genutzt, und das sei eine bemerkenswerte Sache.

Unsere kurze Reise verlief ungestört. Niemand aus dem Büro rief an, und auch Rudolf verlangte nicht, mich zu sprechen. Bis zum Tag der Rückreise. Bei einem Anruf in Rudolf Augsteins Sekretariat bekamen wir zu hören: Es sei die Hölle los gewesen. Die Kolleginnen hätten uns aber nicht alarmieren wollen. Denn aus der Ferne hätten wir wenig ausrichten können.

Was war passiert?

Nachdem der *Spiegel* mit Rudolf Augsteins Troja-Titel am

14. April erschienen war, druckte die *Bild am Sonntag* in fetten Schlagzeilen: Philipp Vandenberg, Bestsellerautor*: Augstein hat bei mir abgeschrieben.*

Mir war zwar aufgefallen, dass Rudolf seinen Text mit der Hand in seinem sogenannten grünen Block seltsam krakelig und von links oben nach schräg rechts unten geschrieben hatte. Normalerweise schrieb er seine Texte in Sütterlinschrift stets sorgfältig Zeile für Zeile untereinander. Ich schöpfte aber keinerlei Verdacht.

Als wir den fertigen Text verifzierten, hatte Rudolf allerdings gefragt, ob er das von ihm als Sekundärliteratur herangezogene Buch von Philipp Vandenberg wohl ausdrücklich erwähnen sollte. Die Dokumentare befanden jedoch, die Zitate aus dem Vandenberg-Buch seien nicht sonderlich lang. Eine besondere Erwähnung sei nicht vonnöten. Dass es Rudolf versäumt hatte, längere Zitate kenntlich zu machen, stellte sich erst später heraus.

Am Mittwochmorgen fuhr ich vom Flughafen aus sofort in den Leinpfad. Zu meiner Überraschung begrüßte mich Rudolf erleichtert: Gut, dass du endlich wieder da bist.

Es war doch Ostern, und alles in allem war ich nur vier Tage weg, staunte ich.

Rudolf saß nachdenklich in seiner Sofaecke und brummte: Dieser Autor, dessen Troja-Buch ich gelesen habe, heißt ja gar nicht Philipp Vandenberg. Er heißt in Wirklichkeit Hans Dietrich Hartel und war früher einmal bei der Münchner *Abendzeitung.*

Tja, seufzte er, so sind sie. Er ist doch Kollege! Warum hat er mich nicht angerufen? Ich hätte ihn doch sofort zum Mittagessen eingeladen! Ich fand sein Buch sehr interessant. Ich hätte ihn nach seinen Quellen fragen können. Warum bloß rennt er gleich zur *BamS*?, fragte er sich, offensichtlich enttäuscht.

Also, was machen wir jetzt? Stefan Aust will einen Vorschlag hören, wie wir die Sache aus der Welt schaffen, überlegte er dann zerknirscht, als sei er selbst nur ein kleiner Angestellter.

Wie wäre es mit einem kurzen *Rückspiegel*, in dem wir die Sache richtigstellen?, schlug ich vor.

Im *Rückspiegel* wird die Arbeit des *Spiegels* aber gelobt, nicht gescholten, antwortete Rudolf nachdenklich.

Tags darauf stieß ich beim Lesen der *Frankfurter Allgemeinen* auf eine kleine Meldung: Eine vor kurzem gehaltene Rede der Queen habe einen aufsehenerregenden Fehler enthalten, der ihr fürchterlich übelgenommen worden sei. Glaubhaft habe man sich aber mit Hilfe einer Pressemitteilung entschuldigen können, dass dieser Fehler durch die Umstellung auf das neue Computersystem verursacht worden sei.

Sogleich ließ sich Rudolf mit Stefan Aust verbinden. Fröhlich rief er ins Telefon hinein: Wir machen es wie die Queen! Pressemitteilung: Technische Panne beim neuen Computersystem und so weiter.

Nachdem er aufgelegt hatte, lehnte er sich erleichtert zurück und sagte, indem er an mir vorbeisah: Ich habe einen Termin beim Augenarzt. Er hat seine Praxis um die Ecke. Man kann zu Fuß dorthin gehen. Es wäre gut, wenn du mich begleitest.

Normalerweise nahm Rudolf zu Arztterminen gleich welcher Art entweder seinen Fahrer oder seine Haushälterin mit. Dass er in diesem Fall eine Ausnahme machte, wunderte mich ein wenig. Ich versprach aber, pünktlich zur Stelle zu sein.

Kurz vor neunzehn Uhr trafen wir an einem der darauffolgenden Tage in der Arztpraxis ein.

Was für ein Problem haben wir denn?, fragte der Augenarzt freundlich interessiert, nachdem er Rudolf auf einen niedrigen Hocker vor einem Untersuchungsgerät dirigiert hatte. Er erklärte ihm, auf welche Weise er dort sein Kinn aufstützen und durch unterschiedliche Linsen sehen müsse.

Ich bin nachtblind, sagte Rudolf in das Gerät hinein. Und grünsichtig. Die Farbe Rot könne er nicht erkennen. Deshalb fahre er auch nicht mehr Auto.

Hmm, murmelte der Arzt vor dem Untersuchungsapparat.

Als ich zur Wehrmacht eingezogen wurde, hat man das jedenfalls festgestellt, erläuterte Rudolf.

Wann das gewesen sei, fragte der Arzt, auf die Untersuchung konzentriert.

1942, antwortete Rudolf mit fester Stimme.

Schweigend drehte der Arzt an vielen Linsen und machte einen Sehtest nach dem anderen. Geduldig folgte Rudolf dessen Anweisungen. Der Augenarzt murmelte hin und wieder etwas Unverständliches und machte sich Notizen.

Nachdem er sämtliche Daten gesammelt hatte, sah er in meine Richtung.

Sie kann ruhig hierbleiben, beantwortete Rudolf den fragenden Blick des Arztes.

Leider, sagte der Arzt daraufhin und wandte sich wieder seinem Patienten zu, leider habe ich eine schlechte Nachricht für Sie.

Rudolf nickte ergeben. Fast so, als erwarte er sein Todesurteil.

Sie leiden an einer Makuladegeneration, sagte der Arzt.

Rudolf verzog keine Miene und schwieg. Mit möglichst einfachen Worten versuchte der Augenarzt nun zu erklären, was er bei seinen Untersuchungen herausgefunden hatte. Rudolf hörte konzentriert zu. Lediglich an der Art und Weise, wie er, auf dem niedrigen Hocker sitzend, beide Hände zwischen seine Knie gepresst hielt, war zu erkennen, wie angespannt er war.

Plötzlich fragte er mit fester Stimme: Wann bin ich blind?

Blind? Davon kann gar keine Rede sein, beruhigte ihn der

Arzt sofort. Es ist sogar möglich, dass Ihnen die jetzt noch vorhandene Sehfähigkeit bis ins hohe Alter in vollem Umfang erhalten bleibt.

Ich werde nicht alt, behauptete Rudolf und fragte mit schuldbewusstem Unterton, ob er nun seine Gewohnheiten ändern müsse.

Aber nein, antwortete der Arzt. Für dieses Augenleiden kann man nichts. Das kann man auch nicht beeinflussen, meinte er aufmunternd.

Rudolf entspannte sich.

Leider gebe es noch keine Therapie, mit der er ihm helfen könne, fuhr der Augenarzt fort. Inzwischen gebe es aber technisch ausgereifte Sehhilfen, mit denen Rudolf, wenn er ein wenig übe, ganz gut wieder werde lesen können.

Sehhilfen, wiederholte Rudolf daraufhin und ließ sich dieses Wort offensichtlich auf der Zunge zergehen.

Nachdem wir die Arztpraxis verlassen hatten, blieb Rudolf vor deren Eingangstür plötzlich stehen. Während er den sich allmählich verfärbenden Abendhimmel zu betrachten schien, murmelte er in meine Richtung, jetzt kannst du sagen, du bist dabei gewesen.

Mir war nicht klar, was er mit diesem Satz hatte ausdrücken wollen. Ich fragte aber auch nicht nach.

Der Arzt hat sich nur nicht getraut, mir die Wahrheit zu sagen, behauptete Rudolf nun. Natürlich werde ich bald blind sein. Dann müsst ihr mich füttern wie den alten Philosophen Ernst Bloch.

Plötzlich erzählte er aufgeräumt, wie er dem an seinem Lebensende erblindeten Philosophen während eines gemeinsamen Essens das Fleisch auf dessen Teller in kleine Stücke geschnitten hatte. Dann habe er die Stücke eins nach dem anderen auf dessen Gabel gesteckt, so dass der Philosoph bequem habe essen können.

Am nächsten Morgen rief Rudolf in aller Herrgottsfrühe bei mir zu Hause an.

Wie die genaue Bezeichnung seiner Augenkrankheit lautete, fragte er kurz angebunden.

Makuladegeneration, antwortete ich.

Danke, sagte Rudolf und legte auf.

Seine Sekretärinnen bestürmten mich, kaum dass ich mein Büro betreten hatte, mit Fragen nach Rudolfs Augenleiden.

Woher wisst ihr das denn schon?, staunte ich.

Rudolf telefoniere schon seit einiger Zeit im ganzen Haus herum und erzähle allen, dass er über kurz oder lang blind sein werde, berichteten meine Kolleginnen bestürzt. Einer der stellvertretenden Chefredakteure rief an und fragte besorgt, in welchem Zeitraum genau mit Rudolfs Erblindung zu rechnen sei.

Soweit ich weiß, antwortete ich, wird er überhaupt nicht blind. Er hat eine Sehschwäche, eine Sehbehinderung, könnte man vielleicht auch sagen.

Rudolf habe ihm erklärt, dieses Augenleiden könne jeden treffen, grauste es den Chefredakteur, egal, wie gesund oder weniger gesund jemand lebe. Für den Herausgeber jedenfalls sei es doch sicher eine Katastrophe, nie mehr richtig lesen zu können.

Gegen Mittag rief Rudolf an und lud mich ein, ihn und seinen Kurgefährten Quintus zur Elbschloss-Brauerei zu begleiten. Dort wolle er an der Elbe sitzen und ausprobieren, ob er die großen Schiffe noch erkennen könne, begründete er diesen Ausflug. Quintus sei seine Sehhilfe, lachte er, erstaunlich gut gelaunt. Als Schiffskaufmann kenne er sich mit Schiffen ja bestens aus. Der Biergarten am Elbufer war menschenleer. Die Sonne schien, und es war warm. Wir setzten uns, und Rudolf blinzelte in Richtung der silbrig glitzernden Elbe, indem er mal das rechte, mal das linke Auge zukniff. Tja, sagte er dann wehmütig. Dies ist also das letzte Mal, dass ich die Elbe sehe. Quintus und ich protestierten lachend, und Quintus sagte, dann kommen wir jetzt jeden Tag hierher.

Rudolf ließ sich von Quintus die gesamte Speisekarte vorlesen. Ob einer von uns ein Schiff sehe, fragte er dann gespielt hilflos.

Nein, antwortete Quintus auskunftsfreudig. Im Augenblick sehe auch er kein Schiff weit und breit.

Auch kein Segelboot?, fragte Rudolf mit gespieltem Misstrauen.

Nein, auch kein Segelboot, antwortete Quintus eilfertig.

Aha, sagte Rudolf, verschränkte die Unterarme auf der Tischplatte und senkte den Kopf. Das ist gut, nickte er nach einer Weile und blinzelte wieder mit zufriedener Miene in Richtung der gemächlich dahinfließenden Elbe.

Für einen Augenmenschen wie Horst Janssen, der vor einigen Jahren durch sein marodes Balkongeländer hinunter in einen Topf voll Salpetersäure gestürzt sei, begann er dann und lachte verhalten, für so einen wie Janssen sei die Aussicht, nie mehr sehen zu können, natürlich wirklich eine Katastrophe. Wie dieser als Künstler aber nun mal sei, habe der seine sicher grauenvolle Angst durch Zeichnen überwunden. Diese Zeichnungen müsst ihr euch unbedingt einmal ansehen, empfahl Rudolf dann. An ihnen erkennt man den Meister des Untergangs. Denn wo immer sich ein Untergang abspiele, habe dieser Zeichner mit unwiderstehlichem Drang hinsehen müssen.

Für ihn hingegen, sagte Rudolf, wieder ernst geworden, sei das Hinhören wesentlich entscheidender.

Er lehnte sich in seinem Stuhl zurück, betrachtete den wolkenlosen Himmel und meinte seufzend, Untergänge habe *er* inzwischen ja häufig genug gesehen.

Während des Essens hielt Rudolf dann einen längeren Vortrag über zahlreiche Geistesgrößen, die mit Blindheit oder mit Taubheit geschlagen waren.

Was ist wohl schlimmer, blind oder taub zu sein?, fragte er.

Weder Quintus noch mir fiel dazu etwas Brauchbares ein.

Taub, entschied Rudolf daraufhin sehr bestimmt. Taub zu sein ist das Schlimmste.

Aber blind zu sein sei doch auch wirklich *sehr* schlimm, meinte Quintus aufgeregt, vor allem wenn man, wie Rudolf, gewohnt sei, sehr viel zu lesen. Wenn man das Lesen doch als Beruf habe, in gewisser Weise.

Was doch, was doch, beruhigte ihn Rudolf freundschaftlich. Als Blinder könne man sich schließlich alles vorlesen lassen. Bei einem Blinden schärfe das sogar noch dessen Gehör.

Sei man aber erst einmal taub, könne man ja sich selbst nicht einmal mehr etwas vorsingen. Dann sei man wirklich aufgeschmissen, überlegte er. Ludwig van Beethoven allerdings habe auch dann noch die schönsten Musikstücke, ja sogar Meisterwerke komponiert.

Mehrfach kniff Rudolf zunächst wieder das linke, dann das rechte Auge zu und fixierte uns abwechselnd und eindringlich.

Schweigend ließen wir seine Sehübungen über uns ergehen.

Hauptsache, ich werde nicht stumm, meinte er aufseufzend. So wie ihr beiden jetzt hier, witzelte er. Nun ja, wenn es einem endgültig die Sprache verschlägt, erklärte er und blinzelte dabei in den blauen Sommerhimmel, das ist wirklich das Allerschlimmste. Wenn ihm das passierte, fiel ihm ein, wäre das aber keine Katastrophe. Dann sei er zum Glück ja tot.

Rudolf entwickelte nun neue Geschäftigkeiten. Seinem Fahrer Larry diktierte er auf formlose Notizzettel Anweisungen für seine Sekretärinnen oder mich. *Gruß und Dank, Dein blinder Rudolf* stand darunter.

Frühmorgens studierte er die großen Lettern in der *Bild-*

Zeitung, kurze Artikel ließ er sich, Satz für Satz geduldig abwartend, von seiner mit italienischem Akzent sprechenden Haushälterin vorlesen, die von nun an auch als Sehhilfe tätig zu sein hatte. Leselupen oder unhandliches Vergrößerungsgerät, wie es sein Augenarzt zum Lesen oder Fernsehen empfahl, wies Rudolf entrüstet zurück. Längere Artikel las ich ihm vor, wenn ich um zehn Uhr eintraf. Nach ausführlicher Zeitungslektüre fragte er: Was steht im *Spiegel*?

Hatte ich ihm das Inhaltsverzeichnung und die ihn interessierenden Geschichten vorgelesen, nickte er anerkennend und durchaus selbstkritisch: Die jungen Redakteure schreiben inzwischen ja viel besser als ich.

Aus einem Videoladen wurden jetzt Filme, die er sich sonst nur gelegentlich besorgen ließ, in Mengen herbeigeschafft. Die müsse er alle noch einmal ansehen, bevor er gar nichts mehr erkennen könne, erklärte er.

Den Film *Der dritte Mann* hatte ich bereits früher mehrmals mit ihm zusammen angeschaut. Nun sah Rudolf sich diesen Film fast Abend für Abend an. Dazu setzte er sich neuerdings sehr nahe vor den Bildschirm seines Fernsehapparats auf seinen Schreibtischstuhl. Die Ellenbogen hielt er auf die Armlehnen gestützt, die Hände legte er unter dem Kinn übereinander. Dergestalt in sich versunken, verfolgte er geduldig die Handlung des Films, den er Szene für Szene sehr genau kannte.

Mehr und mehr schien er dabei zu einer Art verliebtem Jüngling zu werden. Seine Angebetete war die Schauspielerin Alida Valli. Einmal schlug ich vor, die eher kurzen Alida-Valli-Szenen mit Hilfe des Videorekorders einzeln herauszusuchen. Das würde doch etwas schneller gehen.

Aber nein doch, er wolle die Zeit, auf Alida Valli zu warten, in aller Ruhe genießen, wehrte Rudolf ab. Vor allem das Warten auf die letzte Szene des Films sei sein Schönstes. Darauf, dass Alida Valli, zunächst nur ein Punkt am Horizont, langsam immer näher komme und dann einfach an dem auf sie wartenden Joseph Cotten vorbeigehe, ohne ihn eines Blickes zu würdigen.

Er sei ja nun bald blind, behauptete er, und mit Alida Valli sei dann endgültig Schluss. Mit der schönsten Frau, die er je in seinem Leben gesehen habe. Nur Rita Hayworth als Gilda sei wohl noch schöner.

Eines Tages berichtete Rudolf, er habe am Nachmittag mit Alida Valli telefoniert.

Das hast du wohl geträumt, sagte ich ungläubig.

Nein, nein, er habe sie wirklich angerufen, widersprach Rudolf. Unter ihrer privaten Nummer in Rom. Er sei vom *Spiegel*, habe er sich bei ihr vorgestellt.

Und Alida Valli? War sie nicht völlig überrascht? Was hat sie daraufhin gesagt?

Dass sie kein Interview geben will.

Und sonst? Worüber habt ihr dann noch gesprochen?

Er sei leider viel zu aufgeregt gewesen. Das habe er schon wieder vergessen, lächelte Rudolf versonnen.

Außerdem könne er kaum Italienisch, bekannte er jetzt freimütig, und Alida Valli habe nur sehr wenig Deutsch gekonnt. Das Gespräch sei daher nur kurz gewesen. Er habe ihr aber auch nur sagen wollen, welch eine schöne Frau sie doch sei. Und das, meinte Rudolf, hat sie natürlich sofort verstanden.

Erfreut habe sich die Schauspielerin für sein Kompliment bedankt und gesagt: Das ist aber schon eine ganze Weile her. Sie meinen, als ich sehr jung war.

1997 gab es den *Spiegel* seit fünfzig Jahren. Dieses Ereignis sollte im Januar zunächst mit einem Jubiläumsfest im *Haus der Geschichte* in Bonn und im Juni in Hamburg mit einem Sommerfest für die *Spiegel*-Mitarbeiter gefeiert werden.

Nur wenige Tage vor dem Bonner Fest traf ich wie gewohnt

gegen zehn Uhr im Leinpfad ein, um Rudolf aus den Zeitungen vorzulesen.

Der Chef habe hohes Fieber und liege im Bett, empfing mich Fahrer Böhme sehr besorgt.

Die Tür zu Rudolfs Schlafzimmer stand weit offen, so dass ich einen Blick auf den Patienten werfen konnte. Fiebrig verschwitzt und kreidebleich lag er in den Kissen.

Wie geht es dir?, fragte ich erschrocken.

Sehr schlecht, antwortete Rudolf matt.

Wie schlecht?, fragte ich vorsichtig.

Ich habe 45 Grad Fieber, murmelte Rudolf verdrossen. Ich liege hier herum und sterbe, und kein Mensch kümmert sich darum.

So schnell stirbt sich's nicht, meinte ich aufmunternd. War denn dein Arzt schon da?

Mein Arzt, mein Arzt, hörte ich Rudolfs merkwürdig schwache Stimme. Wo ist der wohl? Auf einem Kongress natürlich!

Vorwurfsvoll betonte Rudolf jedes Wort dieses Satzes einzeln und strich vorsichtig über seinen bedenklich angeschwollenen, seltsam verfärbten rechten Arm.

Kurz darauf stellte ein Vertreter des Hausarztes mit einem entsetzten Blick auf Rudolfs Arm fest, es drohe eine Blutvergiftung. Der Patient müsse sich auf der Stelle ins Krankenhaus begeben und sich dort einem chirurgischen Eingriff unterziehen. Ganz offensichtlich habe sich eine alte Kriegsverletzung zurückgemeldet. Nicht enfernte Granatsplitter seien die Ursache dieses gefährlichen Zustands.

Ein denkbar ungünstiger Zeitpunkt für solch eine Nachricht. Unter diesen Umständen würde Rudolf wohl kaum an den bevorstehenden Jubiläumsfeiern teilnehmen können, befürchtete ich.

Nur einen Tag später rief Rudolf überraschend gut gelaunt an und teilte fröhlich mit: Zum Glück habe er wieder einmal überlebt. Die Rettungsaktion des Chirurgen sei tatsächlich gelungen.

Mein Arm ist *die* Attraktion der Krankenstation, begeisterte er sich. Solch eine Wunde habe auch er zuletzt im Krieg gesehen! Nun könnten die jungen Leute endlich einmal einen Eindruck bekommen, was seinerzeit los gewesen sei. Ob ich mir seinen offenen Arm auch einmal ansehen wolle.

Zögernd versprach ich, diesem Anblick näher zu treten, wenn Rudolf wieder zu Hause sei. Das sei ja sicherlich bald der Fall.

Aber ja, rief Rudolf munter ins Telefon hinein. Hier bleibe ich keinen Tag länger, Haushälterin Diana sei die beste Lazarettschwester der Welt. Einen Arzt brauche er sowieso nicht mehr.

Tatsächlich kehrte Rudolf kurz darauf aus dem Krankenhaus zurück. Diana rief an, um mitzuteilen, zu welcher Stunde der kriegsversehrte Arm unseres Chefs zu besichtigen sei.

Während Rudolfs Haushälterin tags darauf den endlos langen Verband abwickelte, wurde feierlich geschwiegen.

Jetzt! Jetzt, rief Rudolf mir irgendwann zu. Jetzt musst du hingucken!

Das Betrachten von offenen Wunden ist nicht gerade meine Stärke, meinte ich zaghaft.

Was doch, was doch, sagte Rudolf mit tiefer Stimme und sah nicht ohne Stolz auf seinen geschundenen Arm hinab. Ich mache das doch auch jeden Tag!

An Rudolfs verbandsfreiem, dunkelblau verfärbtem Arm klaffte eine zwanzig Zentimeter lange und mehrere Zentimeter breite eiternde Wunde. Mir wurde schwummerig.

Rudolf beobachtete mich über seinen Arm hinweg und lächelte milde. Seine Haushälterin beäugte die furchteinflößende Kriegsverletzung eingehend und erklärte im schönsten italienischen Tonfall: Schau, Rudolf, ist doch so schön!

Es sind nur noch wenige Tage bis zum *Spiegel*-Fest in Bonn.

Kannst du überhaupt reisen?, fragte ich zögernd. Ist das nicht gefährlich mit so einer Wunde, nach so einer Blutvergiftung?

Aber was doch, antwortete Rudolf heldenhaft. Der Arm ist doch noch dran. Wäre er ab, wäre das natürlich anders. Dann nämlich hätte er entsetzliche Phantomschmerzen und könnte nirgendwohin fahren.

Die behandelnden Ärzte aber rieten von einer Reise nach Bonn ab. Ein öffentlicher Auftritt, eine lange Rede womöglich sei in so stark geschwächtem Zustand viel zu anstrengend. Rudolf war fest entschlossen, dem Rat der Ärzte keinesfalls zu folgen. Ihm machte sein Augenleiden viel mehr zu schaffen.

Auf dem Fest werden alle angerannt kommen, und ich werde nicht einen erkennen, überlegte er immer wieder. Ich sehe doch nur Umrisse. Das Beste wird sein, du stellst dich hinter mich, wie diese Übersetzer im Auswärtigen Amt, schlug er vor. Wenn mich jemand begrüßen will, sagst du mir den Namen ins Ohr.

Kommt Helmut Kohl?, fragte er dann.

Er hat abgesagt, antwortete ich. Er hat eine eigene Veranstaltung in Bonn.

Das muss er so machen, lächelte Rudolf überraschend einsichtig und nickte, als stimme er dem Kanzler zu.

Kaum war Rudolf am Abend des Jubiläums in Bonn am Eingang zum *Haus der Geschichte* aus dem Auto gestiegen, umringte ihn eine dichte Meute von Fotografen und Kameraleuten. Begleitet von Chefredakteur Stefan Aust, verschwand er unter anhaltendem Blitzlichtgewitter in der sich in den Saal drängenden Menschenmenge. Es waren 800 Gäste, Abgeordnete des Parlaments und viele Prominente, eingeladen. Der Saal war brechend voll.

Wie stets, wenn Rudolf eine Rede zu halten hatte, war er in den Tagen zuvor sehr nervös. Er stellte sich alle möglichen Fehler vor, die ihm dabei unterlaufen könnten. Am Ende sagte er meist, um sich selbst zu beruhigen, er habe die Rede auswendig im Kopf, er brauche kein Manuskript, das er ja ohnehin nicht mehr lesen könne. Dennoch hatte ihm sein Sekretariat den Redetext in großen Buchstaben vorbereitet.

Rudolf begann seine Rede, indem er die Ehrengäste, Bundespräsidenten Roman Herzog, der ebenfalls eine Rede halten würde, Ex-Bundespräsidenten Richard von Weizsäcker, die Bundestagspräsidentin Rita Süssmuth und den Hamburger Landesherrn Henning Vorscherau, begrüßte. Dann ging er zu einem »kleinen Wort zuvor« über, wobei er nicht ganz ohne Stolz auf seine Kriegswunde zu sprechen kam. *Es hätte sehr wohl sein können*, erklärte er den Festgästen, *dass ich gar nicht mehr hier wäre oder nur mit einem Arm.*

Er habe sie alle aber doch eigentlich mit offenen Armen, und das heiße, mit zweien, willkommen heißen wollen. Seine Ärzte, fuhr er fort, hätten ihn nicht aus dem Haus lassen wollen und auf den Dichter Anton Tschechow verwiesen, der selbst zu seiner eigenen Hochzeitsfeier nicht erschienen sei.

Ich achte die Bildung dieser Weißkittel, rief Rudolf dem Publikum launig zu, *konnte ihnen aber nicht folgen. Und so bin ich hier.*

Am Ende seiner Rede entschuldigte sich Rudolf mehrfach, dass er, wie er sagte, nicht jeden erkennen könne, den er früher einmal gekannt habe. Schließlich saß er etwas erschöpft, aber zufrieden an einem festlich gedeckten runden Tisch. Freundlich lächelnd schüttelte er Hände und unterhielt sich, erkennbar gut gelaunt, hin und wieder auch länger mit einem Gast.

Es ist so laut, dachte ich, während ich das Geschehen aus einiger Entfernung betrachtete, da nützt alles ins Ohr Sagen nichts. Bei diesem Lärm wird Rudolf nicht einen Namen verstehen.

Vorsichtshalber fragte ich ihn aber dann doch, ob er die Gäste ohne Hilfe erkennen könne.

Was doch, meinte Rudolf großmütig. Ich brauche dich hier nicht. Die Leute stellen sich alle selbst vor. Ich sage einfach einen Namen, der mir gerade einfällt. Vorhin beispielsweise habe ich Kilz mit Günter angesprochen. Mir war aber klar, Günter Gaus ist es nicht, der mich so freundschaftlich mit Handschlag begrüßt. Kilz hat natürlich sofort gesagt: Ich bin aber Hans Werner. Ich war auch mal Chefredakteur bei dir.

Im August 1997 las ich Rudolf eine Geschichte des *Spiegel*-Redakteurs Uwe Klußmann vor, der darin von der kaltblütigen Ermordung des jungen Türken Halil Ibrahim Sofu berichtete, von seinen Anhängern *Scheich Yusuf* genannt. Der Fememord war Höhepunkt eines in Deutschland ausgetragenen Machtkampfs militant organisierter türkischer Islamisten.

Muhammed Metin Kaplan war Anstifter dieses Verbrechens, mit dem er einen Konkurrenten aus der Welt schaffen wollte. Der Hassprediger hatte sich selbst zum *Kalifen der Muslime* ernannt und war auch als *Kalif von Köln* bekannt. Wie gefährlich die stetig anwachsenden, von Hass auf Ungläubige geprägten Umtriebe fundamentalistischer Gruppen waren, hatten die deutschen Sicherheitsbehörden bislang offenbar unterschätzt.

Mich wird es nicht mehr geben, sagte Rudolf, nachdem er diesen Artikel nachdenklich schweigend zur Kenntnis genommen hatte. Aber auf euch kommt in der Zukunft noch einiges zu. Wenn ich schon wieder Parolen höre wie die dieses kriminellen *Kalifen von Köln*, meinte er kummervoll: *Ihr müsst die Soldaten des Kalifstaates werden!* Wen wiegelt er denn damit auf? Unaufgeklärte, unwissende junge Leute, die diesen Fanatikern begeistert gehorchen und folgen werden!

Schon Jahre zuvor hatte Augstein einmal ein Buch über Heinrich Heine zu schreiben begonnen, es aber nicht zu Ende gebracht. Jetzt stand der zweihundertste Geburtstag des Dichters bevor, und der Herausgeber meldete in der Chefredaktion eine Titelgeschichte zu diesem Thema an.

Ich schreibe aber nur, wenn Prechtl wieder das Titelbild liefert, machte er zur Bedingung und beauftragte mich, den vielbeschäftigten Zeichner Michael Mathias Prechtl anzurufen, um ihn auf den *Spiegel*-Titel vorzubereiten.

Ach Gott, stöhnte dieser höflich verhalten, als ich ihm Augsteins Bitte vortrug. Wann soll die Geschichte gedruckt werden? Ich brauche mindestens sechs bis acht Wochen, wenn so ein Blatt gut werden soll. Ich mache es aber. Rudolf Augstein zuliebe. Wir haben ja sonst keinen mehr wie ihn, meinte er freundschaftlich und sagte zu, zum vorgesehenen Erscheinungstermin Anfang Dezember mit seiner Arbeit fertig zu sein.

Rudolf ließ sich von nun an stundenlang aus Heines Werken vorlesen, lediglich unterbrochen von einem: Schreib das auf, streich diesen Absatz an oder: Notier diese Stelle, die brauchen wir als Zitat.

Im November reiste ich mit einem Koffer voller Heine-Literatur nach Sylt. Nachdem ich Rudolf die wichtigsten Artikel aus den Zeitungen vorgelesen hatte, folgte die Heinrich-Heine-Lektüre. Mittags lud er mich ins Landhaus Nösse zum Essen ein. Während eines solchen Mittagessens rechnete Rudolf erstaunlich genau nach, wie viel Geld dem Dichter monatlich zur Verfügung gestanden hatte. Die Summe von 20 000 Mark, auf die er nach derzeitigem Wert schließlich kam, teilte er in Aktien auf, mit denen Heine spekuliert hatte, und in Zuwendungen, die der Dichter von seinem Vetter Carl Heine zusätzlich zu der von seinem Onkel Salomon ausgesetzten Familienpension erhielt. Ich wartete auf Rudolfs immer wieder gern vorgetragenen, der Wahrheit wohl kaum entsprechenden Satz: Sein eigenes Geld liege zum Glück bei der Pinneberger Sparkasse. Alles weitere interessiere ihn nicht. Diese Erklärung blieb dieses Mal aus.

Der Abgabetermin für den Heine-Titel rückte immer näher. Bei der Menge Material, fürchtete ich, werde Rudolf mit dem Schreiben unter erheblichen Druck geraten.

Du musst allmählich anfangen zu diktieren, meinte ich daher nach der Zeitungslektüre.

Was doch, brummte Rudolf lustlos, du schreibst alle Zitate und Absätze, die du während des Vorlesens angestrichen hast, zusammen und liest mir das Ergebnis vor. Dann schreibe ich die Geschichte drumherum.

Rudolf schrieb aber nach wie vor nicht eine Zeile.

Rudolf, mahnte ich schließlich, du musst loslegen. Alle warten auf deinen Text.

Bestell ihnen, sie können den ganzen Kram selbst schreiben, wenn sie mich dauernd so drängen, entgegnete Rudolf widerspenstig.

Eine weitere Woche verging, bis Rudolf eines Morgens vorschlug: Du schreibst.

Wie? Ich soll deinen Titel schreiben? Das ist nicht dein Ernst!

Ich habe lange genug mit dir über Heinrich Heine geredet. Du schreibst das jetzt alles auf, erklärte er munter, und ich mache den Rest. Nachher fährst du zurück nach Hamburg und kommst in ein paar Tagen mit einer hoffentlich fertigen Geschichte zurück, meinte er unbekümmert. Ich habe keine Zeit zum Schreiben. Ich bekomme Besuch.

Zwar hatte ich von Rudolf Augstein tatsächlich viel gelernt, trotzdem sagte ich jetzt ziemlich entgeistert: Das kann ich nicht.

Du musst dich hysterisieren, lachte Rudolf gutmütig.

Hysterisieren?

Haha, da hättest du Michael Naumann mal sehen müssen, kicherte Rudolf in sich hinein. Er spricht übrigens das beste Englisch, das ich von einem Nichtmuttersprachler je gehört habe. Zurzeit ist er ja Verleger in New York. Wenn er vor zehn

Jahren als Auslandsredakteur im *Spiegel* einen Artikel schreiben musste, ist er erst einmal über den Flur gerannt und hat gerufen: Ich muss schreiben! Ich muss mich hysterisieren!

Von Sylt in den Leinpfad zurückgekehrt, überarbeiteten wir die Rohfassung der Titelgeschichte, die ich vorbereitet hatte. Dabei versetzte sich Rudolf so sehr in seinen Titelhelden, dass man Heinrich Heine förmlich vor sich sah.

Nicht nur dass Rudolf in gekünsteltem Siechtum hingestreckt auf seinem Sofa lag, er sagte auch immer wieder die Gedichte seines Journalistenkollegen auf. Fast so, als habe er sie gerade erst selbst erdacht.

Schlage die Trommel und fürchte dich nicht,
Und küsse die Marketenderin!
Das ist die ganze Wissenschaft,
Das ist der Bücher tiefster Sinn …

Ich kannte inzwischen beinahe alles auswendig.

Machte Rudolf während der Arbeit eine Pause, stöhnte und jammerte er anhaltend: Heines Matratzengruft müsse ein einziges Martyrium gewesen sein. Er frage sich schon die ganze Zeit, wie der Dichter seine unzähligen Leiden auch nur eine Minute habe aushalten können. Nun ja, beantwortete er die Frage gleich selbst: Heine hatte eben auch nicht den Mut, sich umzubringen. Dabei hätte dieser arme Lazarus wirklich allen Grund dazu gehabt.

Rudolf verabschiedet sich von mir stets kurz vor zwanzig Uhr mit dem Satz: Der Text sei ja fertig, er wolle jetzt die *Tagesschau* sehen.

Zurückgekehrt in die Redaktion, erwartete mich die für Rudolf zuständige Dokumentarin bereits ungeduldig mit allen von ihr verifizierten Bestandteilen des Artikels.

Eigentlich müsste doch auch dein Name darüber stehen, meinte meine Mitarbeiterin Barbara, als sie die fast fertig zusammengefügte Geschichte in den Computer eingab.

Tolle Idee, das schlag Rudolf Augstein mal vor, spöttelte ich.

Rudolf schrieb derweil auf seine Weise an der Titelgeschichte weiter. Jeden Morgen empfing er mich mit einer neuen Heine-Darbietung. Einmal konnte er sich gar nicht lassen vor Vergnügen und rief immer wieder: Dieser Heine! So ein Spießer! Ausgerechnet er, der sich selbst gern mit seinen Liebschaften gebrüstet hat, spielt den Moralischen und wirft Ludwig Börne vor: *Wie kann man nur zu dritt!* Nur weil Jeanette Wohl neben ihrem Ehemann, dem Kaufmann Salomon Strauß, gleichzeitig etwas mit Börne hatte! Das musst du dir mal vorstellen! Dem Ehepaar Salomon Strauß sagte er nach, deren ganzer Haushalt beruhe *auf der schmutzigsten Lüge, entweihter Ehe und Heucheley*. Verpasst Jeanette Wohls Mann, dem Kaufmann alomon Strauß, in Paris auf offener Straße dazu noch eine Ohrfeige! Es ist nicht zu fassen! Der hat ihn natürlich gleich zum Duell aufgefordert. Haha.

Halt, halt, rief Rudolf, als wir irgendwann in der Hälfte des Textes angelangt waren, keinesfalls dürfen wir diesen Satz vergessen: *Wie überhaupt Freundschaften bei Heine meist nach dem gleichen Muster verliefen – stürmische Gefühle, baldiges Erkalten.*

Für den Schluss empfahl ich Rudolf ein Heine-Zitat. Es lautete: *Denn ich war ein braver Soldat im Befreiungskriege der Menschheit.*

Ich auch, nickte Rudolf fast andächtig. Da muss aber noch etwas hin, meinte er dann ungewohnt zufrieden und diktierte genüsslich den letzten Absatz der Titelgeschichte. Sein letzter Satz lautete: *Er war ein deutscher Dichter.*

Das, erklärte Rudolf nach kurzem nachdenklichem Schweigen, war *ich* aber nie.

Mir schien, als handele es sich bei Rudolfs nach wie vor rastlosem Schaffensdrang immer weniger um reine Arbeitsfreude als vielmehr um eine Art Betäubung. Nach wie vor fiel es mir schwer, mich dann in seine Befindlichkeit hineinzuversetzen. Er selbst schien am wenigsten wissen zu wollen, warum es ihn, nachdem er wochenlang keinen Tropfen Alkohol angerührt hatte, plötzlich wieder danach drängte, sein Dasein zunehmend hinter einer fast undurchdringlichen Nebelwand von Bier und Schlafmitteln zu verbringen. Dabei wurde Rudolf in immer kürzeren Zeiträumen noch dünnhäutiger und hellhöriger, als er es ohnehin schon war. Woher nur rührte diese tiefe Melancholie, die von einem Tag zum anderen in eine gereizte, fast zornige Ruhelosigkeit umschlagen konnte? Fast so, als plage ihn eine nicht enden wollende Enttäuschung?

Rudolf kannte seinen Nietzsche: *Der Rausch macht gleichgültig gegenüber Leben und Tod und ruft doch auch die Sucht nach stärkerem Erleben, nach einer Art Jugend und Frühling hervor.*

Mit überlegenem Spott und bitterem Sarkasmus zerstörte er immer wieder jede Lebensfreude, die sich in ihm regen wollte. Dabei schien es, als sei er durchaus neidisch auf Menschen, die sich solche Lebensfreude unbekümmert gönnen konnten.

Es war, als ob Rudolf sich so gut wie nie mit dem zufriedengab, was er in seinem Leben erreicht hatte. Auch seine Sekretärinnen rätselten immer wieder, warum er sich auf geradezu selbstzerstörische Weise einem behaglicheren Alltag entzog. Er könnte es doch so gut haben, sagten sie immer wieder. Warum macht er es sich und allen um ihn herum so schwer?

Ich fragte mich manchmal, ob Rudolf womöglich die Vorstellung zusetze, dass ihm einiges in seinem Leben missglückt oder versagt geblieben war: Sein Versuch, vom Journalismus in die Politik zu wechseln, war schnell gescheitert. Vielleicht hätte er lieber als Geisteswissenschaftler, als Historiker womöglich, Erfolge gefeiert oder vielleicht doch als Schriftsteller?

Hin und wieder sagte er zwar, er wolle mit niemandem tauschen. Ich war mir nicht sicher, ob er das dann ehrlich meinte oder womöglich den einen oder anderen Zeitgenossen im Sinn hatte, den er beneidete.

Sein Rückzug in eine schwer nachvollziehbare Unerreichbarkeit schien ihm dazu zu dienen, eine genaue Betrachtung seines eigenen Lebens zu verhindern, ja unmöglich zu machen. Zwar kündigte er immer wieder an, seine Memoiren diktieren zu wollen. Er nahm dieses Vorhaben aber nicht eine Sekunde lang ernsthaft in Angriff, sondern redete sich fortwährend damit heraus, für ein solches Buch müsse er sich mindestens drei Jahre aus allem zurückziehen. Doch nach wie vor werde er im *Spiegel* gebraucht.

Mit der gleichen Begründung lehnte er eine Gastprofessur an der Düsseldorfer Heinrich-Heine-Universität, den sogenannten Heinrich-Heine-Lehrstuhl, ab. Auf solch ein Unterfangen müsse er sich lange und gründlich vorbereiten. Dazu fehle ihm einfach die Zeit, sagte er, als ich ihn einmal darauf ansprach.

Mit Rudolf ernsthaft über seine Befindlichkeit zu sprechen gelang mir nur sehr selten. Fragen danach beantwortete er mit knapper Selbstironie. Als ich mich an einem Montagmorgen nach seinem Befinden erkundigte, seufzte er gespielt dankbar und versuchte dann, sich über sich selbst lustig zu machen: Es gehe nun endlich bald zu Ende mit ihm. Er könne kaum noch einen Fuß vor den anderen setzen; über kurz oder lang werde man ihn, wie Salvador Dalí, unter den Klängen der Nationalhymne vom Bett aufs Sofa und von dort wieder ins Bett tragen müssen.

Wenn wir Frauen im Herausgeberbüro mit ihm telefonierten, merkten wir am Tonfall seiner Stimme, wie es wirklich um ihn stand.

Wieder einmal rieten Rudolfs Ärzte von einer Reise ab. Wegen des anstrengenden Höhenunterschieds möge er auf die gewohnten Winterferien in der Schweiz doch besser verzichten, warnten sie ihn besorgt.

Wie üblich folgte Rudolf dem Rat der Ärzte nicht. Mitte Februar 1998 fuhr er trotzdem nach Sils Maria, begleitet von seiner Haushälterin Diana, die ganz in der Nähe beheimatet war.

Rudolf hatte mich gebeten, eine Woche später nachzukommen, weil er einen Artikel zum Wahlkampf des Bundeskanzlers Kohl und eine Titelgeschichte über den Dichter Theodor Fontane und dessen Verhältnis zu Otto von Bismarck vorbereiten wollte.

Weißt du, was Fontane geschrieben hat?, lachte Rudolf ins Telefon, als er mich in die Schweiz einlud: *Mit der Zeit kommt alles. Orden – Titel – Tod.*

Orden hab ich ja schon einige. Jetzt nur dieser eine Titel noch, witzelte er, der Rest erledigt sich danach von selbst.

Du bist nicht mehr die Jüngste, begrüßte er mich etwas matt, als ich bei ihm in Sils Maria eintraf. Du brauchst natürlich ein paar Tage Zeit, bis du dich an die dünne Luft gewöhnt hast, sorgte er sich. Wir fangen lieber erst in drei Tagen an zu arbeiten.

Während dieser drei Tage saß er selbst bleich und übermüdet mal am Schreibtisch, um zu telefonieren, mal auf dem Sofa, wo er häufig sofort einnickte.

Missmutig begab er sich hin und wieder auf den Balkon seiner Ferienwohnung, um langsam die gesunde Höhenluft einzuatmen, wie er sich ausdrückte. Minuten später aber schon kehrte er verdrossen in die warme Wohnstube zurück.

Als ich mich am vierten Tag meines Aufenthalts wie verabredet gegen zehn Uhr in seiner Wohnung einfand, saß Rudolf, verpackt in Decken und dicke Skikleidung, auf dem Balkon und blinzelte in die Morgensonne.

Diana, die ihn unausgesetzt zu einem gesünderen Dasein ermahne, besuche heute ihre Eltern, teilte er mit. Wir beide fahren jetzt gleich hinauf zum Morteratsch. Ich will noch einmal das Gletschermaul sehen, bekam ich zu meiner Überraschung zu hören.

Das ist aber eine ziemlich lange, anstrengende Wanderung, gab ich zu bedenken.

Was doch, so weit wirst du wohl noch laufen können, entgegnete Rudolf unternehmungslustig. Dieser Tag ist wie geschaffen für eine Wanderung. Die Bergluft wird *besonders dir* guttun.

Den Weg zum Morteratschgletscher war Rudolf vor einigen Jahren bereits einmal mit mir gegangen. Ich erinnerte mich noch gut an das Gletschermaul. Auch daran, dass ich, während ich in den gewaltigen, schmutzig grau glänzenden Eisrachen blickte, kalte Füße bekam.

Damals hatte Rudolf den wenige Kilometer langen und nicht sehr steilen Wanderweg ohne Probleme bewältigt. In diesem Frühjahr jedoch, befürchtete ich, war er für solch einen Spaziergang nicht mehr kräftig genug.

Widerstrebend bestellte ich ein Taxi, das uns bis zu einem Parkplatz vor dem Wanderweg hinaufbrachte.

Gestützt auf zwei Skistöcke, marschierte Rudolf drauflos.

Nach einer knappen halben Stunde bemerkte ich aber, dass ihm das Gehen immer schwererfiel.

Wir kehren besser wieder um, schlug ich vor.

Wir gehen bis zum Gletschermaul, beharrte Rudolf schwer atmend.

Du musst den Weg auch wieder zurücklaufen, warnte ich.

Ich will zum Gletschermaul, schnaufte Rudolf eigensinnig und stapfte weiter, Schritt für Schritt, den sanft ansteigenden Weg hinauf.

Jeder Meter fiel ihm zusehends schwerer. Trotzdem schien ihn etwas immer weiter voranzutreiben.

Die kalte Höhenluft kam mir tatsächlich auf einmal sehr, sehr dünn vor. Rudolf umklammerte krampfhaft seine beiden Skistöcke und rang nach Atem.

Weit und breit gab es keine Bank, auf die wir uns hätten setzen können. Schließlich ließ sich Rudolf auf einem nackten Felsen am Wegrand nieder. Ein Wegweiser hatte kurz zuvor weitere drei Kilometer bis zum Gletschermaul angezeigt.

Es ist nicht mehr weit, musste sich Rudolf inzwischen abringen.

Ich laufe schnell und hole jemanden, der dich zurückfährt. Mit einem Geländewagen, einer Kutsche oder so, schlug ich ziemlich hilflos vor.

Bist du verrückt? Du lässt mich hier allein? Willst du mich umbringen?, klagte Rudolf mit schwacher Stimme. Ich werde erfrieren! Dann kannst du mir unter diesem mickrigen Felsen hier das Grab schaufeln.

Na gut, dann kehren wir jetzt zusammen um, mahnte ich geduldig.

Ich bleibe hier. Und zwar für immer, schnaubte Rudolf bockig.

Ich gehe den Weg einfach ganz langsam zurück. Dann wird er irgendwann hinter mir herkommen, überlegte ich. Entschlossen stand ich auf und machte mich auf in Richtung Parkplatz, wo das Taxi uns abgesetzt hatte.

Eisern packte Rudolf seine Skistöcke, erhob sich laut stöhnend und wandte sich in die Gegenrichtung. Mit winzigen Schritten ging er weiter zum Gletschermaul hinauf.

Mir blieb nichts anderes übrig, als langsam hinter ihm herzustiefeln.

Schließlich saß Rudolf in immer kürzeren Abständen auf einem Felsvorsprung. Fand sich ein solcher nicht, saß er frierend im Schnee und behauptete, ihm sei nicht kalt. Im Gegenteil. In dieser unbarmherzigen Gebirgssonne sei ihm eher zu heiß.

Die Mittagssonne brannte vom blitzblauen Himmel. Kein Baum, kein Strauch war in der Nähe. Weit und breit kein Schatten.

Ich machte mir inzwischen Vorwürfe, weil ich nichts zu trinken mitgenommen hatte. Ich hatte mir schlichtweg nicht vorstellen können, dass ich mit Rudolf länger als zehn Minuten unterwegs sein würde.

Tatsächlich murmelte er irgendwann: Also gut, wir kehren um.

Ich sagte nichts mehr. Denn Rudolf machte den Eindruck, als müsse er mit einer schweren Niederlage fertigwerden. Er sah aus wie ein Kämpfer, der das Kämpfen aufgeben musste. Als nähme er es seinem Körper übel, dass der ihn besiegt hatte. Nur wenige Tage später ging es, dieses Mal im Pferdeschlitten, ins Fextal hinauf; wir wollten dort zu Mittag essen. Wieder einmal schien Rudolf sich erstaunlich schnell von einem Tief erholt zu haben.

Der Himmel war wolkenlos und tintenblau. Die Sonne wärmte bereits ein wenig. Der leichte Wind jedoch war eisig.

Die beiden, mit leise scheppernden Glöckchen behangenen Kutschpferde zogen den Schlitten unter den antreibenden Rufen eines jungen Burschen gemächlich die schmale Straße in das stille Engadiner Seitental hinauf.

Nachdem wir uns in warme Decken gehüllt hatten, machte sich Rudolf über den Eisernen Kanzler Otto von Bismarck lustig: Der habe ja bei derlei Ausflügen stets ein Fässchen kaltes Bier mit sich geführt. Hättest du auf dem Weg zum Morteratschgletscher ein solches Fässchen dabeigehabt, hätte ich den Weg zum Gletschermaul problemlos geschafft, witzelte er mit leicht vorwurfsvollem Unterton in der Stimme.

Beim nächsten Mal trage ich es dir hinterher, entgegnete ich. Ich binde mir ein Fässchen um den Hals. Wie ein Berner Sennenhund.

Das Bier sei nicht sein Problem, ächzte Rudolf, ohne darauf einzugehen, mehr zu sich selbst als zu mir. Energisch zog er die kratzige Wolldecke fester um sich. Im Gegensatz zu Otto von

Bismarck könne er auf sein Bier jederzeit verzichten. Wenn nur diese elende Schlaflosigkeit nicht wäre, klagte er.

Im Restaurant des Hotels Sonne hatten wir uns kaum im schattigsten Winkel an einen Tisch gesetzt, als der Kellner, der uns auf Schweizerdeutsch launig begrüßt hatte, ein Glas Pils vor Rudolf abstellte.

Er wisse ja, flüsterte Rudolf ihm daraufhin hinter vorgehaltener Hand zu, er spreche ebenfalls rätoromanisch. Er beherrsche nämlich 1200 Sprachen und Dialekte, lachte er gut gelaunt. Der Kellner lachte ebenfalls, obwohl er den Witz, der sich auf die übertriebenen Behauptungen des Schriftstellers Karl May bezog, nicht verstand.

Keiner da fürs *Kriegskameradenspiel*, stellte Rudolf mit einem enttäuschten Rundblick in den Gastraum fest. Das *Kriegskameradenspiel,* wie Rudolf es getauft hatte, bestand im fachmännischen Austausch mit älteren Herren über die Militärzeit im Zweiten Weltkrieg. Solch eine Unterhaltung zu beginnen war meine Aufgabe. Kaum hatte Rudolf einen etwa gleichaltrigen Herrn am Nebentisch entdeckt, raunte er mir zu: Frag den Kameraden dort drüben mal, ob er schon Ski laufen war. Heute ausnahmsweise nicht, war meist dessen zugänglich erfreute Antwort, selbstverständlich gehe man sonst täglich auf den Berg. Mit ein paar launigen Sätzen über die Wetterlage nahm Rudolf den Faden auf und kam sehr bald auf sein eigentliches Anliegen zu sprechen: Welcher Jahrgang?, fragte er nämlich und hörte sich dabei an wie ein Militärarzt, der einem jungen Rekruten gegenübersitzt. Antwortete der Herr am Nachbartisch erstaunlich zackig: 1923, rief Rudolf begeistert: Genauso alt wie ich! Und wo haben Sie gedient? Antwortete der Herr beispielsweise: im Schweizer Gebirgskorps, entspann sich zwischen den beiden Männern eine lange, lebhafte Unterhaltung über Aufgaben und Unterschiede von damaligen deutschen, Schweizer und österreichischen Gebirgseinheiten in den jeweiligen Alpenregionen und um welche Befehle ein Gebirgsjäger sich am ehesten habe drücken können. Die Besteigung des höchsten kaukasischen Gipfels *Elbrus* durch eine bayrische Spezialeinheit wurde diskutiert, und Rudolf verspottete lachend den Führer, der sich hinterher über *die verrückten Bergsteiger* aufgeregt habe, die entgegen seinem anderslautenden Befehl *einen idiotischen Berggipfel besetzten.* Die slowenischen Karawanken hingegen, befanden beide Männer übereinstimmend, seien strategisch eigentlich nur im Ersten Weltkrieg wichtig gewesen. Während ich diesem Fachsimpeln höflichkeitshalber geduldig zu folgen versuchte, wandte Rudolf sich nachsichtig an mich: Nachher wolle er mir das alles noch einmal ganz ausführlich erklären, denn vom Krieg verstehe ich nun mal nichts.

Da es nun aber an einem solch kundigen Kriegskameraden mangelte, seufzte Rudolf: Einhundertzwei Jahre alt wie Ernst Jünger werde er natürlich nicht.

Ernst Jünger war wenige Tage zuvor gestorben. Rudolf verschränkte die Arme auf dem Tisch, senkte den Kopf und begann laut über den Schriftsteller und Philosophen nachzudenken. So erzählte er die Anekdote, wie er den auf der Suche nach Insekten auf dem Rasen herumkriechenden Jünger einmal mit der Kleinbildkamera fotografiert und dieses Foto im *Spiegel* veröffentlicht hatte. In Hannover lag Jünger am Ende des Ersten Weltkrieges auch eine Zeitlang im Lazarett. So wie ich am Ende des Zweiten, schloss er seine Ausführungen ab. Es gäbe kaum jemanden, der so viele Orden und Auszeichnungen erhalten habe wie Ernst Jünger, sagte er dann und zählte, zufrieden nickend, einen Orden nach dem anderen auf.

Ich verstehe so wenig davon, sagte ich in der Hoffnung, Rudolf allmählich vom Thema Ernst Jünger abbringen zu können.

Ich diktiere dir nachher den Nachruf auf ihn, nickte Rudolf und fuhr unbeirrt fort, mir Jüngers Leben und den Einfluss seiner Schriften auf den Nationalsozialismus zu erläutern. Dass Jüngers frühe Schriften lässliche Jugendsünden seien, verstehe sich dabei ja von selbst, hörte ich Rudolf sagen.

Schade … das schöne Wetter …, dachte ich, inzwischen ziemlich abwesend. Es wird allmählich Zeit aufzubrechen, mahnte ich daher. Vielleicht können wir wenigstens noch die allerletzten Sonnenstrahlen erwischen.

Was doch, wehrte Rudolf sofort ab. Wir müssen ja nicht laufen, die Pferde finden den Weg, auch wenn es dunkel ist, freute er sich. Bei seinem Rückzug aus Russland habe er ja einschlägige Erfahrungen gemacht. Im Dunkeln fahren die Schlitten nicht mehr, versuchte ich ihn loszueisen, bevor er auf seine angeblich lustigen Erlebnisse aus Kriegstagen zu sprechen kommen würde, von denen ich überzeugt war, dass sie die wahren eher verschleierten. Denn vor kurzem erst hatte Rudolf mir scheinbar vergnügt eine Geschichte erzählt, die mir traumatisch vorgekommen war: Wie er, schwerverletzt und blutüberströmt, von polnischen Zwangsarbeitern aufgefunden und auf einem Fahrrad zu einem fünf Kilometer entfernten Arzt transportiert wurde. Die Männer hätten ihn links und rechts festhalten müssen. Sonst wäre ich, kaum von einer Seite aufgestiegen, auf der anderen kopfüber hinabgestürzt – wie Don Quichotte von seinem Pferd, lachte Rudolf in sich hinein. Ich war deutscher Wehrmachtssoldat! Sie hätten mich auch erschlagen können, rief er begeistert, als sei das Ganze nur eine Art absurde Theaterszene gewesen.

Inzwischen dachte er laut darüber nach, ob Helmut Kohl und Ernst Jünger wohl tatsächlich befreundet gewesen seien, und kam zu dem Schluss:

Weder Kohl noch Jünger hätten je die Begabung zu Freundschaften gleich welcher Art gehabt.

Er überlegte, ob Kanzler Kohl nach der bevorstehenden Bundestagswahl im Herbst 1998 wohl endlich abtreten werde, und meinte: Er selbst habe für diesen Fall geplant, nur noch Pferdeschlitten zu fahren und im Fextal im Hotel Sonne an diesem Tisch zu sitzen …

Und zwar im Dunkeln, beendete ich seinen Satz voreilig verdrossen, weil es mir nicht gelungen war, Rudolf zum Aufbruch zu bewegen, um im sonnigen Gebirgslicht etwas spazieren zu gehen.

Wieso denn, hier drinnen ist es doch ganz hell, bekam ich auf der Stelle zu hören.

Sollte Gerhard Schröder wirklich Kanzler werden, verkündete er ungeachtet meiner inzwischen alles andere als gehobenen Stimmung, müsse er selbstverständlich weiterhin im *Spiegel* bleiben. Eineinhalb Legislaturperioden wird Schröder mit den Grünen wohl durchhalten, überlegte er weiter. Und dann sei für ihn ja immer noch Zeit, das Blatt zu verlassen. Wahrscheinlich aber komme ihm der große Uhrmacher sowieso zuvor.

Am Ende einer jeden Zeitungslektüre ließ Rudolf sich auch die Traueranzeigen in der *Frankfurter Allgemeinen* vorlesen. Wenn einmal wieder die Namen der adligen und hochadligen Verwandtschaft eines Dahingeschiedenen kein Ende nehmen wollten, beauftragte er mich, im Adelskalender nachzuforschen, ob das jeweilige Geschlecht der Von und Zu dort aufgeführt war.

Da Rudolf Todesfälle gleich welcher Art interessierten, berichtete ich ihm, während meines Septemberurlaubs auf der griechischen Ferieninsel sei einer der Dorfbewohner gestorben. In Detroit. In der amerikanischen Autostadt, in die er ausgewandert war.

Wie alt?, fragte Rudolf, aufmerksam geworden.

Dreiundachtzig, antwortete ich.

Na ja, sagte Rudolf. Das geht.

Wie es in Griechenland Brauch ist, wollte auch dieser Mann auf seiner Heimatinsel beerdigt werden.

Fast alle Männer des Dorfes waren auf den Beinen, als der Sarg mit dem Leichnam nachts mit der Fähre aus Piräus eintraf, erzählte ich Rudolf nun und beschrieb ihm, wie dieser Sarg ausgesehen hatte: Etwas flacher als gewöhnlich und merkwürdig breit. Aus violett schimmerndem Metall, mit schweren, prachtvollen Chrombeschlägen.

Hm, brummte Rudolf anteilnehmend, wie die amerikanischen Limousinen eben.

Nachdem der Sarg gebührend bestaunt worden war, so erzählte ich weiter, schob man ihn auf einen kleinen rostigen Pick up. Die Karosse sackte fast bis auf den Boden durch. Der Sarg wurde mit Stricken festgezurrt. Quietschend und krachend setzte sich der klapprige Wagen in Bewegung. Die Männer begleiteten das Auto mit lauten Rufen und schlugen, als sei es ein störrischer Esel, auf die Seitenwände des Wagens ein.

Rudolf hörte weiterhin aufmerksam zu.

Wie es auf der Insel üblich sei, fuhr ich fort, habe man den Verstorbenen in seinem Luxussarg zunächst zu Hause zwischen Kerzenleuchtern aufgebahrt. Am Morgen dann habe eine Mannschaft kräftiger Dörfler das schwere Ungetüm von Sarg durch einen Olivengarten hindurch einen schmalen Fußweg entlang und den Hügel hinauf in die kleine Dorfkirche getragen.

Versunkene Welten, seufzte Rudolf, das gibt es bei uns alles nicht mehr.

Und wie war die Trauerfeier?, fragte er interessiert.

Als Fremde hätten mein Freund und ich draußen vor der winzigen Dorfkapelle gestanden, beschrieb ich die Ereignisse. Umringt von jungen Männern, die trotz aller Trauer unbekümmert rauchten und leise Späße über den Verstorbenen machten, was aber niemanden gestört habe.

Nach der griechisch-orthodoxen Trauerzeremonie sei dann

ein Trauergast nach dem anderen merkwürdig verstört aus dem dunklen Kircheninnern ins Helle getreten.

Die haben dem Tod ins Auge geblickt, nickte Rudolf anteilnehmend. Gut so.

Er legte den Kopf zurück, faltete die Hände über der Brust und sagte: Immer wieder denke ich darüber nach, wie wohl meine Beerdigung sein wird.

Nach kurzem, andächtigem Schweigen zitierte er die Bibel:

Da du jünger warst, gürtetest du dich selbst und wandeltest, wohin du wolltest; wenn du aber alt wirst, wirst du deine Hände ausstrecken, und ein anderer wird dich gürten und führen, wohin du nicht willst.

Johannes-Evangelium. Kannst du nachlesen, murmelte er. So wird es kommen.

Schreib mal auf, sagte er, gleich darauf wieder munterer geworden, und diktierte langsam und deutlich:

Meine Beerdigungsfeier.

Erstens: Keinesfalls singt der Bielefelder Kinderchor.

Zweitens: Keine Anzeige in der *Frankfurter Allgemeinen.*

Drittens: Keine Schnittblumen.

Viertens: Im *Spiegel* keinesfalls ein Kreuz hinter meinem Namen wie bei den toten Herausgebern in der *FAZ.*

Im Oktober 1998 trat Helmut Kohl von der politischen Bühne ab. Im Fernsehen wirkte er, der seit 1982 als Bundeskanzler den Weg der Bundesrepublik mit Selbstbewusstsein bis hin zur Selbstgerechtigkeit bestimmt hatte, nach der verlorenen Wahl fast bescheiden, ja demütig.

Rudolf saß vor seinem großen Fernsehgerät und lachte leise in sich hinein. Mir war nicht ganz klar, wie genau er die Fernsehbilder erkennen konnte. Es überraschte mich, dass er einige Augenblicke lang ein wenig gerührt zu sein schien.

Das macht er doch sehr ordentlich, sagte er anerkennend. So

ein Abschied ist eine Tortur für solch einen Mann. Aber diese *Kohlokratur* musste endlich einmal ein Ende haben.

Er gab sich einen Ruck und sagte nachdenklich: Ich werde ihm einen Brief schreiben. Ich werde ihm ein Veteranentreffen vorschlagen. Rudolf Augstein hatte es längst aufgegeben, noch eine Antwort zu erwarten, als Helmut Kohl sich Wochen später in einem Brief entschuldigte: Leider sei Augsteins Schreiben während des Umzugs in ein anderes Büro untergegangen. Aus zeitlichen Gründen sei es Kohl nicht möglich, der freundlichen Aufforderung zu einem gelegentlichen gemeinsamen Mittagessen in Hamburg nachzukommen.

Kurz nach dem Kohl-Rücktritt fand Rudolf Augsteins fünfundsiebzigster Geburtstag in einem Festzelt hinter dem Verlagshaus statt. Unter den auf Augsteins Wunsch nur wenigen geladenen prominenten Festgästen saß zum ersten Mal ein Bundeskanzler an seinem Tisch: Gerhard Schröder.

Wie hat dir denn Joschka Fischer, unser neuer Außenminister, gefallen?, fragte ich interessiert, als die Feier vorüber war.

Ich traue ihm nicht über den Weg, sagte Rudolf und schüttelte nachdenklich den Kopf. Jemand mit solch einer Vergangenheit …

Von den Linksradikalen, denen Joschka Fischer in den siebziger Jahren angehörte, hat er sich doch sogar öffentlich längst distanziert. Warum traust du ihm nicht?, fragte ich erstaunt.

Er hat eine Charaktermaske, antwortete Rudolf wortkarg und in merkwürdigem Flüsterton.

Wie meinst du das?, fragte ich überrascht.

Er wird euch seine Großmachtsphantasien schon noch vorführen, erwiderte Rudolf grimmig. *Er* glaube nicht an Joschka Fischers friedenstiftende Absichten.

Zu Beginn des Jahres 1999 zeigte das Fernsehen immer wieder Bilder eines beharrlich verhandelnden Außenministers Joschka Fischer, dem anzumerken war, wie ohnmächtig ihn seine Gesprächspartner im belgischen Verhandlungsort Rambouillet ein ums andere Mal zurückließen.

Im *Spiegel* beschrieben etliche Redakteure bereits seit Monaten den Kosovo-Konflikt, der im März in einen Luft-Boden-Krieg münden sollte. Immer wieder wandte sich Augstein mit kritischen Kommentaren gegen diesen Krieg. Anfang Mai hatte er den Amerikanern vorgeworfen, in Rambouillet seien von der Nato Bedingungen gestellt worden, die kein Serbe unterschreiben könne.

Als ich ihn einmal fragte, ob es nicht vielleicht doch richtig sei, einen verbohrten Diktator wie Milošević auch mit Gewalt zu entmachten, fuhr Rudolf mich verärgert an, dann renn du doch hin und erschieß ihn!

Ein anderes Mal, nachdem ich ihm zu diesem Thema etliche Artikel aus verschiedenen Zeitungen vorgelesen hatte, murrte er: Es ist doch alles nicht zu fassen. Unsere Leute haben auf dem Balkan wirklich rein gar nichts zu suchen. Dort sollen sie sich allein herumprügeln, bis ihnen die Waffen aus der Hand fallen.

Das ist aber ganz schön zynisch, sagte ich erstaunt.

Aber was doch, bekam ich zu hören. Leute wie dieser sogenannte Verteidungsminister Rudolf Scharping, ätzte Rudolf, seien doch noch nicht einmal in der Lage, zwei Soldaten über einen Kantstein zu führen.

Der brutalen Ermordung von Hunderten, ja Tausenden von Menschen mitten im zivilisierten Europa müsse aber doch unbedingt ein Ende gemacht werden, wandte ich ein. Dazu verpflichteten uns doch die Menschenrechte.

Mit dieser Ansicht solle ich mich bei Joschka Fischer bewerben, winkte Rudolf ab. Bei *ihm* könne ich damit nichts werden.

Im April schrieb er einen Kommentar zum Nato-Angriff mit der Überschrift: *Was suchen wir auf dem Balkan?* Darin erklärte er, dass *er eine gewisse Vorstellung vom Bodenkrieg habe.* Er habe *ihn zwischen Woronesch und Kiew* mitgemacht und bezweifle, *dass die politischen und militärischen Anführer des jetzigen Krieges je ihren Fuß auf feindlichen Boden gesetzt* hätten – *ausgenommen den Nato-Oberbefehlshaber für Europa, Wesley Clark, der in Vietnam schwer verwundet wurde* –, *sonst hätten sie sich, teilweise sogar frohen Mutes, in dieses unkalkulierbare Abenteuer nicht begeben.* Augstein wandte sich gegen die elektronische Kriegsführung mit präzisionsgelenkter Munition und fürchtete, *zwischen Europa und Amerika werde sich eine Kluft auftun, die zu überbrücken schwer genug sei.* Der Balkankrieg sei *eine nicht zu unterschätzende Gefahr, weil der Konflikt so viele ethnische Gruppen* berühre. *Mit jedem Bomber wird man einen Rosinenbomber mitschicken müssen, weil Hunger und Elend drohen.* Für die Deutschen, so endete sein Kommentar, *sollte es das letzte Mal sein, dass sie bei einem »Fehler« dieser Art mitmachen. Wir haben auf dem Balkan nur humanitär, nicht aber militärisch etwas zu suchen.*

Ende Mai beschossen Kampfbomber in der kleinen Stadt Varvarin eine Brücke. Drei junge Mädchen, die dort zufällig gestanden hatten, kamen ums Leben, ebenso neun weitere Zivilisten. Dreißig Menschen, die sich ebenfalls zufällig in der Nähe aufgehalten hatten, wurden schwer verletzt.

Am Abend zeigten die Fernsehnachrichten wie häufig in den vergangenen Monaten Jamie Patrick Shea, den Sprecher der Nato, während einer Pressekonferenz. Die Bombardierung der strategisch völlig unwichtigen Brücke rechtfertigte er lediglich mit einigen dürren Sätzen: Bedauerliche Kollateralschäden dieser Art müssten in Kauf genommen werden.

Den Ausdruck Kollateralschaden hörte ich an diesem Abend zum ersten Mal.

Kaum hatte ich am darauffolgenden Nachmittag sein Wohnzimmer betreten, griff Rudolf nach einer Druckfahne, die auf dem niedrigen Büchertisch vor ihm lag, und warf sie mir zornig entgegen: Da! Das lies jetzt mal! Wo bleiben da wohl die

Menschenrechte! Das kommt dabei heraus: Kollateralschäden! *Das* ist zynisch, sagte er bitter.

Ebenfalls im Mai hatte Rudolf in Hamburg ein *Spiegel*-Gespräch mit Juri Ljubimow geführt, dem legendären Direktor des Moskauer Taganka-Theaters, der Stalin noch persönlich erlebt hatte und mit avantgardistischen Inszenierungen seines Schauspielhauses immer wieder in Konflikt mit der russischen Staatsmacht geriet.

Ich hoffte, Rudolf werde sich jetzt auch den beiden anderen Themen widmen, die längst geplant und immer wieder verschoben worden waren: Ein ehemaliger Redakteur des *Spiegels,* Werner Harenberg, der an der erweiterten Neuausgabe des Augstein-Bestsellers *Jesus Menschensohn* arbeitete, in der Rudolf Augstein eine kritische Bilanz der neueren Jesus-Forschung zog, hatte gebeten, den vereinbarten Abgabetermin zur Frankfurter Buchmesse im Oktober einzuhalten. Eine Titelgeschichte Augsteins über den Dichterfürsten Johann Wolfgang von Goethe sollte Ende Juli fertig vorliegen.

Bisher war Rudolf konzentriert bei der Arbeit gewesen. Fragte ich ihn, ob er mit der einen oder anderen neuen Formulierung in dieser Neubearbeitung seines Buches einverstanden sei, zitierte er aus dem Kopf fast wörtlich aus der alten Ausgabe von 1972, die seinerzeit mit großem Erfolg erschienen, wenngleich wegen kirchenkritischer Thesen nicht unumstritten war. Selbst an Anmerkungen aus dem Anhang oder an Fußnoten erinnerte er sich. Wieder einmal staunte ich darüber, was er alles in seinem Gedächtnis gespeichert hatte. Das Fresko einer Jesus-Darstellung ohne Dornenkrone, die in den späten Fünfzigern im *Spiegel* bereits einmal abgedruckt worden war, konnte er so genau beschreiben, dass es ein Leichtes war, dieses Bild im Archiv aufzufinden. Damit solle der Buchumschlag gestaltet werden, ordnete er an.

Mit einem Koffer voller Bücher und Unterlagen traf ich in Westerland ein. Am Bahnhof holte mich Rudolfs Sylter Hausmeister ab.

Dem Chef geht es sehr schlecht, berichtete er bereits auf dem Bahnsteig, kaum dass wir uns begrüßt hatten.

Herr Augstein wehrt sich mit Händen und Füßen, wenn meine Frau oder ich ihm vorschlagen, einen Arzt zu rufen. Vielleicht können Sie ihn ja dazu überreden, meinte er bekümmert.

Beunruhigt sah auch ich, dass Rudolf kaum noch in der Lage war, selbst kürzere Wege zu gehen. Ihm schien oft schwindelig zu werden. Er war leichenblass und kurzatmig.

Erschöpft saß er in der Sofaecke und sprach kaum ein Wort. Hin und wieder murmelte er schwer atmend: Holt bloß keinen Arzt.

Sowohl das Hausmeisterehepaar als auch ich wussten keinen Rat. Mir fielen sämtliche Leiden ein, die Rudolf womöglich auf der Stelle dahinraffen könnten, wagte aber nicht, seine Familie zu alarmieren. Vielleicht ruft ja eines der Kinder an, hoffte ich inständig.

Gegen Mittag bat Rudolf den Hausmeister, ihn in den Garten zu führen.

In seinem Apfelgarten, windgeschützt in einem Strandkorb sitzend, schlief er sofort ein.

Wenn er erwachte und wir ihn fragten, ob wir etwas für ihn tun könnten, lächelte er matt: Aber nein doch. Nun geht es Gott sei Dank zuende.

Dankbar lächelnd lobte er die kräftige Rindfleischbrühe, die ihm von der Ehefrau des Hausmeisters sorgfältig zubereitet worden war, und aß davon so gut wie nichts. Auch am Mittagstisch überwältigte ihn eine bleierne Müdigkeit, so dass er sich sofort schlafen legte. Bis zum darauffolgenden Morgen bekamen wir ihn dann nicht mehr zu Gesicht.

Am Abend um einundzwanzig Uhr klingelte in Rudolfs Wohnzimmer das Telefon. Ich nahm ab und war sehr erleichtert, als ich Giselas lebhafte Stimme hörte: Wie geht es Rudolf? Arbeitet ihr noch?

Erleichtert über ihren Anruf, schilderte ich ihr kurz die Lage.

Erschrocken reichte Gisela Stelly Augstein den Hörer an ihren Lebensgefährten weiter, einen erfahrenen Kardiologen und Oberarzt an einem Hamburger Krankenhaus, der sich Rudolfs besorgniserregenden Zustand in allen Einzelheiten schildern ließ.

Vielleicht kann Gisela ihn dazu bewegen, nach Hamburg zurückzukehren, meinte der Arzt schließlich ernst.

Zwei Tage später flog Rudolf tatsächlich nach Hamburg zurück. Allerdings nicht, um sich in ärztliche Obhut zu begeben.

Er habe keine Zeit, in irgendwelchen Krankenhäusern herumzulungern, sagte er unwirsch.

Stattdessen diktierte er Teile seiner Geschichte über Goethe und verfasste einen Kommentar über *Madeleines Krieg*, in dem er der zeitweilig in Serbien aufgewachsenen amerikanischen Außenministerin Madeleine Albright vorwarf, den Jugoslawien-Krieg gewollt zu haben. Joschka Fischer war ihm offensichtlich wieder ein besonderer Dorn im Auge: Der amtierende Außenminister sei auf dem Holzweg und gehe der rachsüchtigen Albright auf den Leim.

Zu meiner Überraschung begab sich Rudolf im Juni auf Drängen seiner jüngsten Schwester dann doch plötzlich in eine Hamburger Klinik. Nach zwei Tagen schon rief Rudolfs Fahrer an: Der Chef möchte nach Hause. Ob ich ihn gegen Abend im Leinpfad in Empfang nehmen könne.

Gestützt auf seinen Fahrer Larry, bewältigte Rudolf die wenigen Stufen bis zur Haustür nur mit Mühe.

Es war später Nachmittag und trotz der warmen Jahreszeit

war er in einen dunklen Wintermantel gehüllt. Er wirkte zerbrechlich, fast durchsichtig.

Kreidebleich und vor Schwäche zitternd, ließ er sich sofort auf der Sitzbank im Eingang seiner Villa nieder.

Versprecht mir, dass ihr mich nie mehr in dieses Krankenhaus schafft, sagte er kaum hörbar.

Larry Böhme nickte stumm und sah hilflos zu mir herüber.

Wie geht es dir, fragte ich überflüssigerweise.

Zieht mir endlich diesen schweren Mantel aus, bat Rudolf mit schwacher Stimme. Ihr könnt ruhig nach Hause gehen. Ich lege mich sofort ins Bett, verkündete er dann ungewohnt anspruchslos.

Okay, Chef, sagte Larry, offensichtlich erleichtert, dass er nicht weiter gebraucht wurde.

Bist du sicher, dass du hier allein bleiben kannst?, fragte ich ungläubig. Denn normalerweise hielt Rudolf sich schon tagsüber nur ungern allein in seiner Villa auf. Ich könnte deine Haushälterin bitten, heute Nacht bei dir zu bleiben, versuchte ich Rudolf deshalb vorzuschlagen.

Was doch, unterbrach Rudolf mich leise, aber sehr bestimmt. Was soll sein? Entweder ich schlafe oder ich sterbe.

Mit dem Fahrer vereinbarte ich, dass er so lange bei Augstein blieb, bis dieser wirklich fest eingeschlafen war.

Ich fuhr in die Redaktion zurück und blätterte in den Fahnen des aktuellen *Spiegel*-Heftes, die auf meinem Schreibtisch lagen. Doch es gelang mir nicht, mich auf die verschiedenen Texte zu konzentrieren. In der Ferne stiegen Feuerwerkskörper in den dunklen Himmel auf und versanken nach vielfarbig aufstrahlendem Sternenfunkeln zurück in die Nacht. An der Alster schien eine größere Party im Gange zu sein. Ich konnte mich nicht aufraffen, nach Hause zu fahren, löschte das Licht und sah dem sprühenden Spektakel über der Außenalster zu.

Sollte tatsächlich in naher Zukunft eintreten, was nicht nur ich seit längerem befürchtete: Rudolf Augstein könnte *wegfallen,* wie er sich auszudrücken pflegte, wenn er über seinen Tod nachgrübelte? Vielleicht ist es das letzte Mal, dass ich von diesem Arbeitsplatz aus solch ein Feuerwerk sehe, dachte ich. Kaum vorstellbar, dass Rudolf, geschwächt und gebrechlich, überhaupt jemals wieder würde schreiben können.

Das *Büro des Herausgebers* wird dann kaum noch gebraucht werden. Den zwölften Stock würde ich wohl über kurz oder lang verlassen müssen, überlegte ich mit ehrlichem Bedauern, obwohl ich mich dort in den vergangenen Jahren eigentlich immer seltener aufgehalten hatte, weil Augstein mich beanspruchte, wo immer er sich gerade aufhielt.

Es gibt ein Leben ohne den *Spiegel,* ich könnte vielleicht nur noch halbtags arbeiten oder in den Vorruhestand gehen, versuchte ich mich aufzumuntern. Jedenfalls hätte ich endlich wieder einmal Zeit für ein Privatleben, das diesen Namen verdient.

Rudolf Augstein hat mir tatsächlich eine Menge beigebracht, dachte ich und sah wieder vor mir, wie wir vor vielen Jahren im Wohnzimmer seiner Dachwohnung saßen und ich befürchtet hatte, ich sei bei einer Art Mister Higgins gelandet. Ich dachte an den kleinen Notizzettel mit roten Linien aus meiner Personalakte, den Geschäftsführer Seikel mir vor kurzem erst überreicht hatte. Vom Herausgeber, hatte er väterlich gelächelt, als wir Sie 1984 als Leserbriefredakteurin eingestellt haben. Seinerzeit hatte Rudolf Augstein mit ungelenken Druckbuchstaben – seine charakteristische Sütterlinhandschrift konnte kaum noch jemand lesen – auf das schmale Blatt geschrieben: *Sie ist eine Frau. Von ihren beiden Kindern wird sie nicht gebraucht. Sie wird es können.* Wenigstens stand nicht da, sie ist *nur* eine Frau, amüsierte ich mich jetzt nachträglich.

Mir fiel auch wieder ein, wie sich Rudolf einmal von mir auf Sylt den Roman *Das Dorf* des russischen Schriftstellers und Literaturnobelpreisträgers Iwan Bunin vorlesen ließ:

Menschen gibt es auf Erden wie Sterne am Himmel, aber das Leben ist so kurz, die Menschen wachsen, reifen und sterben so schnell, kennen einander so wenig und vergessen das Erlebte so bald, dass man verrückt werden könnte, wenn man gründlich darüber nachdächte! Da hatte er vorhin gesagt: »Mein Leben müsste man beschreiben.« Aber was wäre da zu beschreiben? Nichts. Es lohnt die Mühe nicht. Er selbst kann sich ja kaum noch auf etwas aus diesem Leben besinnen …

An dieser Stelle lachte Rudolf plötzlich auf: Natürlich, wenn man sich nicht besinnen *will* … Ich hätte meine Memoiren ja längst schreiben können, sagte er.

Mit gekrümmtem Zeigefinger kratzte er sich nachdenklich den Kopf, wobei sich ein Haarbüschel aufstellte. So sah er aus wie mein vorwitzigster Schüler während meiner Referendarzeit. Zu Rudolfs Vergnügen hatte ich die beiden auch früher schon miteinander verglichen.

Gib's zu, spottete er dann gutmütig, hinter meinem Rücken schreibst du längst alles auf.

Rudolf Augsteins ironische Gelassenheit, selbst die verfahrensten Angelegenheiten zu regeln, wenn sie anderen längst hoffnungslos erschienen, würde mir fehlen, dachte ich. Vor allem auch, wie geschickt er das Abwegigste, ja Verhängnisvollste ins Absurde zu wenden wusste oder so weit ins Urkomische drehte, bis sich aller Ärger darüber in Gelächter aufzulösen begann. Womöglich würde ich sogar seinen ingrimmig hingeworfenen Satz *du mit deinem mörderischen Unverstand* vermissen, wenn ihn ärgerte, dass ich nicht bereit oder in der Lage war, seinen Ansichten oder Gedankensprüngen bedingungslos zu folgen.

Unwillkürlich lachte ich auf, weil mir einfiel, wie Rudolf

wegen eines Kommas, eines Datums, einer fehlenden Information ganze Abteilungen in Bewegung setzen konnte. Von einer Sekunde zur anderen kann er alle möglichen Leute in Scherereien verwickeln, dachte ich. Um ihn herum ist immer etwas los. Schwer vorstellbar, wie mein Arbeitsalltag ohne ihn aussehen würde.

Während ich mich an so manche Turbulenzen erinnerte, die Rudolf Augstein urplötzlich anzuzetteln verstand, klingelte neben meinem Schreibtisch mehrfach das Telefon.

Unwillig nahm ich den Hörer auf.

Wie spät ist es?, hörte ich Rudolfs Stimme. Sie klang seltsam hoch und dünn.

Ungefähr halb zehn, antwortete ich möglichst gelassen, als wäre alles wie immer.

Morgens oder abends?, fragte Rudolf matt.

Abends, antwortete ich einigermaßen überrascht.

Dann war es längere Zeit still.

Rudolf?

Ich bin aufgewacht, weil geschossen wurde, sagte Rudolf. Ich habe gedacht, ich sei wieder bei meiner Einheit.

Aber nein, beruhigte ich ihn erschrocken. Es ist nur ein Feuerwerk an der Alster. Eine Party irgendwo.

Ist es so warm draußen? Mir ist nämlich kalt. Kannst du herkommen?, fragte er leise.

Ist Larry denn nicht mehr bei dir?

Hier ist natürlich wieder kein Mensch, murmelte Rudolf kaum hörbar.

Während ich nach diesem Telefonat langsam an der Alster entlang in Richtung Leinpfad fuhr, überlegte ich, wie ich mich nun am besten verhalten sollte. Mitleidige Freundlichkeit würde Rudolf mit widerborstigen Sprüchen erwidern, nahm ich an. Worüber sollte ich jetzt mit ihm sprechen? Verunsichert betrat ich Rudolfs Schlafzimmer.

Rudolf saß, an mehrere Kissen gelehnt, aufrecht in seinem Bett.

Als er mich kommen sah, verzog er den Mund zu einem kurzen, fast dankbaren Lächeln.

Gedanke – ich lebe zu lange, sagte er schwach.

Solange er es schafft, Ernst Jünger nachzuahmen und dessen Eigenart, seine Sätze so zu beginnen, wird Rudolf sich erholen, dachte ich beruhigt.

Rudolf trank von nun an keinen Tropfen Bier mehr.

Vor allem Gisela Stelly Augstein, die nach erst wenige Jahre zuvor vollzogener Scheidung aus der großen Erdgeschosswohnung in die benachbarte Backsteinvilla umgezogen war, trug erheblich zu Rudolfs allmählicher Genesung bei. Sie umsorgte ihn auf beherzte Art. Sie kochte für ihn und aß täglich mit ihm zu Mittag. Rudolf schien es ihr zu danken, indem er sich dieses Mal nicht wie sonst über ihre ayurvedisch ausgerichtete Kochkunst lustig machte.

Ebenso zuverlässig überwachte Giselas Lebensgefährte bereits frühmorgens das gesundheitliche Befinden des Patienten. Uns alle überraschte Rudolf damit, dass es diesem Arzt gelang, ihn von verschiedenen therapeutischen Maßnahmen zu überzeugen.

Indem er ihn mit dem Spitznamen Dr. Morell bedachte, zog Rudolf auch den Wissenschaftsredakteur Hans Halter hinzu, promovierter Mediziner und im *Spiegel* zuständig für diese Themen. Die große Wohnung im Erdgeschoss, die er nun selbst in seiner weißen Villa bewohnte, beschrieb Rudolf Außenstehenden als *Lazarett*, das er sich höchstpersönlich sehr bequem eingerichtet habe.

Entspannt in einem leichten hellgrünen Korbsessel sitzend, hörte Rudolf allen Ratschlägen der beiden Ärzte scheinbar ergeben zu. Allenfalls schüttelte er hin und wieder den Kopf, wenn ihm irgendetwas nicht ganz geheuer zu sein schien. Eine junge Vorleserin leistete Rudolf von nun an stundenlang Gesellschaft und versuchte ihn mit fröhlicher Unbekümmertheit aufzuheitern. Am Ende waren mit dem Unterfangen, Rudolfs Gesundheit wieder herzustellen, mehr als ein halbes Dutzend Leute beschäftigt. Rudolf selbst achtete sorgfältig darauf, dass jeder von ihnen pünktlich zur Stelle war, um ihm an seinem Sterbelager beizustehen, wie er mich gern begrüßte.

Am Tage hörte Rudolf oft Musik, wobei seine Vorlieben von Richard-Strauss-Arien über Schubert- oder Mahler-Lieder bis zu Chansons des französischen Sängers Georges Moustaki reichten. An manchen Abenden sah er sich zusammen mit Gisela Stelly Augstein, deren Lebensgefährten und Sohn Julian Videos von Filmklassikern an. Franziska und Jakob Augstein besuchten ihn regelmäßig, und deren Mutter Maria Carlsson fand sich ein, um Rudolf vorzulesen. Immer wieder rief auch Tochter Maria Sabine Augstein aus München an und erkundigte sich nach seinem Befinden. Von Julian ließ er sich ausführlich die Welt des Internets erklären.

Eines Tages sagte er besorgt: Das Internet wird der neue Faschismus.

Wie er das meine, fragte ich.

Es ist ein ungeheueres Machtinstrument. Irgendwann wird es jemanden geben, der es für seine Zwecke missbraucht. Die Finanzwirtschaft beispielsweise arbeitet fast nur noch damit. Die Geldströme rund um den Globus kann doch schon jetzt niemand mehr wirklich kontrollieren.

Kaum jemand außerhalb hatte erfahren, dass Rudolf Augstein ernsthaft erkrankt war. In der Abfolge von Augstein-Artikeln im *Spiegel* klaffte lediglich acht Wochen lang, zwischen Anfang Juli und Ende August 1999, eine kleine Lücke. Dennoch wunderte ich mich, dass dies offenbar nur seinen langjährigen Weggefährten Ex-*Spiegel*-Chefredakteur Hans K. Engel und den Schriftsteller Rolf Hochhuth zu beunruhigen schien, die sich in unserem Büro mit besorgten Anrufen meldeten.

Doch schon bald ließ sich Rudolf wieder die wichtigsten Leitartikel der Tageszeitungen vorlesen und setzte die Arbeit an seiner *Spiegel*-Geschichte zum 250. Geburtstag Goethes fort. In den letzten Absätzen zitierte er den Chronisten Eckermann, dem Goethe 1824 anvertraut hatte: *Man hat mich immer als einen vom Glück besonders Begünstigten gepriesen; auch will ich mich nicht beklagen und den Gang meines Lebens nicht schelten. Allein im Grunde ist es nichts als Mühe und Arbeit gewesen, und ich kann wohl sagen, dass ich in meinen fünfundsiebzig Jahren keine vier Wochen eigentliches Behagen gehabt. Es war das ewige Wälzen eines Steines, der immer von neuem gehoben sein wollte.*

Na ja, unterbrach Rudolf sein Diktat an dieser Stelle, abgrundtief aufseufzend, das kannst *du* dir natürlich noch nicht einmal im Ansatz vorstellen. Dir ist ja alles in die Wiege gelegt und immer alle Last von den Schultern genommen worden.

Während wir die Druckfahnen des Jesus-Buches durchsahen, unterbrach Rudolf die Arbeit ganz plötzlich und sagte: Ich bin, wenn überhaupt, Agnostiker. In meiner Gefängniszelle während der *Spiegel*-Affäre gab es nur ein Buch *Die Bibel.* Damals kam ich auf die Idee, dieses Jesus-Buch zu schreiben. Im Gefängnis hatte ich mit den *Spiegel*-Redakteuren keinerlei Kontakt. Ich durfte ihnen aber *Bibel*-Zitate schicken. Ich habe dann immer ein paar Sätze mit versteckten Botschaften dazugeschrieben. Natürlich hat die wieder kein Mensch verstanden, lachte Rudolf in sich hinein.

Ich hatte den interessantesten Beruf, den man sich denken kann. Ich hätte mit niemandem tauschen wollen, meinte er dann spürbar zufrieden. Ich hatte doch wirklich ein gutes Leben.

Eines allerdings, meinte er nachdenklich, habe er sich nicht kaufen können.

Was?, fragte ich gespannt.

Gesundheit, murmelte er.

Im ersten Augenblick wunderte ich mich über seine Antwort. Dann vermutete ich, dass er gar nicht auf seine körperliche Verfassung anspielte, sondern auf seine mentale Befindlichkeit, seine tiefe Schwermut.

Das hättest du vielleicht ändern können, sagte ich vorsichtig.

Was doch. Wie denn, entgegnete Rudolf knapp.

Dann schwieg er längere Zeit.

Ich hütete mich, ihm ein Gespräch darüber aufzudrängen, dass er sich eingehender medizinischer Hilfe stets erfolgreich entzogen hatte.

Bald aber tycoonisierte Rudolf wieder wie eh und je. Mit etwas schwacher Stimme telefonierte er mit der Chefredaktion und den Ressortleitern, und in den Redaktionsstuben des *Spiegels* trudelte die eine oder andere, gewohnt kryptisch formulierte Hausmitteilung des Herausgebers ein, die von den Redakteuren eifrig enträtselt wurde.

Ich habe Henry Luce, den Gründer von *TIME*, an Dienstjahren längst überholt, rechnete Rudolf seiner häuslichen Umgebung immer öfter vor. Luce war nur einundvierzig Jahre im Amt, ich bin schon jetzt zweiundfünfzig Jahre dabei, sagte er zufrieden.

Einmal allerdings berichtete mir Rudolf, offenkundig verunsichert, vielleicht sei es nun doch an der Zeit, von allen Ämtern zurückzutreten, wie er sich ausdrückte.

Er habe spätabends im *Spiegel* angerufen, erzählte er, und sei an einen offenbar noch recht jungen Mitarbeiter geraten. Weil er wie immer davon ausgegangen war, dass seine Stimme am Telefon sofort erkannt werde, habe er seinen Namen nicht genannt, sondern gleich gesagt, er möchte mit dem Büro des Chefs vom Dienst verbunden werden.

Mit wem spreche ich denn?, hatte ihn der junge Mitarbeiter gefragt.

Augstein, habe sich Rudolf daraufhin zu erkennen gegeben.

Jo, jo, das glaub du man weiter, habe der junge Mann daraufhin gutmütig gelacht und aufgelegt.

Mitte September 1999 nahm ich mir vor, Rudolf allmählich auf meine bevorstehenden Ferien vorzubereiten. Denn der Begriff *Urlaub* war für ihn ein Reizwort, das ihn stets in Unruhe versetzte. Umgehend beschwerte er sich zunächst beim Geschäftsführer, warum eigentlich die Hälfte der Belegschaft ausgerechnet dann in den Urlaub geschickt werde, wenn er an seinen Artikeln arbeiten müsse.

Etwas einfacher war es, wenn Rudolf selbst plante, Ferien zu machen. Etwa mit seiner Gefährtin Anna. Dann war er guter Dinge und gönnte auch anderen ein paar freie Tage. Befand sich das Paar aber in einem wie immer gearteten Zustand der Unverträglichkeit, wurde ein Urlaubsantrag aus unserem Büro zum Drahtseilakt. Erfahrungsgemäß begann dann ein längeres zähes Ringen um *Wann?* und vor allem *Warum überhaupt?*.

Der besonderen Umstände wegen hatte ich dieses Mal zunächst Gisela Stelly Augstein in meine Urlaubspläne eingeweiht. Ohne dass ich selbst dazu vorher noch einmal die Gelegenheit gehabt hätte, schnitt sie während des täglichen Mittagessens mit Rudolf von sich aus dieses Thema an. Sie selbst hatte Rudolf Augstein natürlich noch nie um freie Tage ersucht und trug mein Ansinnen in unbekümmertem Plauderton vor, wie sie mir später berichtete. Sie habe nicht ahnen können, wie empfindlich Rudolf allein auf das Wort *Urlaub* reagierte.

Mit ehrlichem Verständnis für mein Vorhaben erklärte Gisela ihm also: In den vergangenen Monaten hätte ich ja mehrere Jobs gleichzeitig zu bewältigen gehabt, indem ich sowohl mit Rudolfs Texten als auch mit der Wiederherstellung seiner Gesundheit befasst gewesen sei. Daher finde sie es völlig in Ordnung, wenn ich jetzt Urlaub nähme.

Auf der Stelle begann Rudolf zu zetern. Es folgte ein Wortgefecht zwischen den beiden, das darin gipfelte, dass Rudolf sich immer wieder die Ohren zuhielt, vermutlich weil Gisela das Wort *Urlaub* zu häufig benutzte.

Die sofort einsetzenden Versuche, mich von meinen Ferienplänen abzubringen, scheiterten vor allem daran, dass meine Kolleginnen im zwölften Stock mir nun ihrerseits aufgebracht rieten, dieses Mal standhaft zu bleiben. Rudolf werde es während meiner Abwesenheit an rein gar nichts fehlen. Davon überzeugten sie mich schließlich.

Als ich meine Reisetasche packte, richtete ich mich dennoch darauf ein, schon nach wenigen Tagen zurückbeordert zu werden. Aus wichtigem betrieblichem Grund, wie mir die *Spiegel*-Personalchefin einmal erklärt hatte, müsse ein Arbeitnehmer bereit sein, auf den Jahresurlaub zu verzichten. Anderenfalls müsse man unter Umständen damit rechnen, abgemahnt, wenn nicht sogar gekündigt zu werden.

Womöglich war es doch ein Fehler, jetzt Urlaub zu nehmen, überlegte ich beunruhigt. Rudolf Augstein ist, ob krank oder nicht, *immer* ein wichtiger betrieblicher Grund.

Es sei sehr ruhig, ließ mich meine Mitarbeiterin Barbara in der ersten Ferienwoche wissen. Von Rudolf Augstein höre und sehe sie nichts.

Kein gutes Zeichen, dachte ich sofort, Funkstille!

Anfang Oktober schickte sie mir per Fax einen Kommentar zu, den Rudolf Augstein ihr kurz zuvor diktiert hatte.

An wen soll ich diesen Artikel weitergeben?, fragte sie ratlos.

Einigermaßen erstaunt las ich Rudolfs Text. Wie so oft schon in vorangegangenen Augstein-Artikeln ging es auch dieses Mal um die Beteiligung der Deutschen am Jugoslawien-Einsatz der Nato.

Joschka Fischer mit *Charaktermaske* kam vor und ein *Bye, bye, deine Maske bricht entzwei (Volkslied aus den fünfziger Jahren).* Ein *Verräter* aus Zeiten der kriegerischen Spartaner, *Ephialtes* wurde von Rudolf ironisch *als bedeutendes Vorbild* für Fischers amerikafreundliche Außenpolitik hervorgeholt und am Ende des Textes mit einer Fußnote erklärt: *Sicher ein Phantasiegebilde wie jener Judas, der sich an einem Baum erhängte.* Von Joschka Fischers *Naturell* und *schwerer Kindheit* als *Metzgersohn, armer Leute Kind, das hat er oft genug hervorgekehrt, als hätte er »Mein Kampf« gelesen*, war die Rede.

Hat die Chefredaktion den Kommentar denn schon gesehen? fragte ich meine Mitarbeiterin.

Herr Augstein hat sich jegliche Einmischung verbeten, seufzte sie hilflos.

In dieser Nacht träumte ich von einer gemächlichen Zugfahrt durch die weite, von blühenden Rapsfeldern durchzogene Sommerlandschaft Schleswig-Holsteins.

Auf einer engen Eisenbahnbrücke, die aus dürren Hölzern gebaut war, sprang der Zug aus den Schienen und stürzte durch zerberstende Gitterstäbe langsam, dann immer schneller in die Tiefe.

Nach meiner Rückkehr aus Griechenland Mitte Oktober fuhr ich vom Frankfurter Flughafen aus direkt zur Buchmesse. Dort traf ich Gisela.

Wie gut, dass du wieder da bist, begrüßte sie mich. Wir haben harte Zeiten hinter uns. Rudolf war ja immer in allem extrem. Was er uns aber, während du verreist warst, geboten hat, war kaum noch zu ertragen.

Was denn passiert sei, wollte ich wissen.

Kaum warst du weg, berichtete Gisela nun, hat Rudolf uns

vor die Tür gesetzt, zuerst ihren Lebensgefährten, obwohl der sich wirklich sehr um Rudolfs Genesung bemühte. Dann habe Dr. Morell dran glauben müssen, lächelte sie, mehr über Rudolfs Namensgebung amüsiert als darüber, dass auch Hans Halter von seiner Anwesenheit entpflichtet wurde. Er sei so gesund, habe Rudolf sich eingeredet, er brauche keinen Arzt in Rufbereitschaft mehr. Er brauche *überhaupt niemanden*, habe Rudolf behauptet. Vor allem keine Ärzte. Und über das Weltgeschehen unterhalte er sich sowieso mit niemandem mehr. Viel lieber lasse er sich von seinem Fahrer Kriminalromane vorlesen.

Zurück in Hamburg, rief ich tags darauf kurz nach zehn Uhr Rudolf an.

Das erste Telefonat nach meinen Ferien verlief sonst stets nach dem gleichen Muster:

Melde mich zurück auf meine Planstelle, begrüßte ich Rudolf in der Regel.

Kein Mensch hat dich vermisst, pflegte er daraufhin etwas vergrätzt zu sagen.

Dann kann ich ja wieder fahren, lautete sonst meine Antwort.

Mach hier keine Witze. Los, weiter jetzt. Was gibt's?

Dieses Mal verlief das Gespräch völlig anders:

Kaum hatte ich meinen Namen gesagt, brummte Rudolf verstimmt in den Hörer hinein: Ich habe dir gekündigt.

Nach einer Schrecksekunde fragte ich: Warum denn?

Stille in der Leitung.

Seikel hat dich wieder eingestellt.

Ich werde mich bei ihm bedanken.

Stille.

Anna ist wieder da.

Das ist ja toll! Wie hast du das denn hingekriegt?

Ich habe ihr ein Lazarus-Foto geschickt. Larry hat mich mit einer Polaroidkamera fotografiert, in meiner Matratzengruft, kicherte Rudolf begeistert. Er hat ihr das Foto überbracht und, wie befohlen, ausgerichtet, sie müsse sofort zu mir kommen. Ich läge im Sterben.

Anna hat sich natürlich furchtbar erschrocken, berichtete Rudolf hörbar zufrieden über diese erneut gelungene Rückeroberung seiner langjährigen Lebensgefährtin.

Wohnt Anna denn jetzt wieder bei dir?, fragte ich interessiert.

Bisher noch nicht, antwortete Rudolf. Seiner Stimme war anzumerken, dass er damit nicht einverstanden war.

Das freut mich aber sehr für euch beide, dass ihr euch wieder vertragt.

Stille in der Leitung.

Wir streiten uns noch, wer sich dieses Mal von wem getrennt hat, sagte Rudolf nach einer Weile.

Das macht ja nichts. Das werdet ihr sicher bald herausfinden, lachte ich zuversichtlich.

Mit sonorer Geschäftsführerstimme begrüßte Karl Dietrich Seikel mich wenig später am Telefon: Sie wissen, dass Rudolf Ihnen gekündigt hat?

Das hat er mir gesagt. Warum eigentlich?, fragte ich, nach wie vor interessiert daran, den offiziellen Grund zu erfahren, obwohl ich ihn ahnte.

Er war unheimlich sauer, klärte der Geschäftsführer mich auf.

Weil ich Urlaub genommen hatte?

Das war wohl der Grund. Ich hatte einige Mühe, ihn davon zu überzeugen, Sie nicht zu entlassen.

Du meine Güte.

Karl Dietrich Seikel lachte kurz und trocken auf: Mir hat er übrigens auch gekündigt.

Ist das wahr? Warum denn?

Er hat es am nächsten Tag sofort wieder rückgängig gemacht. Er war sogar etwas verlegen, glaube ich, antwortete Karl Dietrich Seikel gelassen. Wir haben uns gleich wieder vertragen.

Hat der Herausgeber euch auch gekündigt?, fragte ich die Chefredakteure kurz darauf einigermaßen übermütig, weil mir allmählich schwante, was während meines Urlaubs alles los gewesen war.

Mir nicht, lachte Stefan Aust. Jetzt hast du's uns aber mal gezeigt, meinte er ernsthaft. Rudolf hat uns ziemlich in Atem gehalten. Gut, dass du wieder da bist.

Nicht eine Minute lang hatte ich im Sinn gehabt, andere, schon gar nicht die vielbeschäftigten Chefredakteure, mit Augstein und dessen Unzugänglichkeit einfach alleinzulassen.

Ich staunte nicht schlecht. So freudig, ja erleichtert geradezu, war ich in all den Jahren noch nie begrüßt worden. Während Stefan Aust aus dem Zimmer eilte, drehte er sich noch einmal kurz um und fragte kopfschüttelnd: Kannst du mir sagen, was Rudolf gegen Joschka Fischer hat? Ohne meine Antwort abzuwarten, stob er davon und ließ mich einigermaßen verblüfft zurück.

Kurz darauf machte mich meine Mitarbeiterin Barbara auf ein Interview im Männermagazin GQ aufmerksam. Neben einem ganzseitigen, dynamisch wirkenden Fotos des *Spiegel*-Chefredakteurs wurde in großen Lettern angekündigt: *Stefan Aust, kein Journalist ist hierzulande mächtiger als er.*

Das wird Rudolf Augstein ganz und gar nicht gefallen, dachte ich sofort. Mit der festen Absicht, dieses Heft dem Herausgeber keinesfalls zu zeigen, legte ich es beiseite.

Am Abend war ich bei Rudolf Augstein einbestellt und traf auf einen missvergnügt dreinschauenden Herausgeber.

Da, lies mal, sagte er und zeigte mürrisch auf das aufgeschlagene GQ-Magazin, das vor ihm auf dem Couchtisch lag.

Es hätte mir klar sein müssen, dass er das Heft auf jeden Fall zu Gesicht bekommt, dachte ich.

Was steht denn drin?, fragte ich möglichst unbefangen. Statt auf meine Frage zu antworten, begann Rudolf Augstein zu diktieren:

Per Luftpost
An den
mächtigsten Journalisten Deutschlands
Stefan Aust
Hamburg, Brandstwiete.

Schnell schrieb ich die Zeilen auf einen Zettel und wartete darauf, dass nun noch das Diktat eines geharnischten Briefes folgen würde.

Rudolf schwieg beharrlich.

Ich wartete geduldig.

Irgendwann fragte ich dann aber doch: Und jetzt, was möchtest du ihm schreiben?

Nichts weiter, sagte Rudolf.

Wie, nichts weiter …

Gar nichts sonst, bekam ich zu hören. Du nimmst einen Luftpostumschlag, schreibst darauf, was ich gesagt habe, und schickst ihn ab.

Ohne Brief? Einfach so?

Kein Brief. Einfach so, knirschte Rudolf. Wenn er darauf nicht antwortet, fliegt er.

Das ist nicht dein Ernst!

Schick das genauso ab. Sofort!

Um acht Uhr abends?

Du wirst wohl in der Lage sein, auch jetzt noch einen Briefkasten zu finden, antwortete Rudolf ungnädig.

Okay, antwortete ich leicht genervt, nahm einen Luftpostumschlag aus Rudolfs Schreibtisch, schrieb mit besonders deutlicher Handschrift die gewünschte Adresse darauf, kramte aus meiner Handtasche zwei Briefmarken, klebte sie sorgfältig auf die obere rechte Ecke des Umschlags und klebte den Brief betont langsam zu.

Gut so, brummte Rudolf, der mir dabei aufmerksam zugesehen hatte.

Der Nachtbriefkasten in der Tarpenbekstraße wird gleich geleert. Ich muss mich beeilen, sagte ich und machte mich aus dem Staub.

Grüße an den *Helden der Arbeiterklasse*, rief Rudolf mir nach.

Als ich im Auto saß, versuchte ich Rudolfs scherzhaft gemeinten Zuruf zu verstehen: Der Nachtbriefkasten befand sich in der Nähe des Geburtshauses Ernst Thälmanns.

Vor dem Briefkasten stand eine alte Dame mit einem seltsamen kleinen Hund. Sie müssen hier warten, ob der Briefkasten um neun Uhr auch wirklich geleert wird, sagte die alte Dame beflissen. Manchmal leeren sie ihn nämlich nicht. Ich warte deshalb immer, bis der Postwagen kommt.

Während wir einträchtig warteten, begann die hilfsbereite Dame mir ihre Alltagssorgen mit Nachbarn und Verwandten zu erklären. Gegen einundzwanzig Uhr traf das Postauto ein. Der Postbote sprang heraus, nickte der alten Dame, die er ganz offensichtlich nicht zum ersten Mal sah, wortlos zu und leerte den Kasten.

Am darauffolgenden Morgen begrüßte mich Rudolf mit der Frage: Hat Stefan Aust den Brief gekriegt?

Ich gehe mal davon aus, antwortete ich und gedachte dankbar meiner Briefkastenbekanntschaft, die mir jetzt die Antwort möglich machte: Ich habe extra gewartet, bis der Nachtbriefkasten geleert wurde.

Sehr gut, nickte Rudolf zufrieden.

Nach einer Weile sagte er ungeduldig: Ruf mal in der Chefredaktion an, ob Stefan den Brief schon hat.

Hat der Chefredakteur heute Morgen einen Luftpostbrief bekommen?, fragte ich die Sekretärin, die etwas überrascht versicherte, dass ein solcher in der Post gewesen sei. Wir haben ihn Stefan Aust auf den Schreibtisch gelegt, zusammen mit der übrigen Post, sagte sie.

Stefan Aust hat deinen Brief bekommen, richtete ich Rudolf aus.

Wenn er nicht antwortet, wird er etwas erleben, murrte er.

Seine Laune verdüsterte sich zusehends.

Ich muss kurz nochmal in die Redaktion, log ich, weil ich befürchtete, dass diese Sache für den Chefredakteur brenzlig werden könnte. Im *Spiegel*-Haus angekommen, ging ich gleich hinauf in die Chefredaktion.

Hast du den Luftpostbrief gesehen?, fragte ich Stefan Aust.

Der Chefredakteur stutzte.

Ja, schon, von irgendeinem Witzbold ... Anonym auch noch. Den hab ich sofort in den Papierkorb geschmissen.

Da hol ihn mal lieber wieder raus, sagte ich.

Warum das denn? Weißt du etwa, von wem der ist?

Na, rate mal ...

Stefan Aust sah mich ungläubig an.

Es darf nicht wahr sein, stöhnte er kopfschüttelnd und kramte leise fluchend im Papierkorb unter seinem Schreibtisch nach dem Brief.

Luftpost ...! Was soll denn das nun wieder ..., murmelte er.

Für Rudolf bedeutet das, es eilt, es ist wichtig, muss dringend gelesen und vor allem schnellstens beantwortet werden, klärte ich den Chefredakteur auf. Luftpostbriefe hat er Anfang der fünfziger Jahre mit Harry Bohrer ausgetauscht, du weißt doch, das war einer der *Spiegel*-Gründer, der damals als *Spiegel*-Repräsentant in London saß.

Verblüfft betrachtete Stefan Aust den zerknüllten Umschlag in seiner Hand.

Ich rufe Rudolf an, sagte er und griff entschlossen nach dem Telefonhörer.

Das würde ich im Moment eher nicht tun, riet ich ihm. Besser wäre es wohl, wenn du ihm schreibst.

Er hat mir doch auch nichts geschrieben.

Dann lies mal, was auf dem Umschlag steht.

An den mächtigsten Journalisten Deutschlands …, las der Chefredakteur etwas gereizt vor.

Dafür kann ich doch nichts, rief Aust, das haben sich die GQ-Leute ausgedacht! Ich wollte denen einen Gefallen tun und habe ihnen ein kurzes Interview gegeben. Das ist alles.

Doch dann lenkte er ein, setzte sich an seine kleine Schreibmaschine und hackte eilig drauflos.

Willst du den Brief gleich mitnehmen?, fragte er.

Nö, diesen Brief gib man lieber Rudolfs Fahrer, antwortete ich und verabschiedete mich schnell.

Als ich am späten Nachmittag bei Rudolf eintraf, saß dieser, augenscheinlich sehr zufrieden, in seiner Sofaecke.

Da, sieh mal, sagte er und tippte mit dem Zeigefinger auf einen Brief, der neben ihm lag. Stefan hat geantwortet.

Ach ja? Was schreibt er denn?, fragte ich gespielt ahnungslos.

Na, lies mal vor!

Lieber Rudolf, las ich laut, wobei mir klar war, dass sich Rudolf diesen Brief nicht zum ersten Mal vorlesen ließ, *Du bist natürlich der mächtigste, einflussreichste und bedeutendste Journalist Deutschlands und wirst es auch bleiben. In alter Freundschaft grüßt Dich Dein Stefan Aust.*

Das musste er tun, sagte Rudolf mit tiefster Stimme. Er ist aber nicht der Einzige, der mir einiges zu verdanken hat.

Wir vier Frauen im Herausgeberbüro waren erleichtert, dass Anna zu Rudolf zurückgekehrt war und nun seinen häuslichen Alltag wieder in die Hand genommen hatte. Denn zu Zeiten, in denen sie, beruflich verpflichtet, länger verreist oder, was gar nicht so selten vorgekommen war, getrennt von Rudolf lebte, war ein Teil dieser Aufgaben stets seinen Sekretärinnen oder auch mir zugefallen. Wir freuten uns daher auch, als Rudolf im September 2000 wissen ließ, Anna und er würden heiraten. Die Hochzeit solle im Standesamt im dänischen Tondern stattfinden, weil dort weder ein Aufgebot noch Trauzeugen vonnöten und die Hochzeit auf diese Weise auch vor der Presse einfacher geheim zu halten sei.

Wenige Tage nach Rudolfs Trauung im Oktober bestellte er mich in den Leinpfad. Anna heißt jetzt wie meine Großmutter, Anna Augstein, lächelte Rudolf, als ich ihm zur Hochzeit gratulierte.

Bist du mit deiner Entscheidung denn nun zufrieden?, fragte ich.

Aber ja doch, lächelte Rudolf, ich freue mich immer, wenn ich Annas Stimme höre.

Begleitet von ungläubigem Kopfschütteln, als staune er über sich selbst, berichtete er dann: Er habe in Tondern kurz vor dem Hochzeitstermin seinen Fahrer Larry gefragt, ob der ihn auf dem Standesamt nicht vertreten könne. Er würde ihm auch seinen Hochzeitsanzug leihen.

Darüber hätte sich Anna aber ganz bestimmt *sehr* gefreut!, witzelte ich.

Der Termin kam mir wirklich ungelegen, entgegnete Rudolf entrüstet. Er habe schließlich Grippe und 40 Grad Fieber gehabt! Larry hat dann natürlich sofort erklärt, das geht leider nicht, Chef. Ich bin doch schon verheiratet!

Rudolf schüttelte sich vergnügt und kurbelte dabei mit der Hand vor der Stirn: Als ob *das* in Dänemark jemals eine Rolle gespielt hätte!

Nun ja, meinte er dann, in sich hineinlachend, er habe im Standesamt übrigens nicht *Ja* gesagt, sondern *Amen.*

Aber das ist doch dasselbe, meinte ich. *So sei es … So soll es geschehen …*

Wieder kurbelte Rudolf mit der Hand vor seiner Stirn: Das wissen doch die Dänen nicht, bekam ich daraufhin zu hören. Anna weiß das natürlich!

Im Herbst 2000 versuchte Rudolf seine von einem Schweizer Notar besiegelte Regelung, die seine Erben im *Spiegel* de facto entmachtete, rückgängig zu machen.

In Luzern, um die hohen deutschen Notargebühren zu sparen, war seinerzeit festgelegt worden, dass nach Augsteins Tod dessen Erben von fünfundzwanzig Prozent des Augstein-Anteils im *Spiegel* je ein halbes Prozent an Gruner + Jahr sowie an die Mitarbeiter-KG des *Spiegels* abgeben müssen. Seine eigene Sperrminorität, die Möglichkeit, als Einzelner Beschlüsse zu verhindern, mit der Rudolf den Verlag regiert hatte, war damit unwirksam.

Vor Jahren hin und wieder einmal danach befragt, ob er eines seiner vier Kinder als möglichen *Spiegel*-Herausgeber vorgesehen habe, hatte er stets geantwortet: Ich konnte doch nicht wissen, was aus ihnen wird. Ob sie überhaupt jemals einen anständigen Beruf ergreifen würden.

Längst aber war seine älteste Tochter Maria Sabine eine bekannte Rechtsanwältin. Sowohl Franziska als auch Jakob Augstein hatten sich als Journalisten einen Namen gemacht. Sein jüngster Sohn Julian Augstein hatte sich nach erfolgreich abgeschlossenem Studium der Volkswirtschaft der bildenden Kunst zugewandt.

Für mich war es sehr schwer vorstellbar, dass Rudolf in seinem fragilen Zustand in der Lage sein werde, ein juristisch schwieriges Vorhaben wie diese Vertragsänderung durchstehen zu können. Auch wunderte ich mich darüber, dass Rudolf, der in juristischen Angelegenheiten stets besonnen und kenntnisreich gehandelt hatte, diesen vor dreißig Jahren geschlossenen Vertrag nun plötzlich ungeschehen zu machen versuchte.

Hatte er diesen Vertrag seinerzeit womöglich nicht zu Ende gedacht? Ihn sich im Laufe der Jahre schließlich so zurechtgelegt, dass es ihm vorgekommen war, als habe es diese Ein-Prozent-Regelung nie gegeben? Rudolf Augsteins später, mir rätselhafter Versuch einer solchen Vertragsänderung scheiterte.

Mir hatte Rudolf wiederholt erklärt, dass er immer damit gerechnet habe, eines Tages wegzufallen. Abgestürzt mit dem Flugzeug, Opfer eines Autounfalls vielleicht. Davon musste ich doch ausgehen, meinte er dann. Für diesen Fall aber sei vorgesorgt.

Meine Erben haben, wenn ich *wegfalle*, im *Spiegel ein Vetorecht*, hatte er mir mehr als einmal zu verstehen gegeben. Sie müssen bei allen wichtigen Entscheidungen gehört werden. Sie können allem zustimmen. Doch wenn sie wollen, können sie auch alles verhindern. Davon wirkte er so felsenfest überzeugt, als sei dies Tatsache.

Die Führungsriege des *Spiegels* war ziemlich verunsichert. In der Tat war Rudolf nicht nur im *Spiegel,* auch in seiner nächsten Umgebung sorgfältig darauf bedacht, die Verfügungsgewalt über Haus und Hof keinesfalls abzugeben. Zwar schien es oft, als interessiere ihn vieles nicht oder nicht mehr. Aber jeder, der versuchte, sich seiner Kontrolle auf irgendeine Weise zu entziehen, wurde früher oder später von ihm schonungslos, wie er sich ausdrückte, *auf den Pott gesetzt.*

Seitdem Rudolf Augstein, wenngleich nicht wirklich im Ernst, Geschäftsführer Seikel vor wenigen Wochen gekündigt hatte, ging man nun noch etwas vorsichtiger mit ihm um als sonst.

Er habe doch immer alles mit ihm besprechen können, seufzte Seikel bekümmert. In letzter Zeit sei dies aber recht mühsam geworden. Einigermaßen unbeeindruckt versuchte

Stefan Aust den Überblick zu behalten; nicht nur, wenn Augstein ihm ein Titelthema nach dem anderen vorschlug. Erstaunlicherweise gelang es dem dann ungewohnt langmütigen Chefredakteur jedes Mal, den Herausgeber davon zu überzeugen, warum andere Themen als die von ihm gewünschten vorrangig behandelt werden sollten.

Als ich an einem Montagmorgen im Oktober in unserem Büro im zwölften Stock eintraf, teilte mir meine Mitarbeiterin Barbara statt einer Begrüßung tonlos mit: *Er* soll in der Paulskirche eine Rede halten. Am 5. November.

Wie bitte? Wann? Wer?

Na, Rudolf Augstein.

Aber Rudolf ist doch noch viel zu schwach, um eine Rede zu halten, sagte ich entgeistert.

Er will es offenbar unbedingt machen, erwiderte Barbara. Davon wird er sich auch von niemandem abbringen lassen. Es wird sein wie immer. Er wird alles daransetzen, dass ihm die Ludwig-Börne-Stiftung im November den Börne-Preis verleiht, erklärte sie und lächelte erfahren. Frank Schirrmacher ist wohl der alleinige Juror und hält die Laudatio. *Alle* sind mit diesem Termin einverstanden. Es ist alles längst besprochen.

Mit mir aber nicht, sagte ich gekränkt und mit beklemmenden Vorahnungen: Wie nur sollte Rudolf die ihn sicherlich nicht nur körperlich überfordernde Reise nach Frankfurt überstehen? Und würde er es überhaupt schaffen, eine so wichtige Rede rechtzeitig zu diktieren?

Wie schon früher häufig, würde er auch dieses Mal Stunden, ja Tage vor dieser Rede heftiges Lampenfieber bekommen. Wie sollte das alles gehen? Ausgerechnet jetzt, wo er gesundheitlich ernsthaft geschwächt war?

Es blieb nichts anderes übrig, als abzuwarten, wie sich die Dinge entwickeln würden. Außerdem hatten wir alle schon erlebt, daß sich Rudolf Augstein für wichtige Termine mit äußerster Disziplin in eine erstaunlich gute Verfassung zu bringen verstand.

In der Tat hörte sich Rudolf nun, wenn wir mit ihm telefonierten, ganz plötzlich sehr geschäftig an. Er sprach mit fester Stimme, wirkte entschlossen und energisch.

Am Donnerstag vor der Preisverleihung, die am darauffolgenden Sonntag stattfinden sollte, rief abends Anna mit erschöpfter Stimme in meinem Büro an: Ich weiß nicht mehr weiter. Wir müssen unbedingt die Veranstaltung in der Paulskirche absagen. Rudolf geht es sehr schlecht. Er ist unruhig und marschiert immer wieder ganz merkwürdig in der Wohnung auf und ab.

Hast du seinen Arzt angerufen?, fragte ich, um mich von dieser Schreckensnachricht ein wenig zu erholen.

Du kennst doch Rudolf, antwortete Anna. Er würde zuerst den Arzt und dann mich hinauswerfen.

Kann ich vielleicht etwas tun? Soll ich vorbeikommen?, fragte ich.

Er wird auch dich sofort rausschmeißen, befürchtete Anna.

Ich finde schon einen Grund, ihm zu erklären, warum ich zu ihm kommen müsste, meinte ich zuversichtlich.

Als ich eintraf, war Anna ziemlich aufgelöst.

Rudolf lag im Bett und redete unausgesetzt vor sich hin. Ganz so, als rasten ihm sämtliche Sätze, Themen und Zusammenhänge durch den Kopf, über die er irgendwann einmal nachgedacht hatte.

Weder Anna noch ich waren auch nur annähernd in der Lage, zu begreifen, was in Rudolf gerade vorging.

Wie von regelmäßig wiederkehrenden Schlagschatten getroffen, schien ihn sein Gehirn mit vergangener Qual zu erregen. Manchmal stieß er leise die Namen *Hitler, Goebbels* oder auch *Himmler* hervor.

Ich erinnerte mich daran, dass er einmal gegrübelt hatte, warum er nicht in der Lage sei, sich in einen Menschen wie Adolf Hitler hineinzuversetzen. Allenfalls vielleicht in Stalin, obwohl auch der natürlich ein gewalttätiger Unmensch gewesen sei.

Offensichtlich hatten sich diese Schreckensmenschen, mit deren Verhalten und Handeln sich Rudolf Augstein immer wieder eingehend beschäftigt hatte, tief in seinem Inneren eingenistet. Hatten sich in Rudolfs Körper vor einigen Jahren die Splitter einer alten Kriegsverletzung gemeldet, schienen auf einmal ganz andere Wunden zutage zu treten; begleitet von einem inneren Aufruhr, der ihn vielleicht auch früher schon ergriffen hatte.

Anna sprach leise und beruhigend auf ihn ein. Dann sah es ganz so aus, als würde er allmählich einschlafen.

Ganz plötzlich fuhr Rudolf jedoch erneut schwer atmend auf und wiederholte murmelnd die immer gleichen, unablässig in ihm auftauchenden Gedankensplitter. Fast schien es, als gingen sie mit starken körperlichen Schmerzen einher.

Er leidet so furchtbar, sagte Anna unglücklich.

Hilflos saß ich auf dem Besuchersessel vor Rudolfs Bett und überlegte angestrengt, wen ich mitten in der Nacht in dieser Situation um Rat oder Hilfe bitten könnte.

Ich sah zu Anna hinüber, die nach wie vor versuchte, Rudolf zu beruhigen.

Sollten wir nicht doch besser seinen Arzt anrufen?, flüsterte ich. Vielleicht könnte ich Hans Halter ans Telefon bekommen.

Es ist mitten in der Nacht! Wir warten noch ein wenig. Rudolf hat genau nach Vorschrift die Medikamente eingenommen, die sein Arzt ihm verschrieben hat. Vielleicht wirken sie allmählich, flüsterte Anna zurück.

Irgendwann war Rudolf tatsächlich eingeschlafen.

Anna und ich unterhielten uns noch ein wenig darüber, wie er daran gehindert werden könnte, in wenigen Tagen in der Paulskirche aufzutreten.

Ich rufe gleich in der Frühe Rudolfs Arzt an, sagte Anna.

Bevor ich mich verabschiedete, fragte ich: Soll ich Rudolfs Schwester Bescheid geben? Ich glaube, sie ist im Augenblick die Einzige, die ihn davon abhalten kann, nach Frankfurt zu fahren. Vielleicht hört er auch dieses Mal auf sie. Vor einem Jahr hat sie ihn ja auch überreden können, ins Krankenhaus zu gehen.

Kurz nach acht Uhr telefonierte ich mit Rudolf Augsteins Schwester. Nachdem ich ihr die vorangegangenen Nachtstunden geschildert hatte, verabredete sie sich sofort mit Hans Halter. Schon wenige Stunden später machten wir uns gemeinsam auf den Weg ins *Spiegel*-Haus in der Brandstwiete, um dort die ebenfalls über Rudolfs Gesundheitszustand in Kenntnis gesetzten Chefredakteure und den Geschäftsführer zu treffen.

Hatte der *Spiegel* bisher unter dem Schutz von Rudolf Augstein gestanden, waren es nun die *Spiegel*-Leute, die sich schützend vor ihren Herausgeber stellen wollten.

Rudolfs derzeit schwer vorhersehbare Reaktionen aber fürchteten alle nach wie vor. Niemand wollte riskieren, durch unvorsichtiges Vorpreschen womöglich Augsteins Rachedurst auf sich zu lenken.

Allen war klar, Rudolfs Schwester würde zweifellos sehr hilfreich sein. Dennoch würde einer der führenden Herren vom *Spiegel* die heikle Aufgabe übernehmen müssen, dem Herausgeber den bevorstehenden Auftritt in der Paulskirche auszureden.

Nachdem einer nach dem anderen als Überbringer der schlechten Nachricht vorgeschlagen worden war und einer nach dem anderen sich mit einem entschiedenen *ich nicht* aus der Affäre gezogen hatte, sagte der Geschäftsführer schließlich: Larry muss es machen.

Es entstand eine längere verblüffte Pause.

Rudolfs Fahrer, lachte Stefan Aust in die angespannte Stille hinein und zog damit sofort alle Blicke auf sich.

Na gut. Ich mache es, sagte Aust daraufhin etwas fahrig, fing sich aber sofort wieder: Ein Landvogt fackelt nicht lange. Ich werde es Rudolf sagen.

Wem wird wohl als Nächstem gekündigt, wurde dann im Aufzug krampfhaft gewitzelt und gelacht.

Stefan Aust lachte nicht.

Vor Rudolf Augsteins Haustür kam uns die Vorleserin entgegen. Sie war in Tränen aufgelöst und begrüßte keinen von uns. Mit gesenktem Kopf eilte sie schluchzend davon.

Während sich Stefan Aust, einer der stellvertretenden Chefredakteure, der Geschäftsführer und der *Spiegel*-Auslandsredakteur Fritjof Meyer um Hans Halter und Augsteins Schwester scharten, traf Rudolfs Arzt ein. Er erwarte noch einen Kollegen, der habe sich wohl ein wenig verspätet, teilte er mit.

Mir wurde aufgetragen, ihn in Empfang zu nehmen.

Ich ging einige Schritte auf dem der Augstein-Villa gegenüberliegenden Bürgersteig auf und ab.

Er sei hier, um nach Rudolf Augstein zu sehen, begrüßte mich der Arzt, als er eintraf. Nachdem ich mich vorgestellt hatte, erklärte ich ihm, daß Rudolf Augstein im Augenblick ein Gespräch mit einigen *Spiegel*-Leuten habe.

Ach. Er ist in einer Sitzung?, fragte der Arzt erstaunt. Ihm sei doch mitgeteilt worden, Herrn Augstein gehe es gar nicht gut.

Verwundert und ein wenig ehrfürchtig sah der Arzt zu Rudolfs Villa hinüber.

Nach einer Weile öffnete sich die Haustür der Leinpfad-Villa. Wie erschütterte Kirchgänger nach einer Beerdigung traten die Herren einer nach dem anderen ins helle Tageslicht hinaus. Mit ernsten, ja ergriffenen Mienen verabschiedeten sie sich von Augsteins Schwester, die bei jedem Handschlag unglücklich den Kopf schüttelte, als sei ihr unbegreiflich, was ihrem Bruder widerfahren war.

Lag Rudolf etwa im Sterben?, dachte ich beunruhigt. Ich wagte den Gedanken nicht zu Ende zu denken. Der Arzt wartete geduldig, bis die *Spiegel*-Abordnung, auf mehrere Autos verteilt, davongefahren war.

Es wäre nett, wenn Sie mich kurz hineinbegleiten könnten, wandte er sich dann an mich. Eilig überquerte er die Straße und klingelte an der Haustür.

Rudolfs Fahrer Larry öffnete und ließ uns eintreten.

Wer ist da?, drang Rudolfs Stimme laut und kraftvoll zu uns heraus.

Die Tür zu Rudolfs Wohnung stand halb offen.

Wir blieben wie angewurzelt stehen.

Dann rief der Doktor laut und deutlich: Guten Tag, Herr Augstein! Ich bin Arzt! Der Professor schickt mich!

Ich brauche Sie nicht! Hauen Sie ab, rief Rudolf zornig aus seinem Wohnzimmer.

Der Arzt runzelte die Brauen und schien einen Augenblick zu zögern. Doch schon war wieder Rudolfs Stentorstimme zu hören: Mir geht es gut! Ich weiß jetzt alles! Ich hatte gerade Besuch von zwölf Offizieren! Die haben Befehl gegeben, ich soll mich bis auf weiteres hier in meinem Lazarett aufhalten! Gehen Sie endlich! *Sie* brauchen wir hier *nicht*!

Die Verleihung des Börne-Preises wurde auf den 11. Mai 2001 verschoben.

Rudolf Augsteins Auftritt in der Frankfurter Paulskirche gab der versammelten Prominenz einen offenkundig schwerkranken Menschen preis, in dessen erschreckend hinfälliger Gestalt *der bedeutende und zu Recht gefürchtete Journalist*, den Laudator Frank Schirrmacher beschrieb, kaum noch zu erkennen war.

Vor mir saß Marcel Reich-Ranicki mit seiner Frau Teofila und wusste sich kaum noch zu lassen vor anteilnehmender Ratlosigkeit, als Rudolf schon zu Beginn seiner Rede völlig aus dem Tritt geriet.

In den folgenden Wochen schwand der manische Furor, der Rudolf vor diesem Ereignis ergriffen hatte, allmählich wie ein Gewitter; verzog sich, in immer längeren Abständen dunkel grollend, nur ab und zu begleitet von einem unvermutet aufscheinenden Wetterleuchten. Das Neuronenfeuer in seinem Gehirn – der Arzt sprach von einer *kurzzeitigen Dissoziation* – war wohl niedergebrannt.

Die besorgte Unruhe, die Rudolfs Gedankenwut nicht nur in seiner häuslichen Umgebung, auch in den Chefetagen und anderen Abteilungen des *Spiegels* verursacht hatte, legte sich.

Hin und wieder telefonierte er nun sehr freundschaftlich mit Marianne Hoppe, die ihren Lebensabend in einem Seniorenheim in Bayern verbrachte. Besorgt erkundigte er sich nach Gräfin Dönhoff, auch nach Hildegard Knef, nachdem er erfahren hatte, dass sie beide sehr krank seien. Und seinen Kurgefährten Quintus, der ebenfalls im Krankenhaus lag, fragte er teilnahmsvoll, ob er Angst vor dem Sterben habe.

Wenn ich in diesen Tagen bei Rudolf war, telefonierte er häufig und lange auch mit Reich-Ranicki. Danach fühlte er sich offenbar so gut, dass er mir den Eindruck reinen Glücksempfindens vermittelte.

Nach einem solchen Telefonat wandte er sich zu mir um und sagte mit einem zaghaften Lächeln: Die Juden sind jetzt meine Freunde. Ich habe mich doch immer für alles, was wir ihnen angetan haben, so entsetzlich geschämt.

Einmal sagte er auch: Ich wusste wirklich viel zu wenig damals. Als wir seinerzeit in der Ukraine an die Front gebracht wurden, trafen wir manchmal auf Männer in grobem, gestreiftem Drillich. Sie hatten Schaufeln und Hacken in der Hand. Zwanzig, dreißig Leute vielleicht. Damals, erzählte Rudolf, habe er bei sich gedacht: Hierher also hat man die Juden gebracht. Hier also sind die Arbeitslager, von denen ich immer wieder einmal gehört hatte. Ich habe das einfach so hingenommen und damals nicht hinterfragt. Das werfe ich mir noch heute vor. Wir Soldaten waren doch viel zu sehr mit uns beschäftigt und mit dem, was uns selbst wohl noch blühen würde, sagte er ehrlich bekümmert.

Noch heute frage ich mich, ob die *Beschämung*, von der Augstein in seinen Artikeln und in *Spiegel*-Gesprächen immer wieder gesprochen hat, in Wahrheit ein nie sogenanntes, ihn aber ständig belastendes Thema seines Lebens gewesen sei, ein Thema, das sein Gemüt verfinsterte.

Ich fühle mich beschämt, weil ich Zeitgenosse dieser Taten war, von denen ich nichts wissen konnte ... Zu einer Zeit gelebt zu haben, wo das passieren konnte, das beschämt einen auf immer, sagte er in einem langen, autobiographisch angelegten Gespräch mit dem *Dichter vom Bodensee*, wie er den befreundeten Romancier Martin Walser gern nannte.

War diese *Beschämung* für ihn also wie ein quälendes Leiden, das sich im Lauf der Jahre mit der Scham darüber verband, süchtig nach einer Art ewigem Vergessen zu sein? Brauchte er die Hingabe an den Rausch auch, um diesen Teil der deutschen Vergangenheit schattenhaft versunken erscheinen zu lassen? Versuchte er, mit seinem hohen moralischen Anspruch an alles Politische, seinem nicht nur im *Spiegel* gefürchteten Streben nach Fehlerlosigkeit, die tief eingegrabene Angst zu überwinden, sich für politisches Versagen noch einmal mitverantwortlich fühlen zu müssen?

Er selbst hatte erfahren, was es bedeutet, wenn ein totalitäres System heimtückisch individuelle Grundrechte beseitigt. Nach einem verheerenden selbsterlebten Krieg exponierte er sich als kritischer Journalist im *Spiegel* mit seinem Namen, um demokratischer Meinungsvielfalt den Weg zu bahnen. Als ich ihn einmal fragte, ob er es gewesen sei, der den vielzitierten Satz erfand, der *Spiegel,* gar er selbst sei das *Sturmgeschütz der Demokratie,* antwortete er kopfschüttelnd: Im *Spiegel* seien viele Sätze von vielen Leuten gesagt worden. Dass ausgerechnet er diesen Satz erfunden haben soll, könne er sich nicht vorstellen. Seiner Denkweise entspreche er nicht. Mir ist dieser Satz zu martialisch, sagte er. *Sturmgeschütz* und *Demokratie* passen nicht zusammen.

In den vergangenen Jahren war es mir häufig so vorgekommen, als ziehe sich Rudolf Augstein immer weiter von den Menschen zurück – unfähig, sich irgendjemandem vertrauensvoll zuzuwenden. Manchmal schien es mir, als müsse er das Schlechteste in sich nach außen kehren, als wolle er an sich selbst erfahren, wie es ist, wenn das Böse im Menschen überhandnimmt. In solchen Augenblicken ging ihm fast jeder aus dem Weg. Immer mehr vergrub er sich dann in zerstörerische Einsamkeit, bis eine schmerzende Unruhe, die Angst vor dem Alleinsein, ihn wieder zurück zu den Menschen trieb, deren Gebaren er gleichzeitig mehr und mehr misstraute. Immer häufiger erschien er mir wie der *ans Ufer der Zeiten Gespülte* im *Glockenturm* aus Joris-Karl Huysmans' Roman *Là-bas – Tief unten,* der *ein Grab in den Lüften* bewohnte. Immer mehr erinnerte er mich an Nietzsches *Meister der Selbstzerstörung,* der sich verwundet, *bis es die Wunde selbst ist, die ihn zwingt zu leben.*

Inzwischen war Rudolf achtundsiebzig Jahre alt. Körperlich zerbrechlich, wie er geworden war, schien nun der vielleicht etwas überempfindliche junge Mann in Erscheinung zu treten, der er gewesen sein musste, bevor er widerstrebend – gerade einmal achtzehn Jahre alt – in den Krieg zog.

Immer wieder schien er mir in jener vergangenen Zeit zu verharren, als wolle er dort etwas Verlorenes suchen. Geradezu sanft gestimmt ließ Rudolf in seinen letzten Monaten sein früheres Leben an sich vorbeiziehen und zeigte sich dabei friedfertig und versöhnungsbereit selbst ehemaligen Gegnern gegenüber.

In dieser todesnahen, fast kindlichen Zartheit wirkte Rudolf Augstein, als wolle er nun zeigen, wie verwundbar er wirklich sei. Der derbe Schutzpanzer, der ihn häufig so kampfeslustig erscheinen ließ, war verschwunden. Die verbalen Waffen des scharfzüngig verletzenden Intellektuellen interessierten ihn nicht mehr. Von der schützenden Burg, dem *Spiegel,* die ihn hatte mächtig erscheinen lassen, in der er im Laufe der Jahre vielleicht auch sein eigener Gefangener geworden war, konnte er sich jetzt lösen.

Zum Vorschein kam ein heiterer, in sich gekehrter scheuer Mann, den nur jene kannten, die er in seltenen Momenten näher an sich herangelassen hatte.

Rudolf Augstein starb am 7. November 2002, zwei Tage nach seinem 79. Geburtstag.

Dass er über alles Berufliche hinaus eine Figur war, die einen Shakespeare verdient, sei nur so dahingeknirscht, hat der *Dichter vom Bodensee* ihm nachgerufen. *Ich habe ihn einmal, als wir uns nicht mehr für nüchtern halten konnten, getragen, eine Treppe hinab und hinüber zum Taxi. Er war leicht. Mehr Vogel als Stein. So leicht, als bestünde er aus lauter Gedanken. Er war schneidig. Er war liebenswürdig. Am liebsten würde ich sagen: Er war ein toller Kerl.*

Nur wenige Monate zuvor hatte Rudolf im *Spiegel* noch einige kritische Kommentare veröffentlicht. Mit eindeutiger Ablehnung bekämpfte er darin den amerikanischen Präsidenten George W. Bush. Nach dem Terroranschlag im September 2001 auf das World Trade Center in New York, durch den fast dreitausend Menschen zu Tode gekommen waren, plante der amerikanische Präsident, im Irak *Krieg gegen den Terrorismus* zu führen; ohne Mandat des UN-Sicherheitsrats, lediglich mit

Unterstützung einer sogenannten militärischen *Koalition der Willigen*. Unmittelbar nach dem verheerenden Attentat hatte Bundeskanzler Gerhard Schröder die Vereinigten Staaten der uneingeschränkten Solidarität Deutschlands versichert, eine militärische Beteiligung an solch einem Angriffskrieg jedoch abgelehnt.

Noch nie hatte ich erlebt, dass sich Rudolf Augstein an Regierungsmitglieder wandte, um direkt in deren Politik einzugreifen. Wich die deutsche Regierung nun aber nur im Geringsten von der konsequenten Linie des Kanzlers ab, rief Rudolf selbst das Büro des Bundeskanzlers an, als schien er zu spüren, dass ihm zum Schreiben nur noch wenig Lebenszeit blieb. Sehr bestimmt ließ er dem Kanzler ausrichten, er werde schon sehen, wohin man gelange, wenn er jetzt dem amerikanischen Präsidenten gegenüber das *eiserne Nein* nicht beibehalte. Und Gerhard Schröder rief persönlich zurück, um sich seine Argumente anzuhören.

Bei einem meiner letzten Besuche im Leinpfad stand Rudolf Augstein vor dem großen Fenster in seinem Schlafzimmer. Dessen Wände waren mit Porträts von Anna dekoriert, ästhetisch perfekt fotografierten Halbakten, die mich an Rudolfs Delvaux-Gemälde erinnerten.

Eines dieser schlicht gerahmten Fotos hielt Rudolf in der Hand. Im verregneten Herbstlicht, das durch das hohe Fenster fiel, wendete er es dicht vor seinen Augen hin und her.

Häng es wieder an seinen Platz, bat er, nachdem er es betrachtet hatte. Als ich mich fragend umsah, kicherte er leise in sich hinein. Zu den anderen, an die Wand dort drüben. Oben rechts ist der Nagel.

Mit beiden Händen stützte er sich auf die breite Fensterbank und sah nachdenklich in die allmählich kahl werdenden alten Bäume des Gartens hinaus.

Dank

Ich danke meinen Freundinnen, die mich ermutigt haben, dieses Buch zu schreiben. Ebenso danke ich einer ehemaligen *Spiegel*-Kollegin, die mir bei der Überprüfung der Fakten half, sowie meinen beiden Erstlesern, ehemaligen *Spiegel*-Redakteuren, die Rudolf Augstein persönlich kannten und mich mit wertvollen Ratschlägen geduldig unterstützt haben.

Personenregister